詳解
裁量労働制

TMI総合法律事務所
労働法プラクティスグループ 編

弁護士 近藤圭介　弁護士 益原大亮 編著
　　　　　　　　　前 厚生労働省労働基準局労働条件政策課
　　　　　　　　　課長補佐・労働関係法専門官

中央経済社

はしがき

　本書は，令和6年4月施行の裁量労働制の制度改正（以下，はしがきにおいて「本改正」という）を含め，裁量労働制について，本改正の厚生労働省の立案担当者の立場から，制度趣旨，制度の創設・改正経緯，統計調査，制度の導入例，裁判例，学説，行政解釈（通達，Q&A等），実務的視点等を網羅的に盛り込み，詳細な解説を行うものである（本書1冊で裁量労働制のすべてがわかるよう，情報の一元化を目指した）。

　また，本書は，TMI総合法律事務所において，労働法分野を主に取り扱う弁護士で構成される「労働法プラクティスグループ」に所属する弁護士により執筆されたものである。私を含む厚生労働省出向経験者の弁護士，厚生労働省で十数年にわたり，同省事務官として法令・政策の企画立案に携わった経験のある弁護士，労働基準監督官出身の弁護士等，幅広いバックグラウンドを持つ弁護士により，専門的かつ実践的な内容に仕上げている。

　裁量労働制というのはなかなかに複雑な制度であり，私も厚生労働省で立案担当として本改正の対応をしていた際は，裁量労働制の制定・改正経緯や制度趣旨を深掘りしていき，裁量労働制という制度は一体何のために存在し，どのような機能が期待されているのだろうかという観点から厚生労働省内で様々議論，検討し，その末に本改正までたどり着き，また，その議論，検討の経緯を踏まえ，本改正の施行通達やQ&Aの策定を行っている。それゆえ，本改正の内容に限らず，裁量労働制全体について知見が深まり，労働基準法の労働時間制度の1つでしかない裁量労働制について，1冊の解説書を執筆するまでに至った。裁量労働制というのは，それほどまでに奥が深い制度なのである（私自身も，企画段階では1冊の解説書として成立するとは思っていなかったので，原稿が完成に至った今でも驚いている）。

　本書の読者層として想定しているのは，企業の人事・労務担当者，弁護士，社会保険労務士等である。裁量労働制を導入・運用する上で，遵守・留意すべき事項が種々存在するため，企業の人事・労務担当者におかれては，裁量労働制の導入・運用に際して，弁護士や社会保険労務士におかれては，裁量労働

の導入企業や導入を検討している企業をサポートするに際して，それぞれ活用いただきたい。

　最後に，中央経済社ビジネス法務編集部の末次辰徳様と上田航平様におかれては，ビジネス法務において本改正の立案担当者解説の記事を執筆するにあたり，種々対応，調整いただき，感謝の念に堪えない（その記事の内容も本書に多分に活用させていただいた点も感謝申し上げたい）。また，中央経済社実務書編集部の石井直人様におかれては，本書の執筆にあたり，多大な御協力を賜り，また，原稿が遅れている中でもご配慮いただき，感謝の念に堪えない。御尽力いただいた皆様には重ねて御礼申し上げたい。

　本書が，企業における裁量労働制の適正な運用に寄与し，労使双方にとってメリットのある働き方を実現することの一助になれば，著者一同，幸甚の至りである。

　令和6年10月

編著者として　益原　大亮

目　　次

はしがき／i

第1章　裁量労働制の概要 ———————————— 1

1　労働時間制度の全体像・2

(1)　実労働時間制／2

(2)　みなし労働時間制／3

(3)　適用除外／4

2　裁量労働制の制度概要・4

3　裁量労働制の制度趣旨・5

4　裁量労働制の創設・改正経緯・7

5　裁量労働制の有用性・17

(1)　裁量労働制実態調査／17

(2)　裁量労働制を導入する理由（事業場調査）／19

(3)　裁量労働制の導入理由に対する評価（事業場調査）／21

(4)　裁量労働制の適用に関する満足度，働き方の認識（労働者調査）／23

(5)　業務遂行や時間配分等に係る労働者の裁量の程度（労働者調査）／30

(6)　健康状態の認識と仕事による健康等への影響（労働者調査）／35

(7)　労使委員会の実効性（労働者調査）／39

(8)　小　括／41

第2章　専門業務型裁量労働制 ———————————— 43

1　適用までの流れ・45

(1)　労使協定の締結／45

ⅱ 目 次

　　　ア　協定事項／45

　　　イ　事業場ごとの協定の締結／58

　　　ウ　書面による協定の締結／59

　　　エ　過半数組合と過半数代表者の要件／59

　　　オ　協定代替決議／63

　(2)　労働基準監督署長への労使協定の届出／66

　　　ア　届出義務／66

　　　イ　本社一括届出／67

　(3)　労働契約上の根拠を定めること／68

　(4)　労働者の同意取得／69

　　　ア　労働者の同意の取得方法／69

　　　イ　同意の有効性（自由な意思に基づく同意）／72

　　　ウ　同意の取得単位・頻度／73

　　　エ　不同意を理由とする不利益取扱い／74

　(5)　対象業務に就かせること／75

　　　ア　各対象業務の業務内容に該当していること／76

　　　イ　実態として業務の遂行の手段及び時間配分の決定に関する裁量が
　　　　あること／90

　　　ウ　対象業務と非対象業務の混在（非対象業務に従事する場合の裁量
　　　　労働制の適用の可否）／94

2　法的効果・96

　(1)　みなし労働時間の内容／96

　(2)　みなし労働時間と労働時間に関する規定等の適用関係／
　　　96

　　　ア　法定労働時間（労基法32条）／97

　　　イ　時間外労働規制（労基法36条）／97

　　　ウ　時間外労働に係る割増賃金規制（労基法37条1項）／98

　　　エ　深夜労働，法定休日／100

　　　オ　休憩時間（労基法34条）／101

　　　カ　労働時間の通算／102

目　次　III

　　　キ　年次有給休暇／104

３　導入後の対応・106

　(1)　同意の撤回／106

　　　ア　同意の撤回の法的効果／106

　　　イ　同意の撤回を理由とする不利益取扱いの禁止／106

　(2)　適用解除／108

　(3)　実態把握（定期的なモニタリング）／112

　　　ア　労使協定の見直し／112

　　　イ　労使委員会の導入／112

　(4)　記録の作成及び保存／113

　(5)　健康・福祉確保措置，苦情処理措置の実施／113

第３章　企画業務型裁量労働制 ——————————— 117

１　適用までの流れ・120

　(1)　労使委員会決議／120

　　　ア　労使委員会の要件／120

　　　イ　表決数要件／125

　　　ウ　決議事項／126

　　　エ　事業場ごとの決議／137

　　　オ　その他／138

　(2)　労働基準監督署長への労使委員会決議の届出／140

　　　ア　適用要件としての届出手続／140

　　　イ　本社一括届出／141

　(3)　労働契約上の根拠を定めること／142

　(4)　労働者の同意取得／142

　　　ア　労働者の同意の法的性質／142

　　　イ　労働者の同意の取得方法／147

　　　ウ　同意の有効性（自由な意思に基づく同意）／148

　　　エ　同意の取得単位・頻度／148

　　　オ　不同意を理由とする不利益取扱い／148

IV 目 次

　(5) 対象労働者を対象業務に就かせること／149

　　　ア　対象業務に従事させること／149

　　　イ　対象労働者に従事させること／156

　2　法的効果・159

　3　導入後の対応・160

　(1) 同意の撤回／160

　(2) 適用解除／160

　(3) 労使委員会による制度の実施状況に係るモニタリング／160

　(4) 記録の作成・保存／162

　(5) 労働基準監督署長への定期報告／162

　　　ア　定期報告の内容及び頻度／162

　　　イ　本社一括届出／164

　　　ウ　令和6年4月1日施行の裁量労働制の制度改正に係る経過措置／165

　(6) 健康・福祉確保措置，苦情処理措置の実施／166

第4章　他の法令と裁量労働制との関係 —————— 167

　1　安衛法における労働時間の状況の把握及び面接指導・168

　2　職安法における労働条件明示・169

　3　労働者派遣法による派遣労働者への裁量労働制の適用・170

　4　育介法における各措置・171

　(1) 子の看護休暇・介護休暇／171

　(2) 所定労働時間の短縮措置／173

　(3) 所定外労働の免除／175

　(4) 出生時育児休業／176

第5章　裁量労働制に係る労働基準監督署の監督指導への対応 —————— 179

　1　労働基準監督署とは・180

目　次　V

2　労基署の監督業務・180

(1)　監督指導／180

(2)　申告処理／181

(3)　司法警察事務／183

3　監督指導の種類・185

(1)　定期監督／185

(2)　申告監督／186

(3)　再監督／188

4　定期監督の内容・188

(1)　労基署の管轄／188

(2)　監督指導の手法／189

(3)　定期監督の流れ／189

ア　初回の訪問（臨検監督）又は依頼文書による来署依頼／189

イ　事業場の概要把握／191

ウ　労働条件の調査／191

エ　安全衛生に係る書面調査／192

オ　現場巡回／192

(4)　指導文書の交付／192

(5)　事後対応／195

5　裁量労働制について指導が想定される事項・196

(1)　専門業務型裁量労働制の場合／196

(2)　企画業務型裁量労働制の場合／199

6　裁量労働制の不適正な運用が認められた企業への指導及び公
表・203

(1)　裁量労働制の運用実態の確認のための監督指導／203

(2)　局長による企業の経営トップに対する指導及び企業名の
公表／204

ア　本社管轄の局長による指導／204

イ　企業名の公表／204

7　裁量労働制と労災認定・204

VI　目　次

第6章　裁量労働制の導入例 ———————————— 207

巻末資料・229
索引・283

VII

凡　例

【判例・文献　略語例】

最	最高裁判所
高	高等裁判所
地	地方裁判所
支	支部
判	判決
民集	最高裁判所民事判例集
判タ	判例タイムズ
労判	労働判例
労経速	労働経済判例速報
ジャーナル	労働判例ジャーナル
労民集	労働関係民事裁判例集
労旬	労働法律旬報
新報	法学新報

【法令等　略語例】

安衛則	労働安全衛生規則（昭和47年労働省令第32号）
安衛法	労働安全衛生法（昭和47年法律第57号）
育介則	育児休業，介護休業等育児又は家族介護を行う労働者の福祉に関する法律施行規則（平成 3 年労働省令第25号）
育介法	育児休業，介護休業等育児又は家族介護を行う労働者の福祉に関する法律（平成 3 年法律第76号）
企画指針	労働基準法第三十八条の四第一項の規定により同項第一号の業務に従事する労働者の適正な労働条件の確保を図るための指針（平成11年労働省告示第149号）
職安指針	職業紹介事業者，求人者，労働者の募集を行う者，募集受託者，募集情報等提供事業を行う者，労働者供給事業者，労働者供給を受けようとする者等がその責務等に関して適切に対処するた

VIII 凡 例

	めの指針（平成11年労働省告示第141号）
職安則	職業安定法施行規則（昭和22年労働省令第12号）
職安法	職業安定法（昭和22年法律第141号）
対象業務告示	労働基準法施行規則第二十四条の二の二第二項第六号の規定に基づき厚生労働大臣の指定する業務（平成9年労働省告示第7号）
令和5年改正告示	労働基準法第三十八条の四第一項の規定により同項第一号の業務に従事する労働者の適正な労働条件の確保を図るための指針及び労働基準法施行規則第二十四条の二の二第二項第六号の規定に基づき厚生労働大臣の指定する業務の一部を改正する告示（令和5年厚生労働省告示第115号）
令和5年改正省令	労働基準法施行規則及び労働時間等の設定の改善に関する特別措置法施行規則の一部を改正する省令（令和5年厚生労働省令第39号）
令和5年Q&A	厚生労働省労働基準局「令和5年改正労働基準法施行規則等に係る裁量労働制に関するQ&A」（令和5年8月作成，同年11月追加）
令和5年施行通達	労働基準法施行規則及び労働時間等の設定の改善に関する特別措置法施行規則の一部を改正する省令等の施行等について（裁量労働制等）（令和5年8月2日基発0802第7号）
労基則	労働基準法施行規則（昭和22年厚生省令第23号）
労基法	労働基準法（昭和22年法律第49号）
労契法	労働契約法（平成19年法律第128号）
労組法	労働組合法（昭和24年法律第174号）
労働時間等設定改善法	労働時間等の設定の改善に関する特別措置法（平成4年法律第90号）
労働時間等設定改善法施行規則	労働時間等の設定の改善に関する特別措置法施行規則（平成4年労働省令第26号）
労働者派遣法	労働者派遣事業の適正な運営の確保及び派遣労働者の保護等に関する法律（昭和60年法律第88号）

第 *1* 章

裁量労働制の概要

1　労働時間制度の全体像

　裁量労働制の制度概要を説明する前提として、裁量労働制を含む労働時間制度の全体像から説明する。

　労基法上の労働時間制度は、【図表1－1】のとおり、(1)実労働時間制（固定労働時間制、変形労働時間制、フレックスタイム制）、(2)みなし労働時間制（事業場外みなし労働時間制、専門業務型裁量労働制、企画業務型裁量労働制）、(3)適用除外（管理監督者、高度プロフェッショナル制度等）に分けられる。

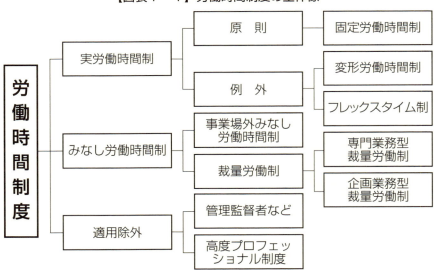

【図表1－1】労働時間制度の全体像

(1)　実労働時間制

　実労働時間制は、実際の労働時間を前提とした制度であり、原則である固定労働時間制と例外である変形労働時間制、フレックスタイム制とに分けられる。

　固定労働時間制は、1日8時間、週40時間という労働時間の基本原則（法定労働時間）を指す（労基法32条）。

変形労働時間制は，労使協定等において一定期間を平均して週40時間を超えない定めをした場合には，労基法32条にかかわらず，特定の週・日において1日8時間，週40時間を超えて労働させることができる（時間外労働と扱わない）制度である（労基法32条の2等）。業務の繁閑に応じて労働時間を配分することを認める制度であり，日・月・年によって繁閑の差のある業種・職業において，事前に勤務割（シフト）を作成することを念頭に活用される。

フレックスタイム制は，始業・終業時刻の決定を委ねることとした労働者について，労使協定において清算期間や清算期間内の総労働時間等を定め，清算期間を平均して週40時間を超えない範囲内において，労基法32条にかかわらず，1日8時間，週40時間を超えて労働させることができる（時間外労働と扱わない）という制度である（労基法32条の4）。労働者が始業・終業時刻を自主的に決めることができる制度であり，ワーク・ライフ・バランスなどの観点から，労働者に働く時間の裁量や柔軟性を持たせる場合に活用される。

このように，固定労働時間制（1日8時間，週40時間）を原則としつつ，例外的に変形労働時間制やフレックスタイム制といった一定の要件の下で1日8時間，週40時間を超えても時間外労働と扱わないこととする制度が設けられている[1]。

⑵　みなし労働時間制

みなし労働時間制は，実際の労働時間にかかわらず，一定時間を労働したものとみなす制度であり，労働時間に関する規定の適用における「労働時間」の算定方法（カウント方法）について，原則的な取扱い（実際の労働時間によるカウント）に対し，例外的な取扱い（みなし労働時間によるカウント）を可能とするものである。みなし労働時間制は，事業場外みなし労働時間制と裁量労働制（専門業務型裁量労働制，企画業務型裁量労働制）とに分けられる。

事業場外みなし労働時間制は，事業場外で業務に従事した場合に，労働時間を算定し難いとき，所定労働時間等を労働したものとみなす制度である（労基

1　なお，一定の事業については，労基法32条から32条の5，34条（休憩）について，特例的な定めが設けられている（労基法40条）。

法38条の2）。外回りの営業等，外勤の場合で，かつ労働時間を把握することが困難であるときに活用することが可能である。

裁量労働制は，労働者が法令に定められた一定の業務に従事した場合に，実際の労働時間にかかわらず，あらかじめ労使で定めた時間（みなし労働時間）を労働したものとみなす制度である。裁量労働制の制度概要は**後記2**を参照されたい。

(3) 適用除外

労基法上の労働時間等に関する規定を適用しないこと（適用除外）とする制度として，管理監督者，高度プロフェッショナル制度等[2]がある。

管理監督者に対する労働時間等に関する規定の適用除外は，経営方針の決定に参画する者や労務管理に関する指揮権限を有する者などの一定の管理職層の労働者について，労働時間に関する規定等を適用しないこととする制度である（労基法41条2号）。

高度プロフェッショナル制度は，高度の専門的知識等を必要とし，時間と成果との関連性が高くない業務に従事する労働者について，一定の要件・手続の下で労働時間に関する規定等を適用しないこととする制度である（労基法41条の2）。

2 裁量労働制の制度概要

裁量労働制は，労働者が法令に定められた一定の業務に従事した場合に，実際の労働時間にかかわらず，あらかじめ労使で定めた時間（みなし労働時間）を労働したものとみなす制度である。例えば，あらかじめ，みなし労働時間を1日8時間と定めた場合，実際には1日7時間労働した日でも1日9時間労働した日でも，1日8時間労働したものとみなされる。

裁量労働制は，専門業務型裁量労働制（労基法38条の3）と企画業務型裁量労

---

2 その他，適用除外の類型として，農林又は水産業等の事業に従事する労働者（労基法41条1号），機密の事務を取り扱う者（同条2号），監視又は断続的労働に従事する者で使用者が行政官庁の許可を受けたもの（同条3号）がある。

働制（労基法38条の４）の２類型が設けられている。専門業務型裁量労働制は，法令に列挙されている専門的な業務（対象業務）に従事する労働者について用いることのできる制度であり，企画業務型裁量労働制は，労基法に定められた企画立案調査分析の業務（例えば，人事企画や経営企画等）に従事する労働者について用いることのできる制度である。

　裁量労働制の導入に際しては，専門業務型裁量労働制では労使協定の締結，企画業務型裁量労働制では労使委員会の決議により，法令上求められている事項を定めた上で，所轄労働基準監督署（長）に届け出なければならず，実際にみなし労働時間の効果を発生させるためには，労働者を対象業務に従事させていることなどの要件を満たしている必要がある。

　専門業務型裁量労働制の詳細については**第２章**，企画業務型裁量労働制の詳細については**第３章**を参照されたい[3]。

3　裁量労働制の制度趣旨

　裁量労働制の趣旨は「業務の性質上その遂行方法を大幅に労働者の裁量に委ねる必要がある業務について，労働時間の状況の把握に基づく労働者の健康確保と，法定時間を超える労働について，実労働時間数に比例した割増賃金による処遇以外の能力や成果に応じた処遇を可能としながら，実労働時間規制とは別の規制の下，使用者による実労働時間管理から離れて，業務の遂行手段や時間配分等を労働者の裁量に委ねて労働者が自律的・主体的に働くことができるようにすることにより，労働者自らの知識・技術を活かし，創造的な能力を発揮することを実現することにある」と解されている[4]。

　裁量労働制の下では，実労働時間にかかわらず，みなし労働時間により時間外労働の上限規制や割増賃金規制が適用されることから，例えばみなし労働時

3　なお，裁量労働制を採用している企業割合としては，専門業務型裁量労働制が2.1％，企画業務型裁量労働制が0.4％となっている（厚生労働省「令和５年就労条件総合調査」）。もっとも，同調査によると，企業規模が1,000人以上の企業となると，専門業務型裁量労働制が10.9％，企画業務型裁量労働制が４％と多くなる傾向にある。

4　厚生労働省「これからの労働時間制度に関する検討会　報告書」（令和４年７月15日）12頁

間を1日8時間とした場合には，実労働時間が何時間であったとしても，労働時間は8時間とみなされ，時間外労働は生じず，割増賃金も発生しない。このように，裁量労働制は，実労働時間規制から解放する制度（実労働時間と切断する制度）であり，成果主義的な給与体系や年俸制に適した制度といえる。

　なお，この点に関し，労働者に労働時間の裁量が与えられている点で，裁量労働制とフレックスタイム制は類似しており，フレックスタイム制であっても成果主義的な給与体系を採用することは不可能ではないから，フレックスタイム制で十分なのではないかと指摘されることもある。もっとも，裁量労働制はみなし労働時間制である一方，フレックスタイム制は実労働時間制であるため，フレックスタイム制の下では，実労働時間が長ければ長いほど，割増賃金が発生することになり，生産性の低い働き方のほうが支給額が増えるといったことも発生し得る（これでは短い時間で多くの成果を出している労働者のモチベーションを下げかねない）[5]。そのため，実労働時間制であるフレックスタイム制よりも，みなし労働時間制である裁量労働制のほうが，成果主義的な給与体系に適しているといえる（また，実務上，フレックスタイム制を適用した上で，割増賃金の支払についていわゆる固定残業代制を導入する例もある。この場合，時間外労働が発生せずとも固定額が支給されるという点で，労働者において時間外労働を短くしようとするインセンティブは生じ得るが，逆に時間外労働が長くなった場合は，固定残業代制の下でも，労基法37条により計算した割増賃金額が固定残業代額を超えた場合には，当該超えた分の割増賃金を支払わなければならないため，フレックスタイム制と固定残業代制を活用したとしても，実労働時間が長ければ長いほど割増賃金が発生するという点を完全に解決することはできず，裁量労働制のほうがなお成果主義的な給与体系に適しているといえる）。

5　厚生労働省「これからの労働時間制度に関する検討会　報告書」（令和4年7月15日）13頁の脚注38においても「フレックスタイム制においても始業・終業時刻の決定が労働者に委ねられるが実労働時間による割増賃金規制に服するのに対して，裁量労働制は，使用者による実労働時間管理から離れて，業務の遂行方法や時間配分等を労働者の裁量に委ねることにより，その知識・技術を活かし，創造性を発揮することを促すものである。」と指摘されている。

4 裁量労働制の創設・改正経緯

　労基法は鉱業法や工場法を前身としたものであり，それゆえ労基法制定当初（昭和22年）においては，工場労働者等の同じ時間・場所で使用者の指揮命令に従って画一的に働く集団を想定していたため，法定労働時間や時間外労働規制などの画一的な規制にし，時間外労働に対しては，その時間の長さに比例した割増賃金の支払を義務づける形としたが，第三次産業の拡大や技術革新の発展等に伴い，労働者の業務が専門的・裁量的になり，労働時間の長さに着目した画一的な規制に馴染まない働き方が増えていった[6]。

　このような社会経済の変化を踏まえ，【図表 1 － 2 】のとおり，昭和62年の労基法改正により，（専門業務型裁量労働制の第 3 次改正より専門業務型裁量労働制と呼称されることとなる）裁量労働制が創設され，また，ホワイトカラー労働者の増加や成果主義的処遇といった考え方が強調されるようになり，アメリカのいわゆるホワイトカラーエグゼンプションに類似した制度を日本でも導入すべきとの主張もされる中，平成10年の労基法改正により，主にホワイトカラー労働者を念頭に置いた制度として，企画業務型裁量労働制が創設されるに至り，その後も両制度について数次の改正がなされ，現在の制度内容となるに至っている[7]。

6　水町勇一郎『詳解 労働法（第 3 版）』（東京大学出版会，2023年）767頁，厚生労働省「新しい時代の働き方に関する研究会 報告書」（令和 5 年10月20日）11頁
7　なお，直近の制度改正である，令和 6 年 4 月 1 日の裁量労働制の制度改正の内容については，益原大亮「令和 6 年 4 月施行 労働基準法施行規則等改正（裁量労働制の制度改正）に関する解説」NBL1250号（商事法務，2023年）において解説している。

8　第 1 章　裁量労働制の概要

【図表 1 － 2 】裁量労働制の創設・改正経緯

専門業務型裁量労働制	企画業務型裁量労働制
【専門業務型裁量労働制の創設】 （審議） ●労働基準法研究会第 2 部会 　・昭和57年 5 月　議論開始 　・昭和59年 8 月　中間報告 　・昭和60年12月19日　最終報告書 ●中央労働基準審議会労働時間部会 　・昭和61年12月10日　建議 　・昭和62年 2 月28日　法律案要綱答申 ●労働基準法改正案 　・昭和62年 3 月 6 日　国会提出 　・昭和62年 9 月18日　成立 （内容） ●労基法38条の 2 の創設（ 4 項及び 5 項において専門業務型裁量労働制を創設） 　・昭和62年 9 月26日　公布 　・昭和63年 4 月 1 日　施行 ●労基則24条の 2 第 5 項から 7 項に，労使協定に有効期間の定めをすること，届出は所轄労働基準監督署長にすることなどを規定 　・昭和62年12月16日　公布 　・昭和63年 4 月 1 日　施行 ●行政通達（昭和63年 1 月 1 日基発 1 号）において，対象業務として以下の業務を例示列挙 　①新商品又は新技術の研究開発等の業務 　②情報処理システムの分析又は設計の	

業務 ③記事の取材又は編集の業務 ④デザイナーの業務 ⑤プロデューサー又はディレクターの 業務	
【専門業務型裁量労働制の第1次改正】 （審議） ●労働基準法研究会労働時間法制部会 　・平成4年9月　報告 ●中央労働基準審議会 　・平成4年12月18日　建議 　・平成5年1月29日　法律案要綱答申 ●労働基準法改正案 　・平成5年2月　国会提出 　・平成5年6月　成立 （内容） ●労基法38条の2第4項を改正し，行政 　通達により例示列挙していた対象業務 　を労働省令で規定することで限定列挙 　とすることとした 　・平成5年7月1日　公布 　・平成6年4月1日　施行 ●労基則を改正し，対象業務として以下 　の業務を限定列挙 　・平成6年1月4日　公布 　・平成6年4月1日　施行	
①新商品若しくは新技術の研究開発又 　は人文科学若しくは自然科学に関す 　る研究の業務 ②情報処理システムの分析又は設計の 　業務	

10　第1章　裁量労働制の概要

③新聞若しくは出版の事業における記
　事の取材若しくは編集の業務又は放
　送番組の制作のための取材若しくは
　編集の業務
④衣服，室内装飾，工業製品，広告等
　の新たなデザインの考案の業務
⑤放送番組，映画等の制作の事業にお
　けるプロデューサー又はディレク
　ターの業務
⑥中央労働基準審議会の議を経て労働
　大臣の指定する業務

【専門業務型裁量労働制の第2次改正】

（審議）
●裁量労働制に関する研究会
　・平成6年4月　設置
　・平成7年4月　報告
●労働基準法研究会労働時間法制部会
　・平成6年6月10日　議論開始
　・平成7年9月21日　報告

（内容）
●労働大臣の指定する業務を定める労働
　省告示（対象業務告示）を新たに制定
　し，対象業務として新たに以下の業務
　を追加
　・平成9年2月14日　告示
　・平成9年4月1日　適用
　①広告，宣伝等における商品等の内容，
　　特長等に係る文章の案の考案の業務
　　（いわゆるコピーライターの業務）
　②公認会計士の業務
　③弁護士の業務

④一級建築士の業務 ⑤不動産鑑定士の業務 ⑥弁理士の業務	
【専門業務型裁量労働制の第3次改正】	【企画業務型裁量労働制の創設】
（審議） ●中央労働基準審議会労働時間部会 　・平成8年11月　議論開始 　・平成9年12月　建議 ●労働基準法改正案 　・平成10年2月10日　通常国会提出 　・平成10年9月25日　成立（臨時国会） ●裁量労働制の指針のあり方に関する研究会 　・平成11年9月　報告	
（内容） ●労基法38条の2第4項及び第5項を削除し，新たに労基法38条の3を創設（条文を独立させたのみの改正） 　・平成10年9月30日　公布 　・平成11年4月1日　施行 ●労基則24条の2第5項から8項を削除し，新たに労基則24条の2の2を創設（条文を独立させたのみの改正） 　・平成10年12月28日　公布 　・平成11年4月1日　施行	（内容） ●労基法38条の4を創設（企画業務型裁量労働制の創設） 　・平成10年9月30日　公布 　・平成12年4月1日　施行 ●労基則24条の3項から5項を創設（企画業務型裁量労働制の決議事項，決議届，労使委員会，報告届について規定） 　・平成11年12月27日　公布 　・平成12年4月1日　施行 ●労基法38条の4第1項の規定に基づき労働省告示（企画指針）を創設（対象事業場，決議事項，労使委員会について規定） 　・平成11年12月27日　告示 　・平成12年4月1日　適用
【専門業務型裁量労働制の第4次改正】	

（審議）

●労働政策審議会労働条件分科会
　・平成13年9月　議論開始
　・平成14年1月23日　告示案要綱答申

（内容）

●厚生労働省告示（対象業務告示）を改正し，対象業務として新たに以下の業務を追加
　・平成14年2月13日　告示・適用
　（税理士の業務のみ平成14年4月1日施行）

①事業運営において情報処理システムを活用するための問題点の把握又はそれを活用するための方法に関する考案若しくは助言の業務（注：いわゆるシステムコンサルタントの業務）

②建築物内における照明器具，家具等の配置に関する考案，表現又は助言の業務（注：いわゆるインテリアコーディネーターの業務）

③ゲーム用ソフトウェアの創作の業務

④有価証券市場における相場等の動向又は有価証券の価値等の分析，評価又はこれに基づく投資に関する助言の業務（注：いわゆる証券アナリストの業務）

⑤金融工学等の知識を用いて行う金融商品の開発の業務

⑥建築士の業務（※第2次改正で追加された「一級建築士の業務」に二級建築士及び木造建築士の業務を追加したもの）

4　裁量労働制の創設・改正経緯　　13

⑦税理士の業務 ⑧中小企業診断士の業務	
【専門業務型裁量労働制の第5次改正】	【企画業務型裁量労働制の第1次改正】

（審議）
●労働政策審議会労働条件分科会
　・平成14年12月　建議
●労働基準法改正案
　・平成15年3月7日　国会提出
　・平成15年6月27日　成立

（内容）	（内容）
●労基法38条の3第1項を改正し，労使協定の協定事項として健康・福祉確保措置及び苦情処理措置を追加 　・平成15年7月4日　公布 　・平成16年1月1日　施行 ●労基則を改正し，労使協定の協定事項として，労働時間の状況，健康・福祉確保措置及び苦情処理措置に関する労働者ごとの記録を有効期間中及び有効期間の満了後3年間保存する旨を新たに規定 　・平成15年10月22日　公布 　・平成16年1月1日　施行 ●厚生労働省告示（対象業務告示）を改正し，対象業務として新たに以下の業務を追加 　・平成15年10月22日　公布 　・平成16年1月1日　施行 　①学校教育法に規定する大学における教授研究の業務（主として研究に従事するものに限る）	●労基法38条の4を改正し，導入・運用についての要件・手続を以下のとおり緩和 　・平成15年7月4日　公布 　・平成16年1月1日　施行 　①対象事業場を「事業運営上の重要な決定が行われる」に限定しないこととすること 　②労使委員会の労働者側委員の要件から「労働者の過半数の信任を得ていること」を削除し，過半数組合又は過半数組合がない場合は過半数労働者から指名されていれば足りることとすること 　③労使委員会の議決要件を「全員の合意」から「5分の4以上の多数による議決」へ変更 　④労使委員会設置の届出を不要とすること ●労基則を改正し，苦情処理措置の実施状況及び労使委員会の開催状況につい

14　第 1 章　裁量労働制の概要

	て定期報告を不要とし，労働時間の状況及び健康・福祉確保措置の実施状況のみを報告することとした ・平成15年10月22日　公布 ・平成16年 1 月 1 日　施行 ●厚生労働省告示（企画指針）を以下のとおり改正 ・平成15年10月22日　告示 ・平成16年 1 月 1 日　適用
	①対象事業場の範囲を変更 ②労基法38条の 4 第 1 項 1 号の「事業の運営に関する事項」の具体例を追加及び修正 ③健康・福祉確保措置の具体例の 1 つに産業医等による助言指導又は保健指導を追加 ④健康・福祉確保措置で把握した勤務状況，健康状態に応じて裁量労働制の適用について必要な見直しを行うことが望ましい旨を規定 ⑤決議の有効期間の限度を 1 年とする暫定的措置を廃止
	【企画業務型裁量労働制の第 2 次改正】 （審議） ●今後の労働時間制度に関する研究会 ・平成17年 4 月18日　議論開始 ・平成18年 1 月27日　報告 ●労働政策審議会労働条件分科会 ・平成18年 2 月 8 日　議論開始 ・平成18年12月27日　建議 ・平成19年 2 月 2 日　法律案要綱答申[8] ●労働基準法改正案

	・平成19年 3 月13日　国会提出
	・平成20年11月18日　修正案国会提出
	・平成20年12月 5 日　成立
	（内容）
	●労基法38条の 4 第 5 項の労使委員会が労使協定に代えて決議できるものとして，新たに代替休暇及び時間単位年休を追加
	・平成20年12月12日　公布
	・平成22年 4 月 1 日　施行

【働き方改革関連法に際しての裁量労働制改正の議論】

（審議）

●労働政策審議会労働条件分科会
　・平成25年 9 月27日　議論開始
　・平成27年 2 月13日　建議
　・平成27年 3 月 2 日　法律案要綱答申
　　　　　　　　　　（裁量労働制の見直しを含む）

●働き方改革実現会議
　・平成28年 9 月　設置
　・平成29年 3 月　働き方改革実行計画を決定

●労働政策審議会労働条件分科会
　・平成29年 4 月 7 日　議論開始
　・平成29年 6 月 5 日　建議
　・平成29年 9 月15日　法律案要綱答申
　　　　　　　　　　（裁量労働制の見直しを含む）

●働き方改革関連法[9]
　・平成30年 4 月 6 日　国会提出

8　自己管理型労働制の創設とともに，企画業務型裁量労働制の見直し（中小企業における対象業務に係る特例的な取扱い，定期報告の廃止）が盛り込まれたが，国会への法案提出は見送られた。

9　裁量労働制に係る調査に不備があったことから，法案から裁量労働制の改正（企画業務型裁量労働制の対象業務として課題解決型開発提案業務や裁量的にPDCAを回す業務を追加することなど）は全面削除されるに至った。

16　第1章　裁量労働制の概要

・平成30年6月29日　成立

（内容）
●裁量労働制に係る改正なし

【専門業務型裁量労働制の第6次改正】	【企画業務型裁量労働制の第3次改正】
（審議） ●これからの労働時間制度に関する検討会 　・令和3年7月26日　議論開始 　・令和4年7月15日　報告 ●労働政策審議会労働条件分科会 　・令和4年7月27日　議論開始 　・令和5年2月14日　省令・告示案要綱答申	
（内容） ●労基則を改正し，労使協定の協定事項として，以下の事項を追加（協定届の様式も改正）。また，労使協定で労働者ごとの記録を保存することを定めることとされた事項について，記録の作成・保存義務を創設 　・令和5年3月30日　公布 　・令和6年4月1日　施行 　┌─────────────────┐ 　①労働者の同意を得ること及び同意をしなかった場合に不利益取扱いをしないこと 　②同意の撤回の手続 　③同意及び同意の撤回に関する労働者ごとの記録を有効期間中及び有効期間の満了後3年間保存すること 　└─────────────────┘ ●厚生労働省告示（対象業務告示）を改正し，対象業務として新たに以下の業務を追加	（内容） ●労基則を改正し，労使委員会の決議事項として以下の事項を追加（決議届の様式も改正）。また，労使委員会決議で労働者ごとの記録を保存することを定めることとされた事項について，記録の作成・保存義務の創設，労使委員会の要件等に係る改正，定期報告の緩和 　・令和5年3月30日　公布 　・令和6年4月1日　施行 　┌─────────────────┐ 　①同意の撤回の手続 　②対象労働者に適用される賃金・評価制度を変更する場合に労使委員会に変更内容の説明を行うこと 　└─────────────────┘ ●厚生労働省告示（企画指針）において，労使委員会の決議事項に関して多岐にわたり改正（同意取得の適正化，みなし労働時間の決議の適正化，健康・福

・令和 5 年 3 月30日　告示 ・令和 6 年 4 月 1 日　適用	祉確保措置の強化，裁量確保の明確化 等）
①銀行又は証券会社における顧客の合 　併及び買収に関する調査又は分析及 　びこれに基づく合併及び買収に関す 　る考案及び助言の業務（いわゆる 　M&Aアドバイザリー業務）	・令和 5 年 3 月30日　告示 ・令和 6 年 4 月 1 日　適用

5　裁量労働制の有用性

　厚生労働省が実施した裁量労働制実態調査[10]をもとに，裁量労働制を導入している事業場・裁量労働制が適用されている労働者にとって，裁量労働制の導入・適用が制度趣旨に適うような有用性をもたらしている，又は，もたらし得ると考えられる点についてデータを紹介しつつ述べる。

(1)　裁量労働制実態調査

　裁量労働制の制度の趣旨に適った対象業務の範囲や働く方の裁量と健康を確保する方策等についての検討に資するため，専門業務型裁量労働制（以下，この節において「専門型」という）及び企画業務型裁量労働制（以下，この節において「企画型」という）それぞれの裁量労働制の適用・運用実態や裁量労働制の適用・非適用による労働時間の差異等を把握することを目的とし，統計法19条 1 項に基づく総務大臣の承認を受けた一般統計調査として，事前確認及びプレ調査が令和元年 8 月から 9 月に，本体調査が令和元年11月から12月に実施された。調査概要は【図表 1 － 3 】のとおりである。

10　厚生労働省「裁量労働制実態調査」。調査結果については，厚生労働省「裁量労働制実態調査の概要」（2021年 6 月25日発表）を参照。また，厚生労働省「第 1 回 これからの労働時間制度に関する検討会」（2021年 7 月26日）の資料 4 － 3 「裁量労働制実態調査の結果について（概要）」に要点がわかりやすくまとめられている。

18 第1章 裁量労働制の概要

【図表1－3】 裁量労働制実態調査

平成30年9月以降，「裁量労働制実態調査に関する専門家検討会」において，調査設計，調査事項等について検討。
令和元年5月，一般統計としての総務大臣承認。令和元年11月～12月に実施（調査時点は令和元年10月）。

1 調査概要

Ⅰ 事業場調査

○ 適用事業場調査：専門型・企画型のいずれかの裁量労働制を導入している事業場

○ 非適用事業場調査：裁量労働制を導入していない事業場（経済センサスの事業所母集団データベースから，適用事業場の地域・業種・労働者規模の構成を踏まえて無作為に抽出）

○ 調査事項：労働時間，業務における裁量の程度，今後の裁量労働制についての意見（対象労働者の範囲等）　等

Ⅱ 労働者調査

○ 適用労働者調査：裁量労働制適用事業場で雇用されている裁量労働制の適用労働者を対象とする
（適用労働者の規模に応じて無作為に抽出）

○ 非適用労働者調査：裁量労働制非適用事業場で雇用されている，裁量労働制は適用されていないが裁量労働制の対象業務
（専門型19業務・企画型1業務）に従事する労働者を対象とする
（非適用労働者の規模に応じて無作為に抽出）

○ 調査事項：労働時間，健康状態，業務における裁量の程度，今後の裁量労働制についての意見（対象労働者の範囲等）　等

2 回答状況

	適用事業場	非適用事業場	適用労働者	非適用労働者
配　布　数	11,750	15,499	104,985	104,375
回　収　数	7,280	9,611	49,176	45,894
有効回答数（※1）	6,489	7,746	47,390	40,714
回　収　率（※2）	62.0%	62.0%	46.8%	44.0%
有効回答率（※3）	55.2%	50.0%	45.1%	39.0%

（※1）回収した調査票から，集計対象外の調査票（廃業等の理由により，調査対象外であることが確認されたもの等）を除外した票
（※2）配布数のうち，回収数の占める割合
（※3）配布数のうち，有効回答数の占める割合

（出典）厚生労働省「第1回 これからの労働時間制度に関する検討会」の資料4－1「裁量労働制実態調査について」

5　裁量労働制の有用性　　19

　調査については，調査票[11]に対し，適用事業場調査及び非適用事業場調査は事業主が，適用労働者調査及び非適用労働者調査は労働者がそれぞれ回答を行う形式で行われた。

　調査結果については，令和3年6月25日に公表され，同日に厚生労働省「裁量労働制実態調査に関する専門家検討会」に報告され，同年7月19日には厚生労働省「労働政策審議会労働条件分科会」に報告された。

　その後，厚生労働省の「これからの労働時間制度に関する検討会」や「労働政策審議会労働条件分科会」において労働時間制度の議論を行う上で，詳細な分析も含めた調査結果が活用され，令和6年4月施行の裁量労働制の制度改正につながっている。

⑵　裁量労働制を導入する理由（事業場調査）[12]

　裁量労働制の適用労働者がいる適用事業場における，裁量労働制を導入する理由についての調査結果は次のとおりである。

● 専門型の適用労働者がいる適用事業場における裁量労働制の導入理由（複数選択）としては，「労働者の柔軟な働き方を後押しするため」（75.5%）が最も高く，次いで，「効率的に仕事を進めるよう労働者の意識改革を図るため」（50.8%），「労働者の能力発揮を促すため」（45.1%）となっている。

● 企画型の適用労働者がいる適用事業場における裁量労働制の導入理由（複数選択）としては，「労働者の柔軟な働き方を後押しするため」（67.7%）が最も高く，次いで，「効率的に仕事を進めるよう労働者の意識改革を図るため」（65.2%），「労働者の能力発揮を促すため」（63.9%）となっている。

11　調査票については，厚生労働省「裁量労働制実態調査」の「調査の概要」−「調査票」に掲載されている。
12　厚生労働省「裁量労働制実態調査の概要」の「⑻　裁量労働制の導入理由，評価別事業場割合」19頁

20　第1章　裁量労働制の概要

【図表1－4】裁量労働制の導入理由・導入していない理由〈事業場調査〉

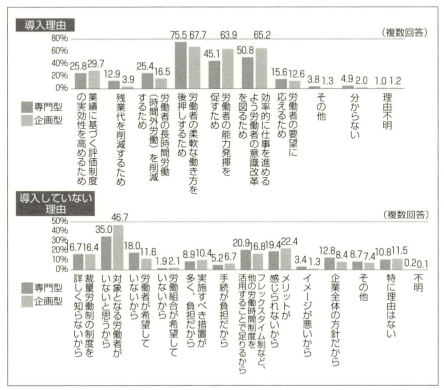

（出典）厚生労働省「第1回 これからの労働時間制度に関する検討会」の資料4－3「裁量労働制実態調査の結果について（概要）」28頁

　以上の結果についてみると，専門型・企画型のいずれにおいても，労働者の柔軟な働き方を推し進めることや，生産性向上の観点から裁量労働制を導入する傾向にあることがうかがえる。

5　裁量労働制の有用性　　21

(3)　裁量労働制の導入理由に対する評価（事業場調査）[13]

　裁量労働制の適用労働者がいる適用事業場において，前記(2)の裁量労働制を導入する理由との関係で，実際に導入を行ってみての評価の調査結果は次のとおりである。

● 専門型・企画型ともに，裁量労働制の導入理由として最も高かった「労働者の柔軟な働き方を後押しするため」に関しては，専門型・企画型ともに，効果があったとの回答割合は高かった（専門型：85.6%，企画型：91.7%）。

● 専門型・企画型ともに，裁量労働制の導入理由として2番目に高かった「効率的に仕事を進めるよう労働者の意識改革を図るため」に関しては，専門型・企画型ともに，効果があったとの回答割合は比較的高かった（専門型：77.5%，企画型：80.5%）。

● 専門型・企画型ともに，裁量労働制の導入理由として3番目に高かった「労働者の能力発揮を促すため」に関しては，専門型・企画型ともに，効果があったとの回答割合は比較的高かった（専門型：78.7%，企画型：90.9%）。

● なお，「業績に基づく評価制度の実効性を高めるため」については，導入理由としてはそれほど高い割合ではなかった（専門型：25.8%，企画型：29.7%）が，結果として，裁量労働制の導入が業績に基づく評価制度の実効性の上昇につながっていると評価している事業場が多かった結果となっている。

13　厚生労働省「裁量労働制実態調査の概要」20頁

【図表1-5】裁量労働制の導入理由に対する評価別事業場割合

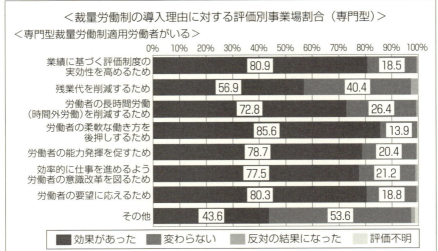

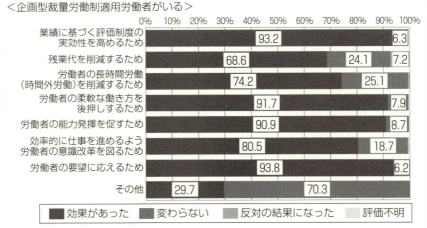

（出典）厚生労働省「裁量労働制実態調査の概要」20頁

5　裁量労働制の有用性　　23

　以上の結果についてみると，専門型・企画型のいずれにおいても，特に「労働者の柔軟な働き方を後押しするため」，「効率的に仕事を進めるよう労働者の意識改革を図るため」，「労働者の能力発揮を促すため」といった理由に対して，効果があると評価している割合が高いことがうかがえる。

⑷　裁量労働制の適用に関する満足度，働き方の認識（労働者調査）[14]

　適用事業場の適用労働者における裁量労働制の適用への満足度と，非適用労働者（非適用事業場において裁量労働制が適用される業務に相当する業務に従事する者をいう。以下，本節において同じ）の働き方の認識についての調査結果は次のとおりである。

● 専門型の適用労働者における裁量労働制が適用されていることに対する満足度は，「満足している」（41.3%）が最も高く，次いで，「やや満足している」（38.7%）となっている。
● 企画型の適用労働者における裁量労働制が適用されていることに対する満足度は，「満足している」（45.1%）が最も高く，次いで，「やや満足している」（38.6%）となっている。

　また，裁量労働制適用の満足度に関して，裁量労働制実態調査をもとにした回帰分析[15]を行った結果は次のとおりである。

● 専門型の適用労働者について，裁量労働制適用に対して「満足」又は「やや満足」と答える確率（以下，この段落及び次の段落において単に「満足度」という）にどのような要素が影響するのかを分析したところ，様々な要素が満足度に一定程度の影響を与えているが，出退勤時間に裁量の程度が大きいこと，能力や仕事の成果に応じた処遇となっていることが満足度を上げる影響を与えている一方，業務量が過大であること，期限設定が短いことは，満

14　厚生労働省「裁量労働制実態調査」適用労働者調査第32表及び非適用労働者調査第24表

> 足度を下げる影響を与えていることがわかった。また，年収については，年収が10%上がると満足度が1.23%ポイント上昇することがわかった[16]。
> ● 企画型の適用労働者について，満足度にどのような要素が影響するのかを分析したところ，満足度は，様々な要素が一定程度の影響を与えているが，出退勤時間に裁量の程度が大きいこと，労使委員会の実効性があること，本人同意時の説明があること等が満足度を上げる影響を与えている一方，業務量が過大であることは満足度を下げる影響を与えていることがわかった。また，年収については，年収が10%上がると満足度が0.87%ポイント上昇することがわかった[17]。

　なお，裁量労働制と年収の関係[18]に着目してみると，専門型と企画型のそれぞれについて適用労働者と非適用労働者の年収分布を比較すると，専門型[19]・企画型[20]ともに適用労働者のほうが非適用労働者よりも年収額が高くなる傾向

15　裁量労働制実態調査の労働者調査の結果を用いて，労働者の個人属性等の影響を制御した上で，裁量労働制の適用が適用労働者の働き方に与える影響の程度等を推定する分析を，東京大学政策評価研究教育センター及び東京大学エコノミックコンサルティング社が実施したもの（出典：厚生労働省「これからの労働時間制度に関する検討会」報告書（2022年7月15日）13頁脚注42）。なお，「労働者の個人属性等の影響を制御した」とは，裁量労働制が適用されている労働者と適用されていない労働者との比較を単純に行うと，そもそも適用されている労働者は，例えば学歴が高い等の様々な属性が，適用されていない労働者と異なっており，その属性の違い自体が労働時間の違い等をもたらしている可能性があるため，属性をそろえる必要があり，そのような多変量解析を行ったというもの。具体的には，労働時間管理の方法，性別，年齢，学歴等の変数を整えている（厚生労働省「第2回 これからの労働時間制度に関する検討会」（2021年8月31日）議事録中の川口大司東京大学大学院経済学研究科教授・東京大学政策評価研究教育センターセンター長の発言をもとに著者作成）。

16　厚生労働省「第179回 労働政策審議会労働条件分科会」（令和4年9月27日）資料1－3「裁量労働制実態調査及びその分析の結果について①」20頁

17　厚生労働省「第179回 労働政策審議会労働条件分科会」（令和4年9月27日）資料1－3「裁量労働制実態調査及びその分析の結果について①」21頁

18　厚生労働省「第179回 労働政策審議会労働条件分科会」（令和4年9月27日）資料1－3「裁量労働制実態調査及びその分析の結果について①」6頁から8頁

19　専門型の適用労働者については「700万円以上800万円未満」が最も多く，次いで「600万円以上700万円未満」が多かった。

20　企画型の適用労働者については「700万円以上800万円未満」が最も多く，次いで「800万円以上900万円未満」と「1,000万円以上1,250万円未満」が多かった。

にあった[21]。また，適用労働者に関しては，専門型・企画型ともに，年収が高いほど裁量労働制の適用について「満足している」又は「やや満足している」と答える割合が高い傾向にあった。

【図表 1 － 6 】労働者の平成30年の年収〈労働者調査〉

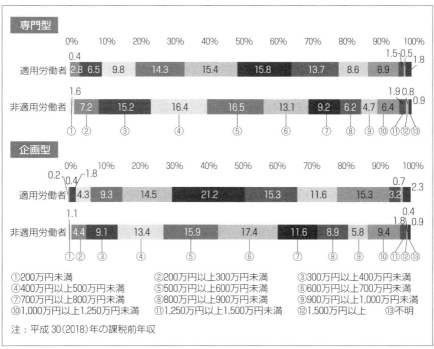

(出典) 厚生労働省「第179回 労働政策審議会労働条件分科会」(令和 4 年 9 月27日) 資料 1 － 3 「裁量労働制実態調査及びその分析の結果について①」 6 頁

---

21 年収が高い業務を行っていることや年収が高い役職・地位・年齢等にあるから裁量労働制の適用を受けているという可能性には留意が必要である。

【図表1−7】裁量労働制適用の満足度（平成30年の年収階級別）①
〈労働者調査・適用のみ〉

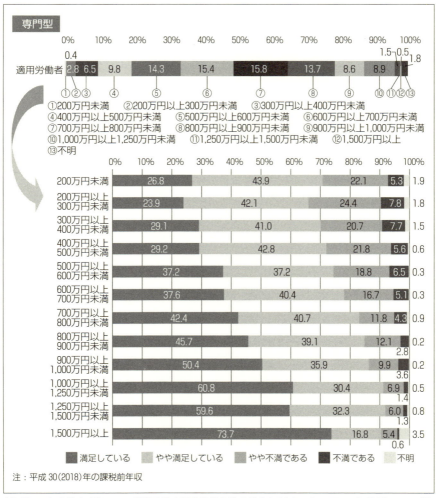

（出典）厚生労働省「第179回 労働政策審議会労働条件分科会」（令和4年9月27日）資料1−3「裁量労働制実態調査及びその分析の結果について①」7頁

5 裁量労働制の有用性　27

【図表1－8】裁量労働制適用の満足度（平成30年の年収階級別）②
〈労働者調査・適用のみ〉

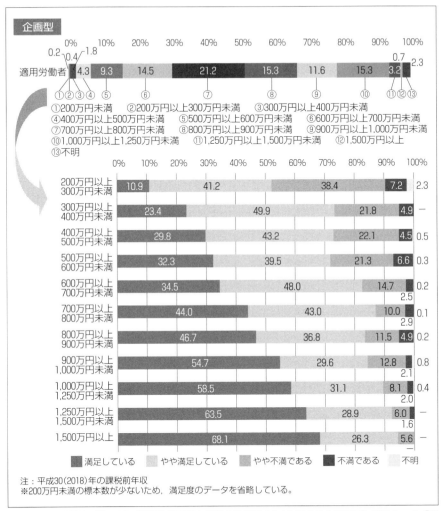

（出典）厚生労働省「第179回 労働政策審議会労働条件分科会」（令和4年9月27日）資料1－3「裁量労働制実態調査及びその分析の結果について①」8頁

28 第1章 裁量労働制の概要

　次に，裁量労働制の適用労働者と非適用労働者における働き方の認識（複数選択）を比較すると，以下の違いがみられる。

● 「時間にとらわれず柔軟に働くことで，ワークライフバランスが確保できる」を選択した割合について，専門型に関しては適用労働者（50.5%）が非適用労働者（24.9%）と比較して約25.6ポイント高く，企画型に関しては適用労働者（49.9%）が非適用労働者（23.2%）と比較して約26.7ポイント高い。
● 「仕事の裁量が与えられることで，メリハリのある仕事ができる」を選択した割合について，専門型に関しては適用労働者（48.8%）が非適用労働者（36.2%）と比較して約12.6ポイント高く，企画型に関しては適用労働者（50.6%）が非適用労働者（36.7%）と比較して約13.9ポイント高い。

【図表１－９】労働者の現在の働き方に対する認識
（適用労働者と非適用労働者の比較）〈労働者調査〉

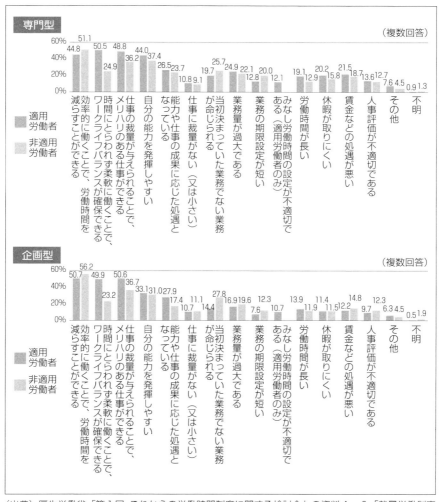

（出典）厚生労働省「第１回 これからの労働時間制度に関する検討会」の資料４－３「裁量労働制実態調査の結果について（概要）」37頁

以上の調査結果についてみると，裁量労働制の適用労働者の多くは，その適用について満足しており，その要因としては，専門型においては，①出退勤時間に裁量の程度が大きいこと，②能力や仕事の成果に応じた処遇となっている

30   第1章　裁量労働制の概要

ことが挙げられ，企画型においては，①出退勤時間に裁量の程度が大きいこと，②労使委員会の実効性があること，③本人同意時の説明があることが挙げられるほか，専門型・企画型いずれにおいても，年収が高いことが満足度につながっていることがうかがえる。他方で，専門型・企画型いずれにおいても，業務量が過大であることが満足度を下げる要因となっている。

　また，適用労働者においては，裁量労働制の下での働き方として「時間にとらわれず柔軟に働くことで，ワークライフバランスが確保できる」，「仕事の裁量が与えられることで，メリハリのある仕事ができる」といったように，柔軟で裁量のある働き方であるという認識を有している。

　裁量労働制について労働者の満足度の高い運用を行うことにより，労働者がより能力を発揮し，企業へのさらなる貢献につながることが期待できるほか，企業と労働者の良好な関係につながり，労働者とのトラブルや紛争へ発展することも未然に防ぐことが期待できよう。裁量労働制の下での働き方が柔軟で裁量のある働き方であるというのが労働者の認識であることも踏まえ，裁量労働制を導入・運用するにあたっては，上記の調査結果を参考とし，労働者の満足度が高くなるような体制・運用を構築することが重要であろう。

(5)　業務遂行や時間配分等に係る労働者の裁量の程度（労働者調査）[22]

　裁量労働制の対象業務の中核的要素である「業務の性質上その遂行の方法を大幅に当該業務に従事する労働者の裁量にゆだねる必要があるため，当該業務の遂行の手段及び時間配分の決定等に関し使用者が具体的な指示」を「することが困難」又は「しない」という点について，①業務の目的，目標，期限等の基本的事項，②具体的な仕事の内容・量，③進捗報告の頻度，④業務の遂行方法，時間配分等，⑤出退勤時間の5つの点についての適用労働者・非適用労働者，専門型・企画型それぞれについての調査結果は次のとおりである[23]。

22　厚生労働省「裁量労働制実態調査の概要」71頁から73頁，89頁から91頁
23　厚生労働省「第1回 これからの労働時間制度に関する検討会」の資料4－3「裁量労働制実態調査の結果について（概要）」38頁から42頁

5 裁量労働制の有用性 31

【図表1-10】①業務の目的，目標，期限等の基本的事項〈労働者調査〉

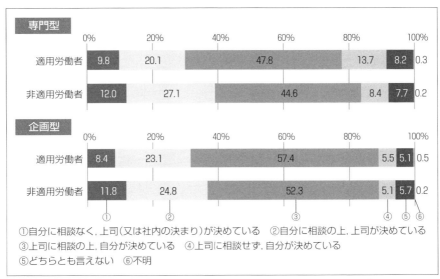

（出典）厚生労働省「第1回 これからの労働時間制度に関する検討会」の資料4-3「裁量労働制実態調査の結果について（概要）」38頁から42頁，図表1-14まで同じ

【図表1-11】②具体的な仕事の内容・量〈労働者調査〉

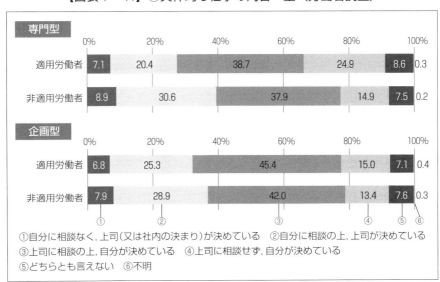

【図表1−12】③進捗報告の頻度〈労働者調査〉

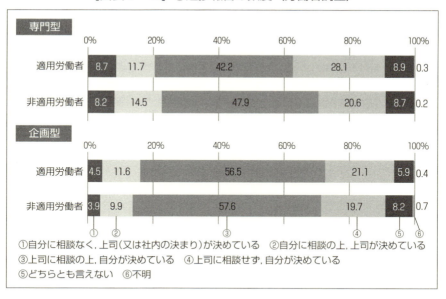

【図表1−13】④業務の遂行方法，時間配分等〈労働者調査〉

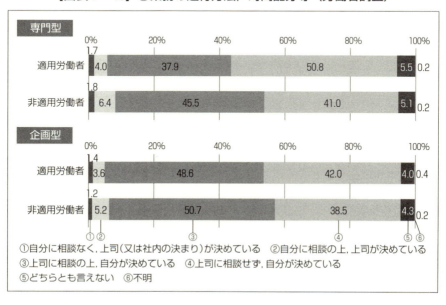

【図表1-14】⑤出退勤時間〈労働者調査〉

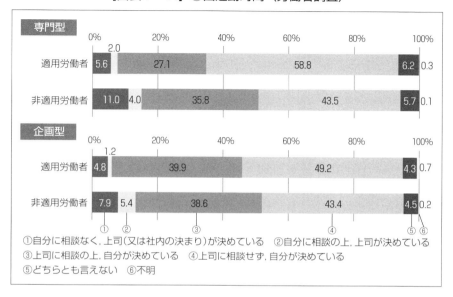

結果についてみると、まず、業務の遂行方法、時間配分については、適用労働者・非適用労働者、専門型・企画型問わず、労働者自身が決めているとの割合がおおむね86％から91％となっており、専門型・企画型問わず適用労働者のほうが非適用労働者と比べて、労働者自身が決めている割合が高くなっている。特に、専門型については、「上司に相談せず、自分が決めている」の割合について、適用労働者のほうが非適用労働者と比べて約9.8ポイント高くなっている。

また、具体的な仕事の内容・量や進捗報告の頻度については、専門型・企画型問わず適用労働者のほうが非適用労働者と比べて、労働者自身が決めている割合が高くなっている。特に、専門型については、具体的な仕事の内容・量に関し、「上司に相談せず、自分が決めている」の割合について、適用労働者のほうが非適用労働者と比べて約10.0ポイント高くなっている[24]。

出退勤時間については、専門型・企画型問わず適用労働者のほうが非適用労働者と比べて、労働者自身が決めている割合が高くなっている。専門型については、出退勤に関し、「上司に相談せず、自分が決めている」の割合について、適用労働者のほうが非適用労働者と比べて約15.3ポイント高くなっている。企

画型についても，出退勤に関し，「上司に相談せず，自分が決めている」の割合について，適用労働者のほうが非適用労働者と比べて約5.8ポイント高くなっている。

業務の目的，目標，期限等の基本的事項や具体的な仕事の内容・量については，専門型・企画型問わず適用労働者のほうが非適用労働者と比べて，労働者自身が決めている割合が高くなっている。

もちろん，適用労働者に関していえば，裁量労働制の要件に適合するような形で業務が与えられ，労働者によって実施されていると考えられ，労働者調査における労働者の裁量の程度が非適用労働者に比べて高い結果となっているのは必然であり，望ましい調査結果になっているとみるべきであるが，**前記**(4)の裁量労働制の適用に関する満足度，働き方の認識の調査結果とあわせて考察すると，制度の適用によって労働者自身に業務の遂行方法，時間配分や出退勤時間について裁量が委ねられることにより，同様の業務に従事している非適用労働者と比べて，時間にとらわれず柔軟に働くことで，ワーク・ライフ・バランスが確保できることにつながっている面も存在すると考えられ，裁量労働制の有用性の一面を示しているといえる。

24　ただし，企画型について，進捗報告の頻度に関し，「上司に相談の上，自分が決めている」，「上司に相談せず，自分が決めている」の割合の合計について，適用労働者のほうが非適用労働者と比べて約0.3ポイント高くなっているものの，「自分に相談なく，上司（又は社内の決まり）が決めている」，「自分に相談の上，上司が決めている」の割合の合計についても，適用労働者のほうが非適用労働者と比べて約2.3ポイント高くなっている点には留意が必要である（「どちらとも言えない」，「不明」の割合の差異によって，このような現象が生じている）。

(6) 健康状態の認識と仕事による健康等への影響（労働者調査）[25]

　労働者の健康状況の認識や仕事が主に精神的な健康等（メンタルヘルス）に及ぼす影響についての適用労働者・非適用労働者それぞれについての調査結果は次のとおりである[26]。

【図表１-15】現在の健康状態の認識と前年からの変化〈労働者調査〉

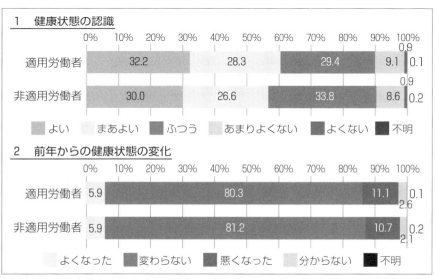

（出典）厚生労働省「第１回 これからの労働時間制度に関する検討会」の資料４-３「裁量労働制実態調査の結果について（概要）」17頁に基づき著者作成

25　厚生労働省「裁量労働制実態調査の概要」63頁及び65頁並びに86頁及び88頁
26　専門型・企画型ごとの調査結果については厚生労働省「裁量労働制実態調査」適用労働者調査第18表，第19表及び第23表並びに非適用労働者調査第16表，第17表及び第21表を参照。

【図表1－16】仕事による健康等への影響〈労働者調査〉

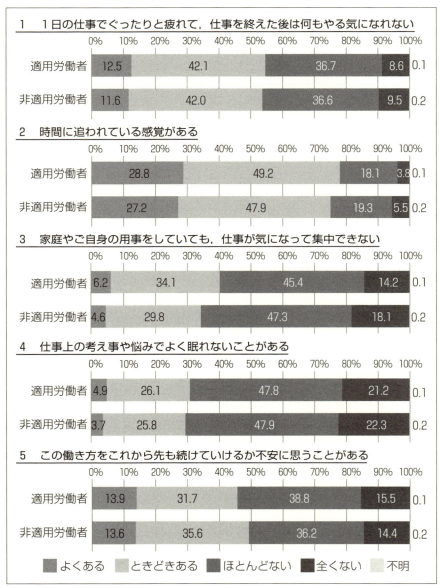

（出典）厚生労働省「第1回 これからの労働時間制度に関する検討会」の資料4－3「裁量労働制実態調査の結果について（概要）」19頁から21頁

結果についてみると，まず，調査時点の健康状態の認識に関しては，適用労働者は「よい」，非適用労働者は「ふつう」と回答した割合が最も高くなっている。また，調査時点の前年同月からの健康状態の変化の認識に関しては，適用労働者・非適用労働者のいずれも「変わらない」と回答した割合が最も高くなっている。

　次に，仕事による健康等への影響に関しては，「1　1日の仕事でぐったりと疲れて，仕事を終えた後は何もやる気になれない」，「2　時間に追われている感覚がある」については適用労働者・非適用労働者ともに「ときどきある」と回答した割合が最も高くなっており，「よくある」，「ときどきある」と回答した割合については，適用労働者が非適用労働者と比較して1・2のいずれについても高くなっている。

　「3　家庭やご自身の用事をしていても，仕事が気になって集中できない」，「4　仕事上の考え事や悩みでよく眠れないことがある」，「5　この働き方をこれから先も続けていけるか不安に思うことがある」については，適用労働者・非適用労働者ともに「ほとんどない」と回答した割合が最も高くなっており，「よくある」，「ときどきある」と回答した割合については，3・4は適用労働者が非適用労働者と比較して高く，5は適用労働者が非適用労働者と比較して低くなっている。

　このように，裁量労働制の適用が健康状態に悪影響を及ぼしているという傾向はみられない一方，仕事がメンタルヘルスに与える影響として，マイナスの影響を回答している労働者の割合が，裁量労働制の適用労働者のほうが高い傾向にあることが読み取れる[27]。

　そこで，裁量労働制適用が健康状態やメンタルヘルスに与える影響に関して，裁量労働制実態調査をもとにした回帰分析を行った結果[28]は次のとおりである。

　まず，専門型・企画型の適用労働者・非適用労働者のそれぞれについて，労働者の裁量の程度によって，裁量労働制の適用が健康状態を「あまりよくな

27　ただし，これらの調査項目に関しマイナスの回答を行う理由としては，役職・地位・年齢等も影響し得ることには留意が必要である。

28　厚生労働省「第179回　労働政策審議会労働条件分科会」（2022年9月27日）資料1－3「裁量労働制実態調査及びその分析の結果について①」17頁から19頁

38　第1章　裁量労働制の概要

い」,「よくない」と答える確率に与える影響が異なるのかについて分析を行った結果としては,以下のとおりである。

● 業務の遂行方法,時間配分等の裁量の程度に関しては,専門型については裁量の程度が小さい場合に適用労働者のほうが健康状態を「あまりよくない」,「よくない」と答える確率が高くなっているが,裁量の程度が大きい場合には,その影響が低減される。
● 出退勤時間の裁量の程度に関しては,専門型については裁量の程度が小さい場合に適用労働者のほうが健康状態を「あまりよくない」,「よくない」と答える確率が高くなっているが,裁量の程度が大きい場合には,その影響が低減される。

また,専門型の適用労働者・非適用労働者について,労働者の裁量の程度によって,裁量労働制の適用がメンタルヘルスに与える影響が異なるのかについて分析を行った結果としては,以下のとおりである。

● 業務の遂行方法,時間配分等の裁量の程度に関しては,裁量の程度が小さい場合には適用労働者のほうが「2　時間に追われている感覚がある」,「3　家庭やご自身の用事をしていても,仕事が気になって集中できない」が「よくある」,「ときどきある」と答える確率が高くなっているが,「2　時間に追われている感覚がある」については,裁量の程度が大きい場合には,その影響が低減される。
● 出退勤時間の裁量の程度に関しては,裁量の程度が小さい場合には,適用労働者のほうが「1　1日の仕事でぐったりと疲れて,仕事を終えた後は何もやる気になれない」,「2　時間に追われている感覚がある」,「3　家庭やご自身の用事をしていても,仕事が気になって集中できない」が「よくある」,「ときどきある」と答える確率が高くなっているが,「1　1日の仕事でぐったりと疲れて,仕事を終えた後は何もやる気になれない」,「2　時間に追われている感覚がある」については,裁量の程度が大きい場合には,その影響が低減される。

企画型の適用労働者・非適用労働者について，労働者の裁量の程度によって，裁量労働制の適用がメンタルヘルスに与える影響が異なるのかについて分析を行った結果としては，以下のとおりである。

● 業務の遂行方法，時間配分等の裁量の程度に関しては，裁量の程度が小さい場合には，適用労働者のほうが「2　時間に追われている感覚がある」，「3　家庭やご自身の用事をしていても，仕事が気になって集中できない」，「4　仕事上の考え事や悩みでよく眠れないことがある」が「よくある」，「ときどきある」と答える確率が高くなっているが，いずれも，裁量の程度が大きい場合には，その影響が低減される。

● 出退勤時間の裁量の程度に関しては，裁量の程度が小さい場合には，適用労働者のほうが「3　家庭やご自身の用事をしていても，仕事が気になって集中できない」，「4　仕事上の考え事や悩みでよく眠れないことがある」，「5　この働き方をこれから先も続けていけるか不安に思うことがある」が「よくある」，「ときどきある」と答える確率が高くなっているが，いずれも，裁量の程度が大きい場合には，その影響が低減される。

　この回帰分析の結果を踏まえると，裁量労働制の適用労働者については，業務の遂行，時間配分や出退勤時間の裁量の程度が大きいことが，メンタルヘルスを含めた健康状態の向上に寄与するといえる。このことを踏まえれば，裁量労働制における健康・福祉確保措置を講じることはもちろんのこと，裁量労働制の適用労働者が良好な健康状態の下で働く上では，制度の趣旨に適った形で，適用労働者としてふさわしい裁量をもって働くことのできる環境を整えていくことが重要である。

(7)　労使委員会の実効性（労働者調査）[29]

　企画型における労使委員会の実効性に対する認識割合は，労使委員会が十分機能していると思うかに対し「どちらかと言えばそう思う」（28.2％）が最も高く，次いで，「どちらとも言えない」（25.3％）である。

29　厚生労働省「裁量労働制実態調査の概要」70頁

40 第1章 裁量労働制の概要

　労使委員会の実効性が企画型の適用労働者の労働時間，健康状態やメンタルヘルスに与える影響に関して，裁量労働制実態調査をもとにした回帰分析を行った結果は次のとおりである[30][31]。

● 企画型の適用労働者について，労使委員会の実効性が1週当たりの労働時間が60時間以上又は50時間以上となる確率に与える影響があるかについて分析を行った結果としては，労使委員会の実効性がある場合は，1週当たりの労働時間が60時間以上となる確率が半分以上低くなり，50時間以上となる確率が低くなっている。

● 企画型の適用労働者について，労使委員会の実効性が健康状態を「あまりよくない」，「よくない」と答える確率に与える影響があるかについて分析を行った結果としては，労使委員会の実効性がある場合は，健康状態を「あまりよくない」，「よくない」と答える確率が低くなっている。

● 企画型の適用労働者について，労使委員会の実効性がメンタルヘルスに与える影響があるかについて分析を行った結果としては，労使委員会の実効性がある場合は，メンタルヘルスに係るすべての項目[32]について「よくある」，「ときどきある」と答える確率が低くなっている。

　この回帰分析の結果を踏まえると，労使委員会の実効性が実際の労働時間の短縮につながり，メンタルヘルスを含めた健康状態の向上に寄与することにつながるといえる[33]。**第3章**で述べるとおり，労使委員会は，企画型の適用要件であるにとどまらず，その実施状況に係るモニタリングや専門型における活用（協定代替決議）など，様々な役割・機能を担っており，それを通じて労働者が各制度の趣旨に沿って健康的に働きがいをもって働くことができる環境づくりをしていく上で重要な機関であることも踏まえ，制度の趣旨に適ったより良

30　厚生労働省「第182回 労働政策審議会労働条件分科会」（令和4年11月8日）資料1-3「裁量労働制実態調査及びその分析の結果について③」7頁から9頁

31　労使委員会の実効性について，（労使委員会が十分に機能しているかについて）「そう思う」「どちらかといえばそう思う」を「労使委員会の実効性がある」，「どちらともいえない」「どちらかといえばそう思わない」「そう思わない」「労使委員会を知らない」を「労使委員会の実効性がない」としてまとめた上で，分析を実施している。

い労使委員会としていくことが重要であろう。

⑻ 小　括

前記⑵から⑺において，裁量労働制実態調査の調査結果のうち，裁量労働制を導入・適用することの有用性を示唆するものや裁量労働制を運用するにあたってプラスの効果があると示唆されるものについて紹介し，考察を行った。

裁量労働制実態調査の結果公表後，厚生労働省において設置・開催された「これからの労働時間制度に関する検討会」（座長：荒木尚志東京大学大学院法学政治学研究科教授）が令和4年7月15日にとりまとめた報告書においても「裁量労働制が，裁量をもって自律的・主体的に働くにふさわしい業務に従事する労働者に適切に適用され，制度の趣旨に沿った適正な運用が行われれば，労使双方にとってメリットのある働き方が実現できるものと考えられる」，「こうした労使双方にとってメリットのある働き方が，より多くの企業・労働者で実現できるようにしていくことが求められる」と述べられている。回帰分析によると，労働者の個人属性等を制御した場合には，裁量労働制の適用によって，労働時間が著しく長くなる，睡眠時間が短くなる，処遇が低くなる，健康状態が悪化するといった影響があるとはいえないという結果が出ていることも踏まえると[34]，裁量労働制が，裁量をもって自律的・主体的に働くにふさわしい業務に従事する労働者に適切に適用され，制度の趣旨に沿った適正な運用が行われていれば，労使双方にとって有用性の高い制度であるといえよう。

もちろん，同報告書においては，メリットのみが述べられているものではなく，「業務の遂行手段や時間配分等についての裁量が労働者に委ねられていな

32　「1日の仕事でぐったりと疲れて，仕事を終えた後は何もやる気になれない」，「時間に追われている感覚がある」，「家庭やご自身の用事をしていても，仕事が気になって集中できない」，「仕事上の考え事や悩みでよく眠れないことがある」，「この働き方をこれから先も続けていけるか不安に思うことがある」の5項目。

33　労使委員会が十分に機能しているような事業場で裁量労働制を適用されて働いていること自体が，実労働時間の短縮や健康状態の向上と相関がある可能性もあることに留意が必要である。いずれにしても，労使でしっかりと調査審議を行いながら必要に応じて改善を図りつつ制度を運用していくこと，そのような環境が整っていることが十分に労働者にも伝わることが重要である。

42　第1章　裁量労働制の概要

いことが疑われる結果も一部みられるなど，前述のような制度の趣旨に沿ったものとは必ずしもいえない制度の運用実態がみられた」と指摘し，「労働者側との十分な協議がないまま使用者によって残業代を削減する目的で制度が導入され，裁量がない状態で長時間労働を強いられ，かつ低処遇といった運用がなされれば，労働者の健康確保や処遇確保の観点からも問題がある。そのような裁量労働制の趣旨に沿っていない運用は，制度の濫用・悪用といえる不適切なものであり，これを防止する必要がある」としている。調査結果から浮かび上がる正負両面を踏まえた上で，令和6年4月1日施行の裁量労働制の制度改正が行われたという経緯があることを踏まえ，同制度改正が裁量労働制を導入する企業において引き続き気をつけるべき点を示唆しているものとして捉える必要がある。

　令和6年4月1日施行の裁量労働制の制度改正に係る事項も含めた裁量労働制の要件・手続を十分に遵守した上で，制度を適切に運用することにより，労使双方にメリットがある制度として，労働者がワーク・ライフ・バランスや健康を確保しながら自律的・主体的に働くことで，自らの知識・技術を活かし，創造的な能力を発揮していくことにつなげていくことが重要である。

34　回帰分析の結果も含めた裁量労働制実態調査の結果を踏まえた裁量労働制の現状と課題のデータについては，厚生労働省「これからの労働時間制度に関する検討会」報告書（令和4年7月15日）別添3の参考資料①並びに厚生労働省「第179回 労働政策審議会労働条件分科会」（令和4年9月27日）資料1－3「裁量労働制実態調査及びその分析の結果について①」，厚生労働省「第181回 労働政策審議会労働条件分科会」（令和4年10月26日）資料2－3「裁量労働制実態調査及びその分析の結果について②」及び厚生労働省「第182回 労働政策審議会労働条件分科会」（令和4年11月8日）資料1－3「裁量労働制実態調査及びその分析の結果について③」に記載。

第2章

専門業務型裁量労働制

44 第2章 専門業務型裁量労働制

　専門業務型裁量労働制は，法令に列挙されている専門的な業務（対象業務）に従事する労働者について，実際の労働時間（実労働時間）にかかわらず，あらかじめ労使協定で定めた時間（みなし労働時間）を労働したものとみなす制度である（労基法38条の3）。

　例えば，労使協定でみなし労働時間を1日8時間と定めた場合，実際には1日7時間労働した日でも1日9時間労働した日でも，1日8時間労働したものとみなされる。

　専門業務型裁量労働制の導入までの流れとしては，①労使協定の締結（**後記1(1)**），②労働基準監督署長への労使協定の届出（**後記1(2)**），③労働契約上の根拠を定めること（**後記1(3)**），④労働者の同意取得（**後記1(4)**），⑤対象業務に就かせること（**後記1(5)**）の5ステップがある。そして，これらのステップを踏むことにより，専門業務型裁量労働制が適用され，みなし労働時間という法的効果が生じることとなる（**後記2**）[1]。

　また，専門業務型裁量労働制の導入後の対応として，①同意の撤回（**後記3(1)**），②適用解除（**後記3(2)**），③実施把握（定期的なモニタリング）（**後記3(3)**），④記録の作成及び保存（**後記3(4)**），⑤健康・福祉確保措置，苦情処理措置の実施（**後記3(5)**）がある。

　なお，専門業務型裁量労働制においては，企画業務型裁量労働制における企画指針のようなものはなく，他の労働時間制度と同様，行政通達により行政解釈が示されているが，令和6年4月1日施行の裁量労働制の制度改正に伴い，企画指針と同等の内容（令和5年施行通達）が示されるに至ったため，専門業務型裁量労働制においても，企画指針で求められている内容に沿って対応することとなる[2]。

1　なお，**後記1(2)ア**のとおり，厳密には協定届出は同制度の適用要件ではない。
2　企画指針と同様，当該通達の中で「望ましい」，「適当である」といった表現がなされている箇所があるが，厚生労働省の行政通達等における表現方法として，それに反することが法令違反となるものではないものの，実運用としては適切ではない事項について，使用者の取組みを促すためこれらの表現を使うことがある（他の行政機関でも同様）。そのため，当該事項に反した実運用がなされたとしても，法令違反とはならないため，労働基準監督署から是正勧告（是正勧告書の交付）がなされるまでには至らず，指導（指導票の交付）にとどまるのが通常である。

1 適用までの流れ

(1) 労使協定の締結

　専門業務型裁量労働制を導入するためには，使用者は，事業場ごとに，労働者の過半数で組織する労働組合（**過半数組合**）又は過半数組合がないときは労働者の過半数を代表する者（**過半数代表者**）との書面による協定（**労使協定**）を締結しなければならない（労基法38条の３第１項柱書）。また，労使協定においては，**後記ア**の協定事項を定めなければならない（同項各号）。

　労使協定の締結は，専門業務型裁量労働制の適用要件であることから，締結自体が行われていない場合や適法な締結でない場合は，専門業務型裁量労働制は適用できず，みなし労働時間の効力は生じない。

ア　協定事項

　専門業務型裁量労働制の労使協定においては，以下の①から⑨の協定事項を定めなければならない。

---

　① 　対象業務
　② 　みなし労働時間
　③ 　業務の遂行の手段及び時間配分の決定等に関し具体的な指示をしないこと
　④ 　健康・福祉確保措置
　⑤ 　苦情処理措置
　⑥ 　労働者の同意取得及び不同意を理由とする不利益取扱いの禁止
　⑦ 　同意の撤回に関する手続
　⑧ 　労使協定の有効期間
　⑨ 　記録の保存

---

46 第2章　専門業務型裁量労働制

①　対象業務

　労使協定において，協定事項として，「業務の性質上その遂行の方法を大幅に当該業務に従事する労働者の裁量にゆだねる必要があるため，当該業務の遂行の手段及び時間配分の決定等に関し使用者が具体的な指示をすることが困難なものとして厚生労働省令で定める業務のうち，労働者に就かせることとする業務」（**対象業務**）を定めなければならない（労基法38条の3第1項1号）。

　対象業務は，労基則及び対象業務告示において，全20業務が定められており，使用者は，事業場ごとに，専門業務型裁量労働制を適用予定の対象業務を全20業務の中から定めることとなる。これら業務は限定列挙であるため，全20業務のいずれかに該当しなければ，専門業務型裁量労働制を導入，適用することはできない。また，労使協定においては，法定の要件に該当する業務を定めなければならないので，当該業務の性質上その遂行の方法を大幅に労働者の裁量に委ねることができないにもかかわらず，当該業務の遂行の手段及び時間配分の決定等に関し具体的な指示をしないことを労使協定で定めても，専門業務型裁量労働制を適用できない[3]。

　専門業務型裁量労働制の適用労働者が従事する業務の内容が，対象業務（全20業務）のうち，複数の対象業務に該当する場合は，業務の内容がそれぞれの対象業務に該当している限り，労使協定の内容を前提に，専門業務型裁量労働制の適用対象になるものと解されている（令和5年8月2日基政発・基監発0802第1号）。例えば，システムエンジニアの業務（**後記(5)ア②**）を行いつつ，システムコンサルタントの業務（**後記(5)ア⑦**）を行う場合等が挙げられる[4]。複数の対象業務にまたがる場合，労使協定において，両対象業務を1つにまとめて定め，両対象業務全体に対してみなし労働時間を1日8時間と定めることが考えられる[5]。

　各対象業務の内容と解釈，対象業務該当性については，**後記(5)**で詳述する[6]。

3　厚生労働省労働基準局編『令和3年版　労働基準法　上』（労務行政，2022年）594頁，595頁

4　労働政策審議会労働条件分科会において本解釈に言及があった際も「システムエンジニアの業務の中では収まり切らないけれども，その方が行う業務がシステムエンジニアとシステムコンサルタントの業務をあわせたものの中には入っているというケース」を例に挙げていた（令和4年9月27日　第179回　労働政策審議会労働条件分科会議事録）。

② みなし労働時間

労使協定において，協定事項として，「対象業務に従事する労働者の労働時間として算定される時間」（**みなし労働時間**）を定めなければならない（労基法38条の3第1項2号）。

みなし労働時間の単位は1日のみであり，週単位や月単位でのみなし労働時間の設定はできないと解されている（昭和63年3月14日基発150号，平成12年1月1日基発1号）[7]。なお，学説上は，条文上1日のみに限定する文言がないことや，裁量労働制が週40時間，1日8時間の法定労働時間（労基法32条）に係る労働時間の算定の特例（労基法38条の3第1項柱書）であることから，1週及び1日

5　専門業務型裁量労働制に関する協定届（様式13号（24条の2の2第4項関係））の裏面記載の記載心得1において「同一労働者を複数の対象業務に就かせる場合は，1つの欄に複数の番号を記入すること」と記載されているところ，1つの欄に複数の対象業務を定めれば，それに対するみなし労働時間も1つの欄に記載することになるため，これによって両対象業務全体に対してみなし労働時間を1日8時間と定めることとなる。

6　なお，専門業務型裁量労働制については，法令上，特定の業務が限定列挙で定められており，それのみで対象範囲を適切に画することができることから，協定事項及び適用要件として，企画業務型裁量労働制における「対象労働者」という概念はなく（**第3章の1**(1)**ウ**②（126頁）），法的にはあくまで対象業務該当性のみが問題になるにすぎない。もっとも，行政通達上は，専門業務型裁量労働制においても，適用労働者となり得る者の範囲について，労使で十分協議した上で決定することが望ましいこと，当該協議にあたっては，当該者が対象業務を適切に遂行するための知識，経験等を有する労働者であるかの判断に資するよう，使用者は，過半数組合等に対し，当該事業場の属する企業等における労働者の賃金水準（労働者への賃金・手当の支給状況を含む）を示すことが望ましいこと，適用労働者に適用される評価制度及びこれに対応する賃金制度の内容については，労使協定の内容について協議を行うに先立ち，使用者から過半数組合等に十分に説明を行うことが望ましいこと，「労働者の賃金水準」については，専門業務型裁量労働制の適用を検討している労働者の属する層の制度適用前の賃金水準を示すことが望ましいこと，労使協議においては，当該賃金水準と適用労働者に適用される評価制度及びこれに対応する賃金制度の内容を考慮して労使協定を行うことが望ましいことが示されている（令和5年施行通達第2の4(2)）。専門業務型裁量労働制において，適用労働者の範囲は協定事項ではなく，また，専門業務型裁量労働制に関する労使協定届（様式13号）には，企画業務型裁量労働制に関する決議届（様式13号の2）とは異なり，労働者の範囲を記載する欄はないため，適用労働者の範囲について協定し，その届出を行うことは法令上求められていないが，適切な運用という観点から，適用労働者の範囲を協定し，それに従って運用することが望ましいというものである。

7　厚生労働省「専門業務型裁量労働制の解説」10頁も「1週間単位や，1か月単位の時間を協定することはできません」と述べている。

についてみなし労働時間を定めることができるとする見解があるが[8]，行政解釈により1日単位しか認めていない運用が貫徹されている上，労基則24条の2の2第4項により，労使協定届の様式（様式13号）において「協定で定める1日のみなし労働時間」の欄しか設けておらず，かつ当該様式に従った労使協定届を行わないと罰則の適用対象（労基法38条の3第2項，120条1号，121条）となることから，現在の実務において週単位により協定することは事実上不可能である。

　労使協定において，みなし労働時間を設定するにあたっては，対象業務の内容並びに適用労働者に適用される評価制度及びこれに対応する賃金制度を考慮して適切な水準のものとなるようにし，適用労働者の相応の処遇を確保することが必要である（令和5年施行通達第2の4(3)ア）。具体的には，当該事業場における所定労働時間や所定労働時間に一定の時間を加えた時間をみなし労働時間とすること等は可能であるが，その場合にも，適用労働者への特別の手当の支給や，適用労働者の基本給の引上げなどを行い，相応の処遇を確保することが必要である（令和5年施行通達第2の4(3)ア）[9]。そのため，実務上，各企業においては，労使協定においてみなし労働時間を定めるにあたっては，実労働時間とみなし労働時間の乖離があったとしても，過去の実労働時間をベースに算出した裁量労働手当（例えば，裁量労働制適用者が仮に実労働時間で働いていたとすると，月平均で20時間の時間外労働を行っているということであれば，月20時間分の時間外労働の割増賃金に相当する手当）を支給するなど[10]，相応の処遇を確保

8　菅野和夫ほか『労働法（第13版）』（弘文堂，2024年）547頁等。なお，1か月単位でみなし労働時間を定める見解もあるが（東京大学労働法研究会『注釈労働時間法』（有斐閣，1990年）578頁），裁量労働制が週40時間，1日8時間の法定労働時間（労基法32条）に係る労働時間の算定の特例であることを踏まえれば，同見解は採用できないと考えられる。

9　従前，実務において企業側の代理人弁護士として労働基準監督官による監督指導の対応に当たっていると，実労働時間とみなし労働時間に数時間の乖離があると指導を受ける事例をみることがあったが，令和6年4月1日施行の裁量労働制の制度改正により，「みなし労働時間は，専門業務型裁量労働制を適用する上で，必ずしも実労働時間と一致させなければならないものではな」いことが確認されたため（令和5年施行通達第2の4(3)ア），今後は「適用労働者への特別の手当の支給や，適用労働者の基本給の引上げなどを行い，相応の処遇を確保」されれば，上記乖離があったとしても，労働基準監督署から直ちには指導されないと考えられる（益原大亮「『裁量労働制』制度改正（令和6年4月施行）の実務解説—厚生労働省の立案担当者解説（上）」ビジネス法務2024年2月号63頁）。

していることを合理的に説明できるようにしておくことが肝要である[11]。

なお，事業場における所定労働時間をみなし労働時間として設定するような場合において，所定労働時間相当働いたとしても明らかに処理できない分量の業務を与えながら相応の処遇を確保しないといったことは，専門業務型裁量労働制の趣旨を没却するものであり，不適当であるとされている（令和5年施行通達第2の4(3)イ）。

みなし労働時間の実体法上の効果等については，**後記2**で詳述する。

③ 業務の遂行の手段及び時間配分の決定等に関し具体的な指示をしないこと

労使協定において，協定事項として，「対象業務の遂行の手段及び時間配分の決定等に関し，当該対象業務に従事する労働者に対し使用者が具体的な指示をしないこと」を定めなければならない（労基法38条の3第1項3号）。

当該事項はあくまで協定事項にすぎないが，**後記(5)イ**のとおり，適用要件としての対象業務該当性において，形式的に対象業務に該当しているのみでは足らず，対象業務の遂行の手段及び時間配分の決定等に関する裁量があることが必要であると解されており，当該事項はその解釈を裏付ける要素ともいえる。

10　なお，裁判例として，定年後再雇用者（有期雇用労働者）に裁量労働手当が支給されていないことが，旧労契法20条の禁止する期間の定めがあることによる労働条件の不合理な相違に当たるかが争われた事案において，被告会社における裁量労働手当の支給対象は専門業務型裁量労働制の適用労働者であり，原告が裁量手当の支給を受けていないのは，原告が裁量労働制の対象として被告から指定されていないことによるのであって，期間の定めがあることに関連して生じたものとはいえず，旧労契法20条に反せず，また，原告の職務の内容等に照らせば，原告を裁量労働制の対象者としないとの被告会社の判断がその裁量を逸脱又は濫用しているとはいえないとしたものがある（北日本放送事件（富山地判平30.12.19労経速2374号18頁））。

11　益原大亮「『裁量労働制』制度改正（令和6年4月施行）の実務解説─厚生労働省の立案担当者解説（上）」ビジネス法務2024年2月号63頁から64頁。なお，令和5年Q&A2−2では「通常の労働時間制度ではなく，裁量労働制というみなし労働時間制を適用するのにふさわしい処遇が確保されていることが必要」としているため，必ずしも過去の実労働時間をベースに算出した手当を支給しなければならないというわけではなく，実労働時間以外の指標に基づき，裁量労働制適用者にふさわしい手当を支給することでもよいと考えられる（もっとも，実務上は，定量的に説明がつきやすいということもあり，過去の実労働時間をベースに算出した手当を支給するケースが多い印象である）。

50　　第2章　専門業務型裁量労働制

④　健康・福祉確保措置

　労使協定において，協定事項として，「対象業務に従事する労働者の労働時間の状況に応じた当該労働者の健康及び福祉を確保するための措置を当該協定で定めるところにより使用者が講ずること」（**健康・福祉確保措置**）を定めなければならない（労基法38条の3第1項4号）。

　健康・福祉確保措置は，【**図表2－1**】の❶から❿の措置が想定されている（令和5年施行通達第2の4⑷イ）。法令ではなく法的拘束力のない行政通達において列挙されており，かついずれかの措置を選択することが「適切である」とされているにすぎないため（令和5年施行通達第2の4⑷イ），法的性質はあくまで例示列挙ではあるが[12]，労働基準監督署による監督指導の可能性も踏まえれば，これらの措置の中から選択しておくことが穏当である（実務上もこれらの措置の中から選択することがほとんどである。なお，いずれの措置を選択すべきかについては，各企業の実態や人事労務管理上の問題も踏まえ，個別に検討する必要がある）。また，健康・福祉確保措置は【**図表2－1**】の2分類に分けられており，労使協定を締結するにあたっては，各分類からそれぞれ1つずつ以上を協定することが望ましいとされている（令和5年施行通達第2の4⑷オ）。加えて，健康・福祉確保措置としては，把握した適用労働者の勤務状況及びその健康状態を踏まえ，【**図表2－1**】の❸（適用解除）を協定することが望ましいとされている（令和5年施行通達第2の4⑷カ）。

12　そのため，企画業務型裁量労働制の場合（**第3章の1⑴ウ④（130頁）**）と同様，各事業場の実情に応じ，これらの事項とは異なる健康・福祉確保措置の協定をした場合に専門業務型裁量労働制の効果が生じないというものではない。

1　適用までの流れ　51

【図表２－１】　健康・福祉確保措置の内容・分類

長時間労働の抑制や休日確保を図るための当該事業場の適用労働者全員を対象とする措置	❶　終業から始業までに一定時間以上の継続した休息時間を確保すること（勤務間インターバル） ❷　深夜労働（午後10時から翌午前５時までの労働）をさせる回数を１か月について一定回数以内とすること ❸　把握した労働時間が一定時間を超えない範囲内とすること及び当該時間を超えたときは労基法38条の３第１項の規定を適用しないこととすること（適用解除） ❹　働きすぎの防止の観点から，年次有給休暇についてまとまった日数連続して取得することを含めてその取得を促進すること
勤務状況や健康状態の改善を図るための個々の適用労働者の状況に応じて講ずる措置	❺　把握した労働時間が一定時間を超える適用労働者に対し，医師による面接指導（問診その他の方法により心身の状況を把握し，これに応じて面接により必要な指導を行うことをいい，安衛法66条の８第１項の規定による面接指導を除く）を行うこと ❻　把握した適用労働者の勤務状況及びその健康状態に応じて，代償休日又は特別な休暇を付与すること ❼　把握した適用労働者の勤務状況及びその健康状態に応じて，健康診断を実施すること ❽　心とからだの健康問題についての相談窓口を設置すること ❾　把握した適用労働者の勤務状況及びその健康状態に配慮し，必要な場合には適切な部署に配置転換をすること ❿　働きすぎによる健康障害防止の観点から，必要に応じて，産業医等による助言・指導を受け，又は適用労働者に産業医等による保健指導を受けさせること

　上記❶❸❺の「一定時間」や上記❷の「一定回数」の具体的な内容については，原則として労使協定に委ねられているが，上記❶（勤務間インターバル）の時間が著しく短い場合，上記❸（適用解除）や上記❺（面接指導）の時間が著しく長い場合，上記❷（深夜労働）の回数が著しく多い措置については，健康・福祉確保措置として不適切であるとされている（令和５年施行通達第２の４(4)ウ）。例えば，上記❸（適用解除）の「一定時間」については，長くとも，労基法36条６項２号及び３号に規定する時間数（時間外・休日労働が月100時間

未満，２～６か月平均80時間以内）を超えない範囲で設定することが適切であるとされている（令和５年施行通達第２の４(4)ウ，令和５年Q&A３－６）。また，上記❶（勤務間インターバル）の時間数や上記❷（深夜労働）の回数については，人員体制や業務の負荷等の個別の事情に鑑み，労使で協議の上，設定する必要があり，例えば，高度プロフェッショナル制度において，勤務間インターバルの時間については11時間以上，深夜業の回数については月４回以内と示されていることを参考にした上で，設定することが考えられるとされている（令和５年Q&A３－５）。

　上記❸（適用解除）について，一定期間経過後に再度制度を適用することをあらかじめ定め，実施することは可能であるが，どれくらいの期間適用しないこととするかは事前に労使で協議しておく必要があり，また，再適用にあたっては，適用解除後の労働者の勤務状況（労働時間の状況を含む）や健康状態等を踏まえて，使用者が個別具体的に再適用の可否を判断する必要があるほか，いったんは裁量労働制の適用が解除された以上，再適用に際しては，協定の内容に従って，改めて労働者の同意を得る必要がある（令和５年Q&A３－７）。また，その同意については就業規則や労使協定等による包括的な同意は認められず，改めて後記(4)のとおりに労働者の同意を取得することになる（令和５年Q&A３－８）。なお，適用解除の有効性については，後記３(2)を参照されたい。

　上記❺（面接指導）について，「安衛法66条の８第１項の規定による面接指導を除く」としているとおり，同項に基づく安衛則52条の２において，面接指導の対象となる労働者の要件を週40時間を超える労働時間が月80時間を超え，かつ疲労の蓄積が認められる者としているところ，当該措置を実施する場合にはその要件について同一の内容を設定することは不適切であり，安衛則に規定する時間数を超えて設定することは認められないとされている（令和５年施行通達第２の４(4)エ，令和５年Q&A３－６）。そのため，健康・福祉確保措置としての面接指導を協定する場合には，安衛則52条の２に規定する面接指導の要件よりも，面接指導の要件を満たしやすい時間数（例えば時間外・休日労働が月60時間）を定める必要がある。

　なお，健康・福祉確保措置を実施した結果を踏まえ，特定の適用労働者には専門業務型裁量労働制を適用しないこととする場合における，制度を適用しな

いこととした後の配置及び処遇又はその決定方法についても，あらかじめ労使協定で定めておくことが望ましいとされている（令和5年施行通達第2の4(4)キ）。

　健康・福祉確保措置を労使協定で定めるところにより使用者が講ずることについては，次のいずれにも該当する内容のものであることが必要であるとされている（令和5年施行通達第2の4(4)ア）。

---

① 使用者による適用労働者の労働時間の状況の把握は，いかなる時間帯にどの程度の時間，労務を提供し得る状態にあったかを把握するものであること。その方法は，タイムカードによる記録，パーソナルコンピュータ等の電子計算機の使用時間の記録等の客観的な方法その他の適切なものであることが必要であり，当該対象事業場の実態に応じて適当な当該方法を具体的に明らかにしていることが必要であること。

※「その他の適切なもの」としては，労働者の自己申告による把握を行うことは原則として認められず，やむを得ず客観的な方法により把握し難い場合において認められる（令和5年Q&A3−1）。

※「やむを得ず客観的な方法により把握し難い場合」としては，例えば，労働者が事業場外において行う業務に直行又は直帰する場合など，事業者の現認を含め，労働時間の状況を客観的に把握する手段がない場合があり，この場合に該当するかは，当該労働者の働き方の実態や法の趣旨を踏まえ，適切な方法を個別に判断することとなるが，労働者が事業場外において行う業務に直行又は直帰する場合などにおいても，例えば，事業場外から社内システムにアクセスすることが可能であり，客観的な方法による労働時間の状況を把握できる場合もあるため，直行又は直帰であることのみを理由として，自己申告により労働時間の状況を把握することは認められず，また，タイムカードによる出退勤時刻や入退室時刻の記録やパーソナルコンピュータの使用時間の記録などのデータを有する場合や事業者の現認により当該労働者の労働時間を把握できる場合にもかかわらず，自己申告による把握のみにより把握することは認められない（令和5年Q&A3−2）。

② 上記①により把握した労働時間の状況に基づいて，適用労働者の勤務状況（労働時間の状況を含む）に応じ，使用者がいかなる健康・福祉確保措置をどのように講ずるかを明確にするものであること。

54 第2章 専門業務型裁量労働制

　健康・福祉確保措置の前提として把握することとされている「労働時間の状況」（労基法38条の3第1項4号）の概念及びその把握方法は，安衛法66条の8の3により把握することが義務づけられている「労働時間の状況」と同一のものであり，具体的には上記①のとおりである（令和5年施行通達第2の4(4)ア(ア)）。なお，実務上は，「労働時間」と「労働時間の状況」を区別せずに，「労働時間」の把握に一本化して対応することが一般的であるため[13]，事前に労使で協議の上決定していれば，事業場において把握した労働時間の状況又は実労働時間を把握している事業場においては把握した実労働時間のいずれの方法で把握することとしても差し支えないとされている（令和5年Q&A3－3）。

　健康・福祉確保措置の不実施については，**後記3(5)**を参照されたい。

⑤　苦情処理措置

　労使協定において，協定事項として，「対象業務に従事する労働者からの苦情の処理に関する措置を当該協定で定めるところにより使用者が講ずること」（**苦情処理措置**）を定めなければならない（労基法38条の3第1項5号）。

　苦情処理措置の具体的な内容について，企画指針で示された企画業務型裁量労働制における同措置の内容と同等のものとすることが望ましいとされている（令和5年施行通達第2の4(5)ウ）。詳細は**第3章の1(1)ウ⑤（134頁）**を参照されたい。

　苦情処理措置の不実施については，**後記3(5)**を参照されたい。

13　安衛法上の「労働時間の状況」の把握は，労働者の健康・福祉確保措置を適切に実施する観点から，労働者がいかなる時間帯にどの程度の時間，労務を提供し得る状態にあったかを把握するものとされており（平成30年12月28日基発1228第16号の第2面接指導等（労働安全衛生法令関係）答8），安衛法上の「労働時間の状況」は労基法上の「労働時間」よりも広い概念であり，労務を提供し得る状態にあった時間（事業場に滞在していた時間）のすべてがこれに当たる。法的にはこのような説明になるものの，実際の企業現場では，両者を区別しておらず，すべて「労働時間」として管理している。このように「労働時間の状況」は観念上の概念としては存在しているものの，実際の企業現場では全く意識されておらず，機能していない（法的には存在意義はあるが，実務的には存在意義のない）概念であるというのが現状である。

⑥　労働者の同意取得及び不同意を理由とする不利益取扱いの禁止

　労使協定において，協定事項として，「使用者は，法第38条の3第1項の規定により労働者を同項第1号に掲げる業務に就かせたときは同項第2号に掲げる時間労働したものとみなすことについて当該労働者の同意を得なければならないこと及び当該同意をしなかつた当該労働者に対して解雇その他不利益な取扱いをしてはならないこと」を定めなければならない（労基法38条の3第1項6号，労基則24条の2の2第3項1号）。

　当該事項を協定するにあたっては，対象業務の内容をはじめとする労使協定の内容等当該事業場における専門業務型裁量労働制の制度の概要，専門業務型裁量労働制の適用を受けることに同意した場合に適用される評価制度及びこれに対応する賃金制度の内容並びに同意しなかった場合の配置及び処遇について，使用者が労働者に対し，明示した上で説明して当該労働者の同意を得ることとすることを労使協定で定めることが適当であるとされている（令和5年施行通達第2の1）。なお，「制度の概要」には，みなし労働時間の時間数，及び，実際の労働時間数にかかわらずみなし労働時間の時間数労働したものとみなされることが含まれる（令和5年Q&A1-1）。また，使用者は，専門業務型裁量労働制の適用を受けることについての労働者の同意を得るにあたって，苦情の申出先，申出方法等を書面で明示する等，苦情処理措置の具体的内容を労働者に説明することが適当であるとされている（令和5年施行通達第2の4⑸ア）。

　なお，実際に労働者の同意を取得する際の方法及び手続，不同意を理由とする不利益取扱いの具体的内容等については，**後記⑷**で詳述する。また，労働者の同意の法的性質（実際に労働者の同意を取得することは適用要件か否か）については，**第3章の1⑷ア（142頁）**を参照されたい。

⑦　同意の撤回に関する手続

　労使協定において，協定事項として，「前号の同意の撤回に関する手続」を定めなければならない（労基法38条の3第1項6号，労基則24条の2の2第3項2号）。同意の撤回に関する手続は，同意の撤回が可能であることを前提として定める必要があり，同意の撤回は認めない旨を定めることはできない（令和5年Q&A1-3）。

当該事項を協定するにあたっては，撤回の申出先となる部署及び担当者，撤回の申出の方法等その具体的内容を明らかにすることが必要である（令和5年施行通達第2の1）。

同意の撤回の申出方法については，法令上特に制限はないが，「同意及びその撤回」については記録の保存の対象となるので（労基則24条の2の2第3項4号ハ），口頭ではなく，書面や電磁的記録により同意の撤回の意思表示をさせる必要がある。そのため，撤回の申出方法は書面や電磁的記録により行うべき旨を協定事項として定めるべきである。

同意の撤回の申出時期については，基本的には労働者の任意の時期に申し出を行うことを可能とし，その時点から裁量労働制の適用が解除されるようにすることが適切であるが，企業によっては，裁量労働制の適用労働者か否かによって配置や給与体系が異なる場合もあり，同意の撤回が行われた日に即日に専門業務型裁量労働制の適用を解除しなければならないとすれば，人事労務管理上の支障が生じ得る。そこで，例えば，労使協定において，「適用解除予定日の〇日前までに同意の撤回を申し出る必要がある」等の定めをすることが考えられる（令和5年Q&A1−7）。その期間については，必要以上に長い期間を設定することは，実質的に労働者の撤回を認めていないこととなり不適当であるとされており，労働者の同意の撤回を踏まえた労務管理上の手続において一定の期間であることが必要である（令和5年Q&A1−7）。適用労働者から非適用労働者への労務管理の切替えに要する期間は企業によって異なるが，賃金の締切や賃金は毎月1回以上支給しなければならないこと（労基法24条2項）などを踏まえると，1か月間程度の期間までであれば，労務管理上必要な期間であるといえるため，同意の撤回時期（同意の撤回時から専門業務型裁量労働制の適用が解除されるまでの期間）を定めるにあたっては，最大でもその程度の期間内に収まるようにしておくべきであると考えられる。実務上は，例えば，裁量労働制の適用解除予定日の1か月前とすることや，次の賃金計算期間開始日の前日から2週間前とすることなどが考えられるが，いずれにせよ，これら期間を定めるにあたっては，各企業において，人事労務管理上その期間が必要であることを合理的に説明できるようにしておくことが重要である[14]。

なお，会社が定めた同意の申出方法（会社所定の様式を会社所定の部署・担

当者に提出すること）や撤回時期（同意の撤回時から専門業務型裁量労働制の適用が解除されるまでの期間）を適用労働者に遵守させる（これらを遵守しなければ専門業務型裁量労働制の適用が解除されないようにする）ためには，労使協定に定めることに加え，労契法上の根拠としても定める必要がある。労契法上の根拠とすることについては，**後記⑶**を参照されたい。また，専門業務型裁量労働制の対象業務に就かせる者が同意を撤回した場合の撤回後の配置及び処遇又はその決定方法について，あらかじめ労使協定で定めておくことが望ましいとされているが（令和5年施行通達第2の1），同意の撤回を理由とする不利益取扱いの禁止（**後記3⑴イ**）との関係では，労使協定に定めることに加え，労働契約（就業規則等）の内容としても同意の撤回後の配置や処遇を定めておく必要がある（詳細は**後記3⑴イ**を参照されたい）。

同意の撤回の法的効果や同意の撤回を理由とする不利益取扱いの禁止については，**後記3⑴**で詳述する。

⑧ 労使協定の有効期間

労使協定において，協定事項として，「法第38条の3第1項に規定する協定（労働協約による場合を除き，労使委員会の決議及び労働時間等設定改善委員会の決議を含む。）の有効期間の定め」を定めなければならない（労基法38条の3第1項6号，労基則24条の2の2第3項3号）。

労使協定の有効期間については，不適切に制度が運用されることを防ぐため，3年以内とすることが望ましいとされている（平成15年10月22日基発1022001号，令和5年Q&A8−3）。また，労使協定の有効期間について，自動更新する旨の定めをすることは認められないため（令和5年Q&A8−3），労使協定の有効期間の満了後，専門業務型裁量労働制の適用を継続するためには，再び労使協定を締結する必要がある。

---

14 なお，専門業務型裁量労働制の対象業務に就かせる者が同意を撤回した場合の撤回後の配置及び処遇又はその決定方法については，あらかじめ労使協定で定めておくことが望ましいとされていることも踏まえると（令和5年施行通達第2の1），同意撤回後の処遇の決定に時間を要するという理由は，同制度の適用が解除されるまでの期間を長期にするための理由として重視されないと考えられる。

58　第2章　専門業務型裁量労働制

⑨　記録の保存

　労使協定において，協定事項として，下記の事項に関する「労働者ごとの記録を前号の有効期間中及び当該有効期間の満了後3年間保存すること」を定めなければならない（労基法38条の3第1項6号，労基則24条の2の2第3項4号，71条)[15]。なお，**後記3**(4)のとおり，記録の作成及び保存については，実施義務としても定められている（労基則24条の2の2）。記録の保存方法については，**後記3**(4)で詳述する。

---

①　健康・福祉確保措置の実施状況
②　苦情処理措置の実施状況
③　同意及びその撤回

イ　事業場ごとの協定の締結

　労使協定は「事業場」ごとに締結しなければならない（労基法38条の3第1項柱書）。そのため，数事業場を擁する企業であっても，労使協定はそれぞれの事業場ごとに締結する必要があり[16]，法人単位で締結することができない（裁判例[17]においても，本社のみで専門業務型裁量労働制に関する労使協定が締結されていた事案において，本社以外の事業場における専門業務型裁量労働制の適用を否定している）。

　労基法上の「事業場」とは，「工場，事務所，店舗等のように一定の場所において，相関連する組織の基で業として継続的に行われる作業の一体が行われている場」と解されている[18]。一の事業場であるか否かは，主として場所的観念によって決定されるため，原則として，場所的に分散している場合は，別個の事業場と取り扱われるが，例外的に，場所的に分散していても，著しく小規

15　記録の保存期間について，労基則24条の2の2第3項4号は「5年間」としているが，労基則71条により，当分の間，「3年間」とすることとされている。
16　厚生労働省労働基準局編『令和3年版 労働基準法 上』（労務行政，2022年）506頁
17　ドワンゴ事件（京都地判平18.5.29労判920号57頁）
18　ドワンゴ事件（京都地判平18.5.29労判920号57頁），昭和22年9月13日発基17号

模であって，組織的関連ないし事務能力等を勘案して独立性のない場合（出張所等の場合）には，直近上位の機構と一括して一の事業場として取り扱われる（昭和22年9月13日基発17号，昭和23年3月31日基発511号，昭和33年2月13日基発90号，昭和63年3月14日基発150号，平成11年3月31日基発168号）。具体的には，業務内容・規模，具体的な業務命令の発令，管理者の存在・権限等を総合して，法の適用が適切に行われるかどうかという観点から判断されると考えられる[19]。

なお，労使協定の届出については，本社一括届出が認められている。詳細は**後記(2)イ**を参照されたい。

ウ　書面による協定の締結

労使協定は「書面」により締結しなければならない（労基法38条の3第1項柱書）。口頭や電磁的方法等は認められていない（裁判例[20]においても，口頭での協定では，使用者がそれに基づき労働基準監督署長に届け出たとしても，協定としての効力は認められないとしている）。

エ　過半数組合と過半数代表者の要件
①　過半数組合

過半数組合は，事業場ごとに，当該事業場に属する全労働者（使用者に雇用されるすべての労働者）の50％以上の労働者が加入する労働組合であることが必要である。管理監督者（労基法41条2号）[21]，契約社員，パートタイマー，アルバイト，定年後再雇用者，出向労働者，外国人労働者，技能実習生等であっても，当該事業場において使用者に雇用される労働者である以上，過半数組合か否かを判断する際の「全労働者」に含まれる（昭和46年1月18日基収6206号，昭和63年3月14日基発150号，平成11年3月31日基発168号）[22]。

19　労働調査会編『改訂8版 三六協定締結の手引』（労働調査会，2023年）53頁
20　片山工業事件（岡山地判昭40.5.31労民集16巻3号418頁）
21　管理監督者（労基法41条2号）は，労働組合に加入することはできないが（労組法2条1号），過半数組合か否かを判断する際の「全労働者」には含まれることとなる。

60 第2章 専門業務型裁量労働制

② 過半数代表者

　過半数代表者は，事業場ごとに，当該事業場に属する全労働者（使用者に雇用されるすべての労働者）の50％以上の労働者の代表者として選出された者であることが必要である。管理監督者（労基法41条2号）[23]，契約社員，パートタイマー，アルバイト，定年後再雇用者，出向労働者，外国人労働者，技能実習生等であっても，当該事業場において使用者に雇用される労働者である以上，過半数代表者か否かを判断する際の「全労働者」に含まれる（昭和46年1月18日基収6206号，昭和63年3月14日基発150号，平成11年3月31日基発168号）[24][25]。

　過半数代表者は，①当該者が管理監督者（労基法41条2号）でないこと，②労基法に規定する協定等を締結する者を選出することを明らかにして実施される投票，挙手等の方法による手続により選出された者であって，③使用者の意向に基づき選出されたものでないことを満たす者でなければならない（労基則6条の2第1項）。

　上記②について，実務上，投票等の民主的な方法を行わず，使用者から指名されて選出したり，親睦会の幹事を自動的に選任したりするケースが多いが，このような場合には労使協定は無効となり[26]，専門業務型裁量労働制の適用は協定時に遡って否定される（そして，みなし労働時間の効果が生じないことを前提に，実労働時間では法定労働時間，36協定上の上限，時間外労働の上限，割増賃金の支払義務を遵守できていない場合には，労基法違反が成立する）た

22　派遣労働者は，派遣先との関係では，派遣先に直接雇用されているわけではないため，過半数組合か否かを判断する際の「全労働者」に含まれないが，派遣元事業主との関係では，派遣元事業主に直接雇用されているため，過半数組合を判断する際の「全労働者」に含まれる（厚生労働省労働基準局編『令和3年版 労働基準法 上』（労務行政，2022年）507頁）。

23　管理監督者（労基法41条2号）は，過半数代表者になることはできないが，過半数代表者か否かを判断する際の「全労働者」には含まれることとなる。

24　派遣労働者に係る取扱いについては，過半数組合の場合と同様である。

25　なお，「過半数を代表する」という要件は，労使協定の締結時点で備わっていれば足りると解されることを踏まえれば（荒木尚志ほか編『注釈労働基準法・労働契約法 第1巻 総論・労働基準法(1)』（有斐閣，2023年）31頁），協定時に一部の労働者に投票の機会を与えていなかったとしても，当該時点で結果的に，その労働者を全労働者（分母）に含めた上で，賛成した労働者（分子）が50％以上いれば，過半数代表者と評価されるものと解される。

め，厳に留意されたい。なお，投票，挙手以外の選出方法（「投票，挙手等」の「等」）としては，労働者の話し合い，持ち回り決議等，労働者の過半数が当該者の選任を支持していることが明確になる民主的な手続が該当するとされており（平成11年3月31日基発169号），実務上は，回覧による選出，電子メールやイントラネットによる選出も行われている[27]。なお，上記②に関し，任期を定めて過半数代表者を選出し，任期中は改めて「過半数」の支持を確認することなく，過半数代表者として各労使協定を締結することが可能か否かについては，労基法は過半数代表者が協定等を行う時点で過半数の要件を満たすことを求めているため，任期を定めたとしても，協定を締結する時点ごとに選出手続が必要であると解される[28]。

上記③について，法文上，使用者の「指名」ではなく「意向」に基づく選出を不適当としているため，使用者が投票等を行わずに過半数代表者を指名した場合のみならず，使用者が指名した候補者について過半数の信任投票を得た場合も過半数代表者の選出として不適法となるものと解される[29]。

なお，使用者は，過半数代表者であること若しくは過半数代表者になろうとしたこと又は過半数代表者として正当な行為（労使協定の締結の拒否等）をしたことを理由として，解雇，賃金の減額，降格等労働条件について不利益取扱いをしないようにしなければならず（労基則6条の2第3項，平成11年1月29日基発45号），また，過半数代表者が労使協定等に関する事務を円滑に遂行することができるよう必要な配慮[30]を行わなければならない（労基則6条の2第4項）。これらは過半数代表者の要件ではないため，仮にこれらに違反したとしても，そのことのみをもって労使協定が無効となるものではないと解されるが，監督指導の対象にはなり得るため留意が必要である[31]。

26　協定当事者が過半数代表者ではないことから，36協定が有効であるとは認められないと判断した裁判例としてトーコロ事件（最判平13.6.22労判808号11頁），専門業務型裁量労働制に関する労使協定について，過半数代表者の選出手続の実態が明らかでなく，その適用を否定した裁判例として乙山彩色工房事件（京都地判平29.4.27労判1168号80頁），専門業務型裁量労働制に関する労使協定について，会社の役員及び従業員からなる親陸団体の代表を自動的に過半数代表者として選出していたため，その適用を否定した裁判例としてフューチャーインフィニテイ事件（大阪地判平27.2.20ジャーナル39号27頁）がある。

62　第2章　専門業務型裁量労働制

③　協定当事者の要件を事後的に喪失した場合

　労使協定締結後，過半数組合であれば過半数性の喪失（少数組合化）や組合要件（労組法2条）の喪失が生じた場合，過半数代表者であれば当該過半数代表者の退職や他事業場への異動，過半数代表者の要件（労基則6条の2第1項）の喪失（管理監督者への該当）が生じた場合のように，協定当事者の要件を事後的に喪失した場合であっても，協定締結時にその要件を満たしていれば，その協定の有効性には影響しないと解されている[32]。

27　なお，実務上は，一定期間内に異議がなければ候補者を過半数代表者とすることに賛成したものと取り扱う運用もみられる。この点について，労基法に係る行政解釈上は明確ではないが，労働者派遣におけるいわゆる労使協定方式を採用する際の過半数代表者の選出に関し，「派遣労働者を含む全ての労働者に対してメールで通知し，メールに対する返信のない者を，メールの内容について信任（賛成）したものとみなす取扱い」は，一般的には「労働者の過半数が選任を支持していることが必ずしも明確にならない」と解されており（厚生労働省「労使協定方式に関するQ&A【第3集】」（令和2年10月21日公表）問1-9），これを参考にすれば，上記の運用には法的に疑義が残るため，予防法務の観点からは避けたほうがよいと考えられる。なお，学校法人松山大学事件（松山地判令和5年12月20日労経速2544号3頁）は「過半数代表者は，使用者に労働基準法上の規制を免れさせるなどの重大な効果を生じさせる労使協定の当事者であり，いわゆる過半数労働組合がない場合に過半数労働組合に代わってその当事者となることが定められていることを踏まえると，過半数代表者の選出手続は，労働者の過半数が当該候補者の選出を支持していることが明確になる民主的なものである必要があると解される。」と述べた上で，過半数代表者選出規程上，信任投票において選挙権者が投票しなかった場合は有効投票による決定に委ねたものとみなす旨規定し，選挙に先立ち，選挙権者に対して当該規定が周知されていたという使用者側の主張について，「労働者は，上記規程の下においても，有効投票による決定の内容を事前に把握できるものではなく，また信任の意思表示に代替するものとして投票をしないという行動をあえて採ったとも認められない」ことから，上記規程によっても，投票しなかった選挙権者が過半数代表者の候補者を支持していることが明確になるような民主的な手続がとられているとは認められず，労使協定は無効であるとして，専門業務型裁量労働制の適用を否定している。

28　荒木尚志ほか編『注釈労働基準法・労働契約法　第1巻　総論・労働基準法(1)』（有斐閣，2023年）33頁

29　荒木尚志ほか編『注釈労働基準法・労働契約法　第1巻　総論・労働基準法(1)』（有斐閣，2023年）33頁

30　必要な配慮には，例えば，過半数代表者が労働者の意見集約等を行うにあたって必要となる事務機器（イントラネットや社内メールを含む）や事務スペースの提供を行うことが含まれる（平成30年12月28日基発1228第15号）。

31　なお，罰則は設けられていない。

オ　協定代替決議

①　労使委員会による協定代替決議

　労基法上，労使協定の締結に代えて，労使委員会の決議により，専門業務型裁量労働制を導入することが認められている（労基法38条の４第５項）。

　具体的には，労使委員会のうち，その委員の５分の４以上の多数による議決により，労基法38条の３第１項に規定する事項（協定事項）について決議が行われたときは，その決議をもって労使協定の締結に代えることができる（労使委員会の要件については，**第３章の１(1)ア・イ・エ**を参照されたい）。また，専門業務型裁量労働制を労使委員会による協定代替決議により導入する場合，労働基準監督署への届出は不要となる[33]。

　専門業務型裁量労働制を導入するにあたっては，その運用期間中においても，定期的に実施状況に関する情報を把握し，適用労働者の働き方や処遇が専門業務型裁量労働制の趣旨に沿ったものとなっているかを把握・調査審議し，必要に応じて運用の改善を図る等の観点から，労使委員会を活用することが望ましいとされており，また，労使委員会を設置する場合には，企画業務型裁量労働制において企画指針で示されたものと同様の措置等を講ずることが適当であるとされている（令和５年施行通達第２の４(6)ア）。

　特に企画業務型裁量労働制を導入している事業場では既に労使委員会を設置しているため，専門業務型裁量労働制を導入する場合には，労使協定ではなく，労使委員会の決議により導入するほうが，導入手続を同時に１回で済ませることができるという点で便宜的である上，前述のとおり専門業務型裁量労働制との関係では労働基準監督署への届出が不要となるというメリットもある[34]。ま

32　厚生労働省労働基準局編『令和３年版 労働基準法 上』（労務行政，2022年）514頁，荒木尚志ほか編『注釈労働基準法・労働契約法 第１巻 総論・労働基準法(1)』（有斐閣，2023年）40頁から41頁

33　厚生労働省労働基準局編『令和３年版 労働基準法 上』（労務行政，2022年）595頁。労基法38条の４第５項は，専門業務型裁量労働制の労使協定の届出に関する規定について，労使協定から労使委員会の決議への読み替えをしないことにより，同決議の労働基準監督署への届出を免除している。

34　ただし，企画業務型裁量労働制との関係では，労働基準監督署に対し，労使委員会決議の届出をする必要があることには留意が必要である。

64 第2章 専門業務型裁量労働制

た，専門業務型裁量労働制以外についても，労使委員会決議で代替できる労使
協定が複数あり，そのうち労働基準監督署への届出が必要なものについては協
定代替決議の場合は不要となるため[35]，他の労使協定も締結しているのであれ
ば，すべての労使協定について協定代替決議で対応することは実務上便宜的で
あると考えられる[36]。なお，労基法38条の4第1項は，労使委員会自体の要件
として，企画業務型裁量労働制の対象事業場に設置されることまでは求めてい
ないので[37]，企画業務型裁量労働制の対象事業場以外の事業場において，企画
業務型裁量労働制に関する労使委員会決議はせずに，協定代替決議のみを行う
ことも許容されると解される。

　労使協定と労使委員会による協定代替決議が競合した場合，時間的に後で締
結又は決議されたものが優先される（平成12年3月28日基発180号）。

②　労働時間等設定改善委員会による協定代替決議

　労働時間等設定改善法上，労使協定の締結に代えて，労働時間等設定改善委
員会[38]の決議により，専門業務型裁量労働制を導入することが認められている
（労働時間等設定改善法7条）。

35　なお，協定代替決議（労基法38条の4第5項）は，専門業務型裁量労働制に関する労使
　協定のほか，①1か月単位の変形労働時間制に関する労使協定（労基法32条の2第1項），
　②フレックスタイム制に関する労使協定（労基法32条の3第1項），③1年単位の変形労
　働時間制に関する労使協定（労基法32条の4第1項，2項），④1週間単位の非定型的変
　形労働時間制に関する労使協定（労基法32条の5第1項），⑤一斉休憩の原則の例外に関
　する労使協定（労基法34条2項ただし書），⑥時間外労働・休日労働に関する協定（36協
　定）（労基法36条1項，2項，5項），⑦代替休暇に関する労使協定（労基法37条3項），
　⑧事業場外労働のみなし労働時間制に関する労使協定（労基法38条の2第2項），⑨時間
　単位年休に関する労使協定（労基法39条4項），⑩計画年休に関する労使協定（労基法39
　条6項），⑪年次有給休暇の賃金に関する労使協定（労基法39条9項ただし書）を代替す
　ることができ，①③④⑧と②のうち清算期間が1か月を超える場合の労使協定は本来は労
　働基準監督署への届出が必要であるところ，協定代替決議によりその届出は不要となる
　（他方，⑥については，協定代替決議によっても，労働基準監督署への届出は必要となる）。
36　特に専門業務型裁量労働制との関係では，休憩時間の一斉付与の例外を認めることによ
　り，よりフレキシブルな働き方を実現することができるから，休憩時間の一斉付与の例外
　に関する労使協定も協定代替決議により代替させることが考えられる。
37　平成15年12月31日までは「事業運営上の重要な決定が行われる事業場において」設置さ
　れたと定められていたが，平成16年1月1日より当該文言は削除された。

1 適用までの流れ **65**

　具体的には，労働時間等設定改善委員会のうち，以下の要件に適合するものが設置されている場合において，労働時間等設定改善委員会でその委員の5分の4以上の多数による議決により，労基法38条の3第1項に規定する事項（協定事項）について決議が行われたときは，その決議をもって労使協定の締結に代えることができる（労働時間等設定改善法7条）。また，専門業務型裁量労働制を労働時間等設定改善委員会による協定代替決議により導入する場合，労働基準監督署への届出は不要となる[39]。

---

❶ 委員会の委員の半数については，当該事業場に，過半数組合又は過半数組合がない場合においては過半数代表者の推薦に基づき指名されていること。

❷ 委員会の議事について，開催の都度その議事録を作成して，これをその開催の日（当該委員会の決議が行われた会議の議事録にあっては，当該決議に係る書面の完結の日（労基則56条1項5号に定める完結の日）（当該決議に係る賃金の支払期日が当該完結の日より遅い場合には当該支払期日））から起算して3年間保存していること。

❸ 委員会の委員の任期及び当該委員会の招集，定足数，議事その他当該委員会の運営について必要な事項に関する規程（委員会の同意が得られているもの）が定められていること。

　労働時間等設定改善委員会の決議による場合，専門業務型裁量労働制との関係では労働基準監督署への届出が不要となるというメリットがある。また，専門業務型裁量労働制以外についても，労使委員会決議の場合と同様，労働時間等設定改善委員会で代替できる労使協定が複数あり，そのうち労働基準監督署への届出が必要なものについては協定代替決議の場合は不要となるため[40]，他

38　労働時間等設定改善委員会とは，事業主を代表する者及び当該事業主の雇用する労働者を代表する者を構成員とし，労働時間等の設定の改善を図るための措置その他労働時間等の設定の改善に関する事項を調査審議し，事業主に対し意見を述べることを目的とする全部の事業場を通じて一の又は事業場ごとの委員会をいう（労働時間等設定改善法6条）。

39　労働時間等設定改善法7条は，専門業務型裁量労働制の労使協定の届出に関する規定について，労使協定から労働時間等設定改善委員会の決議への読み替えをしないことにより，同決議の労働基準監督署への届出を免除している。

の労使協定も締結しているのであれば，すべての労使協定について協定代替決議で対応することは実務上便宜的であると考えられる[41]。

　もっとも，企画業務型裁量労働制を導入している場合は，労使委員会が設置されているため，あえて労働時間等設定改善委員会を使うメリットはないだろう（労使委員会による協定代替決議を行えばよい）。

(2)　労働基準監督署長への労使協定の届出

ア　届出義務

　使用者は，労使協定を締結した場合においては，様式第13号（**巻末資料1の2**）により当該労使協定を所轄労働基準監督署長に届け出なければならない（労基法38条の3第2項，労基則24条の2の2第4項）。

　専門業務型裁量労働制は労使協定の締結（労基法38条の3第1項柱書）とその届出（同2項）とに分けられており，また，36協定（労基法36条1項），企画業務型裁量労働制や高度プロフェッショナル制度の労使委員会決議（労基法38条の3第1項柱書，41条の2第1項柱書）のように「行政官庁に届け出た場合において」という適用要件の形に定められていないため，専門業務型裁量労働制における所轄労働基準監督署長への労使協定の届出は適用要件ではないと解される[42]。そのため，仮に当該届出を怠っていたとしても，そのことのみをもって専門業務型裁量労働制の適用が否定されることはない。

　もっとも，専門業務型裁量労働制の労使協定の届出懈怠があった場合には，事業主及びその行為者は，それぞれ30万円以下の罰金に処せられる（労基法38条の3第2項，120条1号，121条）。

40　その対象となる労使協定は，年次有給休暇の賃金に関する労使協定（労基法39条9項ただし書）を除き，労使委員会の協定代替決議の場合と同様である（労働時間等設定改善法7条）。

41　特に専門業務型裁量労働制との関係では，休憩時間の一斉付与の例外を認めることにより，よりフレキシブルな働き方を実現することができるから，休憩時間の一斉付与の例外に関する労使協定も協定代替決議により代替させることが考えられる。

イ　本社一括届出

　専門業務型裁量労働制に関する労使協定については，原則として，事業場単位でそれぞれの所在地を管轄する労働基準監督署に届け出る必要があるが，以下の要件を満たす場合には，本社において各事業場の協定届を一括して本社を管轄する労働基準監督署に届け出ることができる（いわゆる本社一括届出）[43]。

---

① 電子申請による届出であること[44]。
② 以下の項目以外の記載内容が同一であること
　　・労働保険番号
　　・事業の種類
　　・事業の名称
　　・事業の所在地（電話番号）
　　・該当労働者数
　　・36協定の届出年月日
　　・協定成立年月日
　　・（労働者側）協定当事者
③ 事業場ごとに記載内容が異なる項目については，厚生労働省ホームページ又はe-Govの申請ページからExcelファイル「一括届出事業場一覧作成ツール」をダウンロードし，内容を記入して添付すること

---

[42]　水町勇一郎『詳解　労働法（第3版）』（東京大学出版会，2023年）770頁。これに対し，届出は適用要件であるとする学説もあるが（青野覚「ホワイトカラー労働時間管理問題と裁量労働みなし制」新報101巻9・10号396頁以下，池添弘邦「裁量労働のみなし制」土田道夫・山川隆一『労働法の争点』（有斐閣，2014年）115頁，塩見卓也「裁量労働制をめぐる論点と裁判例」労旬1916号48頁等），労基法は刑罰法規の性質をも有しているため，罪刑法定主義の観点から，条文構造上明確に適用要件とはされていない中，適用要件と解した上で，届出懈怠の場合は労基法違反（みなし労働時間の効果が生じないことを前提に，実労働時間では法定労働時間，36協定上の上限，時間外労働の上限，割増賃金の支払義務を遵守できていないことによる労基法違反）が成立するという考え方は採用できない。付言すれば，36協定，企画業務型裁量労働制や高度プロフェッショナル制度の労使委員会決議の届出懈怠に罰則は設けられていない一方，専門業務型裁量労働制の労使協定の届出懈怠には罰則が設けられているため（労基法38条の3第2項，120条1号，121条），後者を適用要件と解する必要性もないといえる。

[43]　厚生労働省リーフレット「1か月単位の変形労働時間制に関する協定届等の本社一括届出について」

(3) 労働契約上の根拠を定めること

　労使協定は，労基法上の免罰効（実労働時間が1日8時間，週40時間を超えていたとしても労基法違反としない効果）を有するにとどまり，労働契約上の効力までは有しないため，使用者が労働者に対し，実際に専門業務型裁量労働制を適用する（専門業務型裁量労働制を労働条件とする）ためには，労使協定の締結のみでは足らず，別途，労働契約上の根拠が必要となる[45]。

　労働契約上の根拠を定める方法としては，①個別の労働契約（民法522条1項，労契法8条），②就業規則（労契法7条，10条），③労働協約（労組法16条）がある[46]。実務上は，多数の労働者に関わる労働条件であることから，就業規則において専門業務型裁量労働制の内容を定めることが一般的である（**巻末資料4の1**）。

　なお，**後記**(4)のとおり，裁量労働制の導入にあたっては労働者の同意を取得することになるため，その同意（上記①）をもって労働契約上の根拠となる部分もあろう。もっとも，同意内容（同意書記載の事項）以外の各企業における裁量労働制に関する具体的な取扱いについても労働契約の内容にしておくことになろうから，いずれにせよ就業規則に裁量労働制の内容を定めておくこととなろう（その際は，労使協定の規定内容，同意書の記載内容，就業規則の規定内容が相互に矛盾しないよう留意する必要がある）。

44　労基法等の規定に基づく届出等の電子申請は，e-Govにより行うことができる。その詳細については，厚生労働省ホームページ「労働基準法等の規定に基づく届出等の電子申請について」を参照されたい。また，具体的な申請手順については，同ホームページ内にアップロードされている厚生労働省パンフレット「労働基準法等の電子申請に関する基本的な流れ」を参照されたい。

45　乙山彩色工房事件（京都地判平29.4.27労判1168号80頁），菅野和夫ほか『労働法（第13版）』（弘文堂，2024年）548頁，荒木尚志ほか編『注釈労働基準法・労働契約法　第1巻　総論・労働基準法(1)』（有斐閣，2023年）583頁等

46　労働契約上の根拠として，労使慣行（民法92条）も挙げられるが，労使慣行は長期間にわたって反復継続して行われている場合に結果的に成立し得るものであり，新たに労使間で労働条件を導入しようとする場面で用いられる考え方ではないため，割愛する。

⑷　労働者の同意取得

ア　労働者の同意の取得方法

①　同意取得時の「明示」及び「説明」

　前記⑴ア⑥のとおり，労使協定において，対象業務の内容をはじめとする労使協定の内容等当該事業場における専門業務型裁量労働制の制度の概要，専門業務型裁量労働制の適用を受けることに同意した場合に適用される評価制度及びこれに対応する賃金制度の内容並びに同意しなかった場合の配置及び処遇について，使用者が労働者に対し，明示した上で説明して当該労働者の同意を得ることとすることを定めることが適当とされているため（令和5年施行通達第2の1），実際に同意を取得する際も，当該労使協定に従った「明示」及び「説明」をすることとなる。また，その際には，苦情の申出先，申出方法等を書面で明示する等，苦情処理措置の具体的内容を労働者に説明することが適当であるとされている（令和5年施行通達第2の4⑸ア）。

　この点，令和6年4月1日施行の裁量労働制の制度改正により，「明示」のみならず「明示した上で説明」することを求めた趣旨は，裁量労働制の適用について，労働者が自身に適用される制度内容等を十分に理解，納得した上で同意を行うことを担保する点にある[47]。

　そのため，書面やイントラネットで制度概要等を明示するのみでは足りず，労働者が理解，納得するために必要なプロセスを経る必要があり，一般論でいえば，労働者が気になったことや疑問に思ったことなどがあれば，使用者に容易に質問できる状況を備えておくことが必要であると解される[48]。具体的には，適用対象者向けの説明会の開催（質疑応答ができる形で行われるもの）や，説明動画による説明を行った上で質問の機会（メールやイントラネットでの質問受付等）を設けることなどが考えられる（令和5年Q&A1-5）。

　なお，「明示」を書面で行う必要は必ずしもなく，書面の交付による方法の

---

[47]　益原大亮「『裁量労働制』制度改正（令和6年4月施行）の実務解説─厚生労働省の立案担当者解説（下）」ビジネス法務2024年3月号147頁，148頁

[48]　益原大亮「『裁量労働制』制度改正（令和6年4月施行）の実務解説─厚生労働省の立案担当者解説（下）」ビジネス法務2024年3月号148頁

70　第2章　専門業務型裁量労働制

ほか，電子メールや企業内のイントラネット等を活用して電磁的記録を交付する方法等でも差し支えないが，いずれの方法であっても，前述のような「説明」を行う必要があることには留意が必要である（令和5年Q&A1−5）。

　どのような明示・説明方法が人事労務管理上便宜的であるかは，各企業の実態によるが，一回的な対応という観点から，例えば以下の要領で「裁量労働制適用対象者向けの説明会」を開催することが考えられるところであり[49]，適宜参考にされたい。

【図表2−2】「裁量労働制適用対象者向けの説明会」の実施要領

❶　説明会開催前の情報共有等

　　説明会の開催日の数日前の段階で，適用対象者に対し，各企業における裁量労働制の制度概要等を説明する際に用いる資料（パワーポイント資料等）や，各企業作成の「説明書兼同意書」（制度概要等の明示，同意内容の記載，労働者の署名欄等から構成される文書（**巻末資料5の1**）[※]）をメール等で共有。その際は，説明会において質疑応答の時間を設けるため，事前に資料に目を通した上で，「質問等があれば質疑応答の時間に質問等されたい」旨付記。

※　厚生労働省「専門業務型裁量労働制の解説」20頁から21頁において，説明書と同意書の例をそれぞれ示しているところであるが，これらを分ける必要はなく，また，予防法務の観点から，労働者に明示・説明した上で同意を取得したことを形として残しておく（署名済みの同意書はあるが，その際に説明書の交付を受けたか否かという争いが生じることのないようにする）ために，「説明書兼同意書」という形で1つの様式にしておくことが考えられる。

❷　説明会の開催

　　説明会当日，事前共有済みの資料等を用いて，各企業における裁量労働制の制度概要等を説明。説明終了後，質疑応答の時間を設ける。

❸　説明会後の同意書に関するアナウンスと質問機会の付与

　　説明会の最後に，提出期限を示した上で，同意する場合には「説明書兼同意書」に署名し，担当者まで提出すること，提出期限までの間，質問等があれば，担当者まで連絡することを伝達[※]。

49　益原大亮「『裁量労働制』制度改正（令和6年4月施行）の実務解説—厚生労働省の立案担当者解説（下）」ビジネス法務2024年3月号148頁

※　資料の事前共有をした上で説明会の中で質疑応答の時間を設けているため，説明会後の質問発生率を相当程度抑えることができると考えられるが，「説明書兼同意書」が提出されるまでの間に一切の質問を受け付けないという対応は，**後記イ**の同意の有効性との関係でマイナスの事情になりかねないため，「説明書兼同意書」が提出されるまでの間も質問があれば，適宜対応することが肝要である。また，説明会中や説明会後の質問と回答の記録をきちんと残しておくことで，説明会中や説明会後において質問を受け付けており，かつその実態もあることを将来の労働紛争時に主張立証できるほか，人事部等において過去の質問と回答（疑義応答集）を蓄積しておくことで，将来の質疑応答時にスムーズに回答することもできる。

②　同意の取得方式

同意の取得方式については，法令上特に制限はなく，書面の交付を受ける方法のみならず，電子メールや企業内のイントラネット等を活用して電磁的記録の提供を受ける方法により取得することも可能である（令和5年Q&A1-4）[50]。

もっとも，**前記①**のとおり，同意取得時の「明示」及び「説明」を行うことが必要であり，また，**前記①**の「裁量労働制適用対象者向けの説明会」の実施要領のとおり，説明媒体と同意媒体を分けるのではなく，「説明書兼同意書」という形で1つの様式で対応するべきであることから，書面によるほうが確実であるといえる。

電子メールや企業内のイントラネット等を活用して電磁的記録の提供を受ける方法による場合は，予防法務の観点からは，労働者自らが同意していることが担保された形（書面における署名と同等のもの）で同意取得するべきである。例えば，電子メールにおいて，「説明書兼同意書」の内容をそのまま記載した上で適用予定者に送信し，適用予定者に同意する旨を（「説明書兼同意書」の記載が残された形で）返信させることが考えられる（これにより，1つのメールチェーンに，「説明書兼同意書」とそれに対して労働者が同意したことを記

50　法令上の制限がない以上，口頭でも可能であると解されるが，裁量労働制に係る労働紛争や労働基準監督署による監督指導の際に客観的証拠として出せるようにしておく観点からは，同意取得を口頭で行うことは避けるべきである。

72　第2章　専門業務型裁量労働制

録として残すことができる)。

③　同意の取得時期

　同意の取得時期については，裁量労働制の適用前に取得しておく必要があり，事後的な同意により遡及的に過去の時期から裁量労働制を適用していたものと取り扱うことはできない。

　使用者が労働者を新たに雇用するに際して，雇用開始時から裁量労働制を適用しようとする場合[51]，雇用契約の締結と同時に，同意を取得することが考えられる。雇用契約書への署名をもって同意とする運用も便宜的な方法として考えられるものの，**前記①**の同意取得時の「明示」及び「説明」のプロセスがあることを踏まえれば，雇用契約書とは別に，**前記①②**に沿った対応がよいだろう。

イ　同意の有効性（自由な意思に基づく同意）

　労働者の同意を取得するに際して，専門業務型裁量労働制導入後の処遇等について十分な説明がなされなかったこと等により，当該同意が労働者の自由な意思に基づいてされたものとは認められない場合には，労働時間のみなしの効果は生じないこととなる場合があると解されている（令和5年施行通達第2の1）。

　上記解釈は，労働条件の不利益変更に対する労働者の同意の有効性が争われた事案において「変更を受け入れる旨の労働者の行為の有無だけでなく，当該変更により労働者にもたらされる不利益の内容及び程度，労働者により当該行為がされるに至った経緯及びその態様，当該行為に先立つ労働者への情報提供又は説明の内容等に照らして，当該行為が労働者の自由な意思に基づいてされたものと認めるに足りる合理的な理由が客観的に存在するか否かという観点か

51　なお，専門業務型裁量労働制については，元々専門的知識を有している者に対し，雇用時から同制度を適用するというケースは通常想定されるところであるが，企画業務型裁量労働制については，企画指針第3の2(2)イにおいて，対象労働者に関し「例えば，大学の学部を卒業した労働者であって全く職務経験がないものは，客観的にみて対象労働者に該当し得ず，少なくとも3年ないし5年程度の職務経験を経た上で，対象業務を適切に遂行するための知識，経験等を有する労働者であるかどうかの判断の対象となり得るものであることに留意することが必要である」と定めており，いわゆる即戦力採用でない限り，雇用時から同制度を適用するというケースは想定されないと考えられる。

らも，判断されるべきもの」と判示した最高裁判例[52]を参考にしている（あらかじめ労働契約の内容（個別の労働契約や就業規則等）として裁量労働制に関する定めがある場合において，それに基づき裁量労働制を労働者に適用すること自体は労働条件の不利益変更ではないが，当該最高裁判例における労働者の同意の有効性に関する考え方は，裁量労働制に係る労働者の同意の有効性との関係でも参考になる）[53]。

当該最高裁判例を踏まえれば，裁量労働制に係る労働者の同意についても，同意（書）の取得という行為の有無だけではなく，具体的な事情の下で，自由な意思に基づいてされたもの「と認めるに足りる合理的理由が客観的に存在する」ことを備えること，具体的には，裁量労働制適用者の労働条件が非適用者の労働条件よりも下回らないこと（特に賃金について，適用前後で月給額（基本給・各手当）が変わらない場合は，非適用者のほうが時間外労働に対する割増賃金が発生し得る分，実質的に労働条件が下回ると評価される可能性がある），適用対象者への制度概要等の明示及び説明を丁寧に行うこと，同意をするか否かの意思決定の時間的余裕があることなどが重要になると考えられる[54]。

ウ　同意の取得単位・頻度

労働者の同意は，「当該労働者ごとに」に得られるものであることが必要である（令和5年Q&A1-6）。そのため，就業規則等の包括的な同意を取得しているという取扱いは認められない[55]。

52　山梨県民信用組合事件（最判平28.2.19民集70巻2号123頁）。当該最高裁判例において「労働者が使用者に使用されてその指揮命令に服すべき立場に置かれており，自らの意思決定の基礎となる情報を収集する能力にも限界がある」と指摘されているように，労働者に不利になり得る事柄について，形式的に労働者が同意をしていたとしても，それが自由な意思に基づいていない可能性がある（自己に不利になり得る事柄に手放しで同意する者は通常はいない）のが一般的であるという考え方が根底にあるものと解される。

53　益原大亮「『裁量労働制』制度改正（令和6年4月施行）の実務解説─厚生労働省の立案担当者解説（下）」ビジネス法務2024年3月号147頁の脚注1

54　益原大亮「『裁量労働制』制度改正（令和6年4月施行）の実務解説─厚生労働省の立案担当者解説（下）」ビジネス法務2024年3月号147頁の脚注1

55　荒木尚志ほか編『注釈労働基準法・労働契約法 第1巻 総論・労働基準法(1)』（有斐閣，2023年）593頁

74 第2章 専門業務型裁量労働制

　また，労働者の同意は「労使協定の有効期間ごと」に得られるものであることが必要である（令和5年Q&A1-6）。そのため，最初の適用時に同意を取得すれば，同意の撤回がない限りは同意の取得は不要ということにはならず，労基法38条の3第1項に基づく労使協定の締結の都度，当該労使協定に従って，改めて労働者に対して制度概要等の「明示」及び「説明」をした上で同意を取得する必要がある。もっとも，これまで専門業務型裁量労働制を適用していた労働者については，制度概要等の「明示」及び「説明」が行われていることを踏まえれば，前回同意時から明示・説明内容に変更点がなければ，**前記ア①**の「裁量労働制適用対象者向けの説明会」の実施要領のうち「❷説明会の開催」は省略することも考えられる（同意の有効性を担保する観点からは，説明会で用いる資料の再共有や質問機会の付与は改めて行ったほうがよいと考えられる）。

エ　不同意を理由とする不利益取扱い

　使用者は，専門業務型裁量労働制の適用を受けることに同意しなかった場合の配置及び処遇について，同意をしなかった労働者をそのことを理由として不利益に取り扱うものであってはならないとされている（令和5年施行通達第2の1）[56]。具体的には，労働者が同意しなかった場合において，そのことを理由として，賃金減額，配置転換，降格，解雇等の不利益取扱いをすることは禁止される。

　他方で，あらかじめ労働契約（個別の労働契約や就業規則等）の内容として，適用労働者と非適用労働者の等級とそれに基づく賃金額や，適用労働者のみが支給対象の手当が定められている場合には，同意をしなかった場合の労働条件は当該労働契約の内容に基づき決定されるものであるから，その内容が明らかに合理性のないものでない限り，同意をしなかったことを理由とする不利益取扱いには当たらない（令和5年Q&A2-4）[57]。実務上は，就業規則（賃金規程

56　専門業務型裁量労働制における労働者の同意に関する手続等については，企画指針と同様のものとすることが望ましいとされており（令和5年施行通達第2の1），企画指針では「使用者は，企画業務型裁量労働制の適用を受けることに同意しなかった場合の配置及び処遇は，同意をしなかった労働者をそのことを理由として不利益に取り扱うものであってはならない」としている（企画指針第3の6⑵イ）。

含む）において，適用労働者と非適用労働者のそれぞれの等級に基づく賃金額を明確にしておくことや，適用労働者に対してのみ支給することを予定している手当（裁量労働手当等）がある場合には当該手当の支給要件としてその旨を定めておくなど，適用労働者が同意をしなかった場合（非適用労働者の場合）の労働条件をあらかじめ定め，労働契約の内容にしておくことが考えられる。賃金以外の労働条件も同様であり，例えば，適用労働者と非適用労働者とで，所属部署や担当業務が異なることをあらかじめ就業規則，業務分掌規程等で定めておくことが考えられるが，この点を詳細に定めておくことは実務上難しい場合も想定されることから，少なくとも，同意をしなかった場合にどのような部署，業務とするかについて，その基本的な取扱いをあらかじめ就業規則に定めておくことが考えられる。

　なお，仮に当該不利益取扱いをした場合には，具体的な事実関係によっては，その不利益取扱い（例えば，賃金減額，配置転換，降格，解雇等）が公序良俗違反（民法90条）により私法上無効となる可能性があるほか[58]，それにより精神的苦痛を受けた場合には不法行為に基づく損害賠償請求権（民法709条）が生じる可能性がある[59]。

(5)　対象業務に就かせること

　専門業務型裁量労働制は「労働者を第1号に掲げる業務に就かせた」場合にみなし労働時間の効果が発生するため（労基法38条の3第1項柱書），労使協定に

57　明らかに合理性のない労働条件というのは，労契法7条における就業規則の合理性自体が否定されるといった限定的な場面であると解される（その場合，労契法7条の要件を満たさず，その労働条件が契約の内容にならないという処理がなされるだろう）。なお，既存労働者との関係において，新たに就業規則を変更するなどして労働条件の変更を行うこととなる場合は，それが既存労働者にとって不利益な内容であれば，既存労働者の個別同意がない限り，不利益変更の合理性が必要となる（労働契約法9条，10条本文）。

58　荒木尚志「裁量労働制の展開とホワイトカラーの法規制」社会科学研究50巻3号30頁。同意をしなかったことを理由とする不利益取扱いは，あくまで行政通達により示された取扱いであるため，当然ながら法的効力を有するものではないが，同意をしなかったことを理由とするものであることを基礎づける事情は，その不利益取扱いが公序良俗違反（民法90条）であることを基礎づける事情（評価根拠事実）として考慮され得るものと考えられる。

59　盛誠吾「新裁量労働制の要件」労旬1488号26頁

76　第2章　専門業務型裁量労働制

対象業務を定めるのみでは足らず，実際に労使協定に定めた対象業務に従事させることが必要となる。

　具体的には，①各対象業務の業務内容に該当していること（**後記ア**），②実態として業務の遂行の手段及び時間配分の決定に関する裁量があること（**後記イ**），③非対象業務が混在していないこと（**後記ウ**）が必要である。

ア　各対象業務の業務内容に該当していること

　前記(1)ア①のとおり，専門業務型裁量労働制の対象となるのは，「業務の性質上その遂行の方法を大幅に当該業務に従事する労働者の裁量にゆだねる必要があるため，当該業務の遂行の手段及び時間配分の決定等に関し使用者が具体的な指示をすることが困難なものとして厚生労働省令で定める業務のうち，労働者に就かせることとする業務」（対象業務）に限られる（労基法38条の3第1項1号）。

　対象業務としては，労基則及び対象業務告示において，以下のとおり，全20業務が定められている（これらは限定列挙であり，いずれかに該当しなければ，専門業務型裁量労働制を導入，適用することはできない）。

①　新商品若しくは新技術の研究開発又は人文科学若しくは自然科学に関する研究の業務（労基則24条の2の2第2項1号）

　「新商品若しくは新技術の研究開発」とは，材料，製品，生産・製造工程等の開発又は技術的改善等をいう（平成6年1月4日基発1号，平成9年3月25日基発195号，平成11年3月31日基発168号，平成12年1月1日基発1号，平成23年6月29日基発0629第3号）。

②　情報処理システムの分析又は設計の業務（労基則24条の2の2第2項2号）[60]

　「情報処理システム」とは，電子計算機を使用して行う情報処理を目的として複数の要素が組み合わされた体系であってプログラムの設計の基本となるも

60　システムエンジニアの業務が想定される。

のをいい（労基則24条の2の2第2項2号括弧書き），より具体的には，情報の整理，加工，蓄積，検索等の処理を目的として，コンピュータのハードウェア，ソフトウェア，通信ネットワーク，データを処理するプログラム等が構成要素として組み合わされた体系をいう（平成6年1月4日基発1号，平成9年3月25日基発195号，平成11年3月31日基発168号，平成12年1月1日基発1号，平成23年6月29日基発0629第3号）。

「情報処理システムの分析又は設計の業務」とは，①ニーズの把握，ユーザーの業務分析等に基づいた最適な業務処理方法の決定及びその方法に適合する機種の選定，②入出力設計，処理手順の設計等アプリケーション・システムの設計，機械構成の細部の決定，ソフトウェアの決定等，③システム稼働後のシステムの評価，問題点の発見，その解決のための改善等の業務をいい，プログラムの設計又は作成を行うプログラマーは含まれない（平成6年1月4日基発1号，平成9年3月25日基発195号，平成11年3月31日基発168号，平成12年1月1日基発1号，平成23年6月29日基発0629第3号）。

なお，「情報処理システムの分析又は設計の業務」に関し，裁判例において，「『情報処理システムの分析又は設計の業務』とは，①ニーズの把握，ユーザーの業務分析等に基づいた最適な業務処理方法の決定及びその方法に適合する機種の選定，②入出力設計，処理手順の設計等のアプリケーション・システムの設計，機械構成の細部の決定，ソフトウエアの決定等，③システム稼働後のシステムの評価，問題点の発見，その解決のための改善等の業務をいうと解されており，プログラミングについては，その性質上，裁量性の高い業務ではないので，専門業務型裁量労働制の対象業務に含まれないと解される」とした第1審判決[61]を引用しつつ，「被告……ら原告従業員が行っていた作業が，ソフトウエア……のシステムの一部につき，……社（筆者注：発注元）の指示に基づき，1，2週間程度（緊急の場合は，翌日とか2，3日とかいった場合もある。）の納期までに完成させるものであり，業務遂行の裁量性に乏しいものであることは否定できず，被告……が実際に行っていた作業の内容を示す書面も，この点を左右するものではない」として，専門業務型裁量労働制の適用を否定したも

61　エーディーディー事件第1審判決（京都地判平23.10.31判タ1373号173頁）

78　第2章　専門業務型裁量労働制

のがある[62]。

③　新聞若しくは出版の事業における記事の取材若しくは編集の業務又は放送番組の制作のための取材若しくは編集の業務（労基則24条の2の2第2項3号）

（新聞若しくは出版の事業における記事の取材若しくは編集の業務）

「新聞若しくは出版の事業」には，新聞，定期刊行物にニュースを提供するニュース供給業も含まれる一方，新聞又は出版の事業以外の事業で記事の取材又は編集の業務に従事する者，例えば社内報の編集者等は含まれない（平成6年1月4日基発1号，平成9年3月25日基発195号，平成11年3月31日基発168号，平成12年1月1日基発1号，平成23年6月29日基発0629第3号）。

「取材若しくは編集の業務」とは，記事の内容に関する企画及び立案，記事の取材，原稿の作成，割付け・レイアウト・内容のチェック等の業務をいい，記事の取材にあたって，記者に同行するカメラマンの業務や，単なる校正の業務は含まれない（平成6年1月4日基発1号，平成9年3月25日基発195号，平成11年3月31日基発168号，平成12年1月1日基発1号，平成23年6月29日基発0629第3号）。

（放送番組の制作のための取材若しくは編集の業務）

「放送番組」とは，放送をする事項の種類，内容，分量及び配列（放送法（昭和25年法律132号）2条28号に規定する放送番組）をいう（労基則24条の2の2第2項3号）。

「放送番組の制作のための取材」の業務とは，報道番組，ドキュメンタリー

62　エーディーディー事件（大阪高判平24.7.27労判1062号63頁）。第1審判決も，「本来プログラムの分析又は設計業務について裁量労働制が許容されるのは，システム設計というものが，システム全体を設計する技術者にとって，どこから手をつけ，どのように進行させるのかにつき裁量性が認められるからであると解される。しかるに，……社は，下請である原告に対しシステム設計の一部しか発注していないのであり，しかもその業務につきかなりタイトな納期を設定していたことからすると，下請にて業務に従事する者にとっては，裁量労働制が適用されるべき業務遂行の裁量性はかなりなくなっていたということができる。また，原告において，被告に対し専門業務型裁量労働制に含まれないプログラミング業務につき未達が生じるほどのノルマを課していたことは，原告がそれを損害として請求していることからも明らかである」として，裁量労働制の適用を否定している。

等の制作のために行われる取材，インタビュー等の業務をいい，取材に同行するカメラマンや技術スタッフは含まれない（平成6年1月4日基発1号，平成9年3月25日基発195号，平成11年3月31日基発168号，平成12年1月1日基発1号，平成23年6月29日基発0629第3号）。

「放送番組の制作のための……編集」の業務とは，上記の取材を要する番組における取材対象の選定等の企画及び取材によって得られたものを番組に構成するための内容的な編集をいい，音量調整，フィルムの作成等技術的編集は含まれない（平成6年1月4日基発1号，平成9年3月25日基発195号，平成11年3月31日基発168号，平成12年1月1日基発1号，平成23年6月29日基発0629第3号）。

④ 衣服，室内装飾，工業製品，広告等の新たなデザインの考案の業務（労基則24条の2の2第2項4号）

「広告」には，商品のパッケージ，ディスプレイ等広く宣伝を目的としたものも含まれる（平成6年1月4日基発1号，平成9年3月25日基発195号，平成11年3月31日基発168号，平成12年1月1日基発1号，平成23年6月29日基発0629第3号）。

「考案」には，考案されたデザインに基づき，単に図面の作成，製品の制作等を行う業務は含まれない（平成6年1月4日基発1号，平成9年3月25日基発195号，平成11年3月31日基発168号，平成12年1月1日基発1号，平成23年6月29日基発0629第3号）。なお，この点に関し，裁判例においては，ウェブサイト上に掲載されるバナー広告の制作業務を行っていた原告に専門業務型裁量労働制が適用されるか争われた事案について，「原告は，制作部デザイン課に所属し，主としてウェブ・バナー広告の制作業務（以下「本件業務」という。）に従事していたところ，①被告に入社する前は，ウェブ・デザインに関する専門的な知見や職歴は全く有していなかったこと，②営業や編集の担当社員より，顧客から聴取した要望等に基づいて，大まかなイメージ・色，キャッチコピーの文言，使用する女性の写真等についての指示が出されていたこと，③その納期は新規作成の場合であっても5営業日程度であり，原告は，請求対象期間においては，1日当たり10件程度の顧客のウェブ・バナー広告を制作していたこと，④営業等の担当社員が，顧客から完成許可を得ることにより，顧客への納品が完了するという扱いとなっていたことといった事情を踏まえると，本件業務の遂行に当

80　第2章　専門業務型裁量労働制

たっての原告の裁量は限定的であって，原告は，営業等の担当社員の指示に
従って，短時間で次々とウェブ・バナー広告を作成することを求められていた
ということができる」として，専門業務型裁量労働制の適用を否定したものが
ある[63]。

⑤　放送番組，映画等の制作の事業におけるプロデューサー又はディレクターの業務（労基則24条の2の2第2項5号）

「放送番組」とは，**前記③**のとおり，放送をする事項の種類，内容，分量及
び配列をいう（労基則24条の2の2第2項3号）。

「放送番組，映画等の制作」には，ビデオ，レコード，音楽テープ等の制作
及び演劇，コンサート，ショー等の興行等が含まれる（平成6年1月4日基発1号，
平成9年3月25日基発195号，平成11年3月31日基発168号，平成12年1月1日基発1号，平
成23年6月29日基発0629第3号）。

「プロデューサーの業務」とは，制作全般について責任を持ち，企画の決定，
対外折衝，スタッフの選定，予算の管理等を総括して行うことをいう（平成6
年1月4日基発1号，平成9年3月25日基発195号，平成11年3月31日基発168号，平成12年
1月1日基発1号，平成23年6月29日基発0629第3号）。

「ディレクターの業務」とは，スタッフを統率し，指揮し，現場の制作作業
の統括を行うことをいう（平成6年1月4日基発1号，平成9年3月25日基発195号，
平成11年3月31日基発168号，平成12年1月1日基発1号，平成23年6月29日基発0629第3
号）。

⑥　広告，宣伝等における商品等の内容，特長等に係る文章の案の考案の業務（労基則24条の2の2第2項6号，対象業務告示1号）[64]

「広告，宣伝等」には，商品等の内容，特長等に係る文章伝達の媒体一般が

63　インサイド・アウト事件（東京地判平30.10.16判タ1475号133頁）。なお，本裁判例では，
本文で引用した点に加え，顧客が被告ポータルサイトに広告を掲載する際の料金が1店舗
当たり5万円程度にとどまり，ウェブ・バナー広告の制作に使用し得る人件費にも自ずと
限界があるといえることも「併せ考えると」とされており，本裁判例の射程については留
意が必要である。

含まれるものであり，また，営利目的か否かを問わず，啓蒙，啓発のための文章も含まれる（平成 9 年 2 月14日基発93号，平成11年 3 月31日基発168号，平成12年 1 月 1 日基発 1 号）。

「商品等」とは，単に商行為たる売買の目的物たる物品にとどまるものではなく，動産であるか不動産であるか，また，有体物であるか無体物であるかを問わない（平成 9 年 2 月14日基発93号，平成11年 3 月31日基発168号，平成12年 1 月 1 日基発 1 号）。

「内容，特長等」には，キャッチフレーズ（おおむね10文字前後で読み手を引きつける魅力的な言葉），ボディコピー（より詳しい商品内容等の説明），スローガン（企業の考え方や姿勢をわかりやすく表現したもの）等が含まれる（平成 9 年 2 月14日基発93号，平成11年 3 月31日基発168号，平成12年 1 月 1 日基発 1 号）。

「文章」については，その長短を問わない（平成 9 年 2 月14日基発93号，平成11年 3 月31日基発168号，平成12年 1 月 1 日基発 1 号）。

⑦　事業運営において情報処理システムを活用するための問題点の把握又はそれを活用するための方法に関する考案若しくは助言の業務（労基則24条の 2 の 2 第 2 項 6 号，対象業務告示 2 号）[65]

「情報処理システム」とは，**前記②**のとおり，電子計算機を使用して行う情報処理を目的として複数の要素が組み合わされた体系であってプログラムの設計の基本となるものをいい（労基則24条の 2 の 2 第 2 項 6 号括弧書，同項），より具体的には，情報の整理，加工，蓄積，検索等の処理を目的として，コンピュータのハードウェア，ソフトウェア，通信ネットワーク，データを処理するプログラム等が構成要素として組み合わされた体系をいう（平成 6 年 1 月 4 日基発 1 号，平成 9 年 3 月25日基発195号，平成11年 3 月31日基発168号，平成12年 1 月 1 日基発 1 号，平成23年 6 月29日基発0629第 3 号）。

「情報処理システムを活用するための問題点の把握」とは，現行の情報処理システム又は業務遂行体制についてヒアリング等を行い，新しい情報処理シス

64　いわゆるコピーライターの業務をいう（平成 9 年 2 月14日基発93号，平成11年 3 月31日基発168号，平成12年 1 月 1 日基発 1 号）。
65　いわゆるシステムコンサルタントの業務をいう（平成14年 2 月13日基発0213002号）。

テムの導入又は現行情報処理システムの改善に関し，情報処理システムを効率的，有効に活用するための方法について問題点の把握を行うことをいう（平成14年２月13日基発0213002号）。

「それを活用するための方法に関する考案若しくは助言」とは，情報処理システムの開発に必要な時間，費用等を考慮した上で，新しい情報処理システムの導入や現行の情報処理システムの改善に関しシステムを効率的，有効に活用するための方法を考案し，助言（専ら時間配分を顧客の都合に合わせざるを得ない相談業務は含まない）することをいう（平成14年２月13日基発0213002号）。

なお，アプリケーションの設計又は開発の業務，データベース設計又は構築の業務は含まれないものであり，当該業務は労基則24条の２の２第２号の業務に含まれる（平成14年２月13日基発0213002号）。

⑧ 建築物内における照明器具，家具等の配置に関する考案，表現又は助言の業務（労基則24条の２の２第２項６号，対象業務告示３号）[66]

「照明器具，家具等」には，照明器具，家具の他，建具，建装品（ブラインド，びょうぶ，額縁等），じゅうたん，カーテン等繊維製品等が含まれる（平成14年２月13日基発0213002号）。

「配置に関する考案，表現又は助言の業務」とは，顧客の要望を踏まえたインテリアをイメージし，照明器具，家具等の選定又はその具体的な配置を考案した上で，顧客に対してインテリアに関する助言を行う業務，提案書を作成する業務，模型を作製する業務又は家具等の配置の際の立ち会いの業務をいう（平成14年２月13日基発0213002号）。

内装等の施工など建設業務，専ら図面や提案書等の清書を行う業務，専ら模型の作製等を行う業務，家具販売店等における一定の時間帯を設定して行う相談業務は含まれない（平成14年２月13日基発0213002号）。

---

66 いわゆるインテリアコーディーネーターの業務をいう（平成14年２月13日基発0213002号）。

⑨　ゲーム用ソフトウェアの創作の業務（労基則24条の2の2第2項6号，
　　対象業務告示4号）

「ゲーム用ソフトウェア」には，家庭用テレビゲーム用ソフトウェア，液晶表示装置を使用した携帯ゲーム用ソフトウェア，ゲームセンター等に設置される業務用テレビゲーム用ソフトウェア，パーソナルコンピュータゲーム用ソフトウェア等が含まれる（平成14年2月13日基発0213002号）。

「創作」には，シナリオ作成（全体構想），映像制作，音響制作等が含まれる（平成14年2月13日基発0213002号）。

専ら他人の具体的指示に基づく裁量権のないプログラミング等を行う者又は創作されたソフトウェアに基づき単にCD-ROM等の製品の製造を行う者は含まれない（平成14年2月13日基発0213002号）。

⑩　有価証券市場における相場等の動向又は有価証券の価値等の分析，評価又はこれに基づく投資に関する助言の業務（労基則24条の2の2第2項6号，対象業務告示5号）[67]

「有価証券市場における相場等の動向」とは，株式相場，債券相場の動向のほかこれに影響を与える経済等の動向をいう（平成14年2月13日基発0213002号）。

「有価証券の価値等」とは，有価証券に投資することによって将来得られる利益である値上がり益，利子，配当等の経済的価値及び有価証券の価値の基盤となる企業の事業活動をいう（平成14年2月13日基発0213002号）。

「分析，評価又はこれに基づく投資に関する助言の業務」とは，有価証券等に関する高度の専門知識と分析技術を応用して分析し，当該分析の結果を踏まえて評価を行い，これら自らの分析又は評価結果に基づいて運用担当者等に対し有価証券の投資に関する助言を行う業務をいう（平成14年2月13日基発0213002号）。

ポートフォリオを構築又は管理する業務，一定の時間を設定して行う相談業務，専ら分析のためのデータの入力・整理を行う業務は含まれない（平成14年2月13日基発0213002号）。

67　いわゆる証券アナリストの業務をいう（平成14年2月13日基発0213002号）。

84　第２章　専門業務型裁量労働制

⑪　**金融工学等の知識を用いて行う金融商品の開発の業務（労基則24条の２の２第２項６号，対象業務告示６号）**

「金融工学等の知識を用いて行う金融商品の開発」とは，金融取引のリスクを減らしてより効率的に利益を得るため，金融工学のほか，統計学，数学，経済学等の知識をもって確率モデル等の作成，更新を行い，これによるシミュレーションの実施，その結果の検証等の技法を駆使した新たな金融商品の開発をいう（平成14年２月13日基発0213002号）。

ここでいう「金融商品」とは，金融派生商品（金や原油などの原資産，株式や債権などの原証券の変化に依存してその値が変化する証券）及び同様の手法を用いた預貯金等をいう（平成14年２月13日基発0213002号）。

金融サービスの企画立案又は構築の業務，金融商品の売買の業務，市場動向分析の業務，資産運用の業務，保険商品又は共済の開発に際してアクチュアリーが通常行う業務，商品名の変更のみをもって行う金融商品の開発の業務，専らデータの入力・整理を行う業務は含まれない（平成14年２月13日基発0213002号）。

⑫　**学校教育法に規定する大学における教授研究の業務（主として研究に従事するものに限る）（労基則24条の２の２第２項６号，対象業務告示７号）**

「教授研究の業務」とは，学校教育法（昭和22年法律26号）に規定する大学の教授，准教授又は講師の業務（以下「教授等」という）をいう（平成15年10月22日基発1022004号，平成18年２月15日基発0215002号，平成19年４月２日基監発0402001号）。

「教授研究」とは，学校教育法に規定する教授等が，学生を教授し，その研究を指導し，研究に従事することをいう（平成15年10月22日基発1022004号，平成18年２月15日基発0215002号）。

「主として研究に従事する」とは，業務の中心はあくまで研究の業務であることをいうものであり，具体的には，研究の業務のほかに講義等の授業の業務に従事する場合に，その時間が，多くとも，１週の所定労働時間又は法定労働時間のうち短いものについて，そのおおむね５割に満たない程度であることをいう（平成15年10月22日基発1022004号，平成18年２月15日基発0215002号）。

なお，大学病院等において行われる診療の業務については，専ら診療行為を行う教授等が従事するものは，教授研究の業務に含まれないものであるが，医

学研究を行う教授等がその一環として従事する診療の業務であって，チーム制
（複数の医師が共同で診療の業務を担当するため，当該診療の業務について代
替要員の確保が容易である体制をいう）により行われるものは，教授研究の業
務として取り扱って差し支えない（平成15年10月22日基発1022004号，平成18年2月
15日基発0215002号）。

　学校教育法に規定する大学の助手については，専ら人文科学又は自然科学に
関する研究の業務に従事する場合には，労基則24条の2の2第2項1号に基づ
き，専門業務型裁量労働制の対象となる（平成15年10月22日基発1022004号，平成18
年2月15日基発0215002号）。

　学校教育法に規定する大学の助教については，専ら人文科学又は自然科学に
関する研究の業務に従事すると判断できる場合は，労基則24条の2の2第2項
1号の業務のうち「人文科学若しくは自然科学に関する研究の業務」として専
門業務型裁量労働制の対象業務と取り扱う（平成19年4月2日基監発0402001号）。
なお，この場合において助教は，教授の業務を行うことができることになって
いることから，その時間が，1週の所定労働時間又は法定労働時間のうち短い
ものの1割程度以下であり，他の時間においては人文科学又は自然科学に関す
る研究の業務に従事する場合には，専ら人文科学又は自然科学に関する研究の
業務に従事するものとして取り扱って差し支えない（平成19年4月2日基監発
0402001号）。

⑬　銀行又は証券会社における顧客の合併及び買収に関する調査又は分析及びこれに基づく合併及び買収に関する考案及び助言の業務（労基則24条の2の2第2項6号，対象業務告示8号）[68]

「銀行又は証券会社」とは，銀行法（昭和56年法律59号）2条1項に規定する
銀行，金融商品取引法（昭和23年法律25号）2条9項に規定する金融商品取引業
者のうち，同法28条1項に規定する第一種金融商品取引業を営む証券会社をい
うものであり，信用金庫等は含まれない。また，M&Aアドバイザリー業務は，

68　いわゆるM&Aアドバイザーの業務（M&Aアドバイザリー業務）をいう（令和5年施
　行通達第2の3）。

86　第2章　専門業務型裁量労働制

銀行又は証券会社の業務として，同社の顧客のM&Aに関する調査又は分析及びこれに基づくM&Aに関する考案及び助言を行うものが対象であり，M&A仲介会社の業務について適用することはできない（令和5年Q&A4－3）。

「顧客」とは，対象業務に従事する労働者を雇用する銀行又は証券会社にとっての顧客（個人又は法人）をいうものである（令和5年施行通達第2の3）。

「合併及び買収」とは，いわゆる M&A（Mergers（合併）and Acquisitions（買収）。以下「M&A」という）のことをいい，各種手法（会社法の定める組織再編行為（合併，会社分割等），株式譲渡，事業譲渡等）による事業の引継ぎ（譲渡し・譲受け）をいうものであり，事業承継を含む（令和5年施行通達第2の3）[69]。

「調査又は分析」とは，M&Aを実現するために必要な調査又は分析をすることをいうものであり，例えば，M&Aによる事業収益への影響等に関する調査，分析や対象企業のデューデリジェンス（対象企業である譲渡し側における各種のリスク等を精査するために実施される調査をいう）が含まれる（令和5年施行通達第2の3）。

「これに基づく考案及び助言」とは，上記調査又は分析に基づき，M&Aを実現するために必要な考案及び助言（専ら時間配分を顧客の都合に合わせざるを得ない業務は含まれない）を行うことをいい，例えば，M&A戦略や取引スキーム等に関する考案及び助言が考えられる（令和5年施行通達第2の3）。

なお，M&Aアドバイザリー業務においては，M&Aに関する「調査又は分析」と「考案及び助言」の両方の業務を行うものが対象となるものであり，いずれか一方のみを行うものである場合には対象業務に該当するとは認められない（令和5年施行通達第2の3）。そのため，M&Aアドバイザリー業務については，「調査又は分析」及びこれに基づく「考案及び助言」について1人の労働者がその両方を行っている場合に限り，対象業務に該当するものであり，1人の労働者が一方の業務のみを行う場合は対象業務に該当しない（令和5年Q&A4－1）。また，両方を行っている場合であっても，例えばチーフの管理の下に業

---

[69]　このように，「合併」及び「買収」という文言自体に独立した意味を与えておらず，「M&A」を和訳して法文化したものにすぎない。それゆえ，行政解釈上も「各種手法……による事業の引継ぎ（譲渡し・譲受け）」としている。

務遂行，時間配分を行うなど，当該労働者に裁量がない場合には，**後記イ**のとおり，専門業務型裁量労働制は適用し得ない（令和5年Q&A4－1）。

　M&Aアドバイザリー業務を所掌する部署における業務であれば，すべて対象業務に該当するわけではなく，あくまで「顧客の合併及び買収に関する調査又は分析及びこれに基づく合併及び買収に関する考案及び助言」に該当するもののみが対象業務として認められる（令和5年Q&A4－2）。

⑭　**公認会計士の業務（労基則24条の2の2第2項6号，対象業務告示9号）**

　法令に基づいて公認会計士の業務とされている業務をいうものであり，例えば，公認会計士法（昭和23年法律103号）2条1項に規定する「他人の求めに応じ報酬を得て，財務書類の監査又は証明をする」業務，同条2項に規定する「公認会計士の名称を用いて，他人の求めに応じ報酬を得て，財務書類の調製をし，財務に関する調査若しくは立案をし，又は財務に関する相談に応ずる」業務がこれに該当する（平成9年2月14日基発93号，平成11年3月31日基発168号，平成12年1月1日基発1号）。

⑮　**弁護士の業務（労基則24条の2の2第2項6号，対象業務告示10号）**

　法令に基づいて弁護士の業務とされている業務をいうものであり，例えば，弁護士法（昭和24年法律205号）3条1項に規定する「当事者その他関係人の依頼又は官公署の委嘱によつて，訴訟事件，非訟事件及び審査請求，再調査の請求，再審査請求等行政庁に対する不服申立事件に関する行為その他一般の法律事務」がこれに該当する（平成9年2月14日基発93号，平成11年3月31日基発168号，平成12年1月1日基発1号）。

⑯　**建築士の業務（労基則24条の2の2第2項6号，対象業務告示11号）**

　法令に基づいて建築士（一級建築士，二級建築士及び木造建築士）の業務とされている業務をいうものであり，例えば，建築士法（昭和25年法律202号）3条から3条の3までに規定する設計又は工事監理がこれに該当する（平成9年2月14日基発93号，平成11年3月31日基発168号，平成12年1月1日基発1号，平成14年2月13日基発0213002号）。

88 第2章 専門業務型裁量労働制

　なお，例えば，他の「建築士」の指示に基づいて専ら製図を行うなど補助的
業務を行う者は含まれない（平成14年2月13日基発0213002号）。

⑰　不動産鑑定士の業務（労基則24条の2の2第2項6号，対象業務告示12号）

　法令に基づいて不動産鑑定士の業務とされている業務をいうものであり，例
えば，不動産の鑑定評価に関する法律（昭和38年法律152号）2条1項に規定す
る「土地若しくは建物又はこれらに関する所有権以外の権利の経済価値を判定
し，その結果を価格に表示する」業務がこれに該当する（平成9年2月14日基発
93号，平成11年3月31日基発168号，平成12年1月1日基発1号）。

⑱　弁理士の業務（労基則24条の2の2第2項6号，対象業務告示13号）

　法令に基づいて弁理士の業務とされている業務をいうものであり，例えば，
弁理士法（平成12年4月26日法律49号）4条1項に規定する「特許，実用新案，
意匠若しくは商標又は国際出願，意匠に係る国際登録出願若しくは商標に係る
国際登録出願に関する特許庁における手続及び特許，実用新案，意匠又は商標
に関する行政不服審査法（平成26年法律68号）の規定による審査請求又は裁定
に関する経済産業大臣に対する手続についての代理並びにこれらの手続に係る
事項に関する鑑定その他の事務」がこれに該当する（平成9年2月14日基発93号，
平成11年3月31日基発168号，平成12年1月1日基発1号）[70]。

⑲　税理士の業務（労基則24条の2の2第2項6号，対象業務告示14号）

　法令に基づいて税理士の業務とされている業務をいうものであり，例えば，
税理士法（昭和26年法律237号）2条1項に規定する税務代理又は税務書類の作
成がこれに該当する（平成14年2月13日基発0213002号）。
　この点に関し，裁判例において，「対象業務の規定方法が例示列挙方式から
限定列挙方式に変更された趣旨は，裁量労働制が労働者が実際に労働した時間

70　これらの通達には旧弁理士法（大正10年法律100号）1条に規定されていた弁理士の業
　務が引用されているため，本文では本書編集時点での弁理士法の規定を引用している。

を問題としないで，労使協定によりあらかじめ定めた時間働いたものとみなし，割増賃金の支払を不必要とするというものであり，賃金面で労働者の不利益となる可能性がある制度であるため，その対象業務をできる限り明確化すべきことにあったと解される。（中略）そして，「税理士の業務」が専門業務型裁量労働制の対象とされた趣旨は，税理士が法律上の国家資格として専門性が確立していると考えられることに着目したものであり，行政解釈においては，ここでいう「税理士の業務」を法令に基づいて税理士の業務とされている業務をいい，税理士法2条1項所定の税務代理，税務書類の作成，税務相談がこれに該当すると解していること，税理士の業務については，税理士法52条により，税理士又は税理士が社員となって設立する税理士法人（税理士法48条の2及び4）でない者が行うことが制限されていて，税理士又は税理士法人以外の者が業として他人の求めに応じて税務代理，税務書類の作成等を行うことは許されないこと，また，税理士の業務は，公認会計士，弁護士あるいは建築士の業務等と並んで，いずれも専門性の高い国家資格を要する業務であることに基づくものであることに照らせば，専門業務型裁量労働制の対象となる「税理士の業務」とは，税理士法3条所定の税理士となる資格を有し，同法18条所定の税理士名簿への登録を受けた者自身を主体とする業務をいうと解するのが相当である」としつつ，「対象業務の範囲について，「税理士の業務」概念の外延を画する要素から税理士という業務主体を外した上で，その業務を行う手段や時間配分の決定などについて使用者が具体的な指示をすることが困難な業務か否かという観点からこれを実質的に解釈することになれば，「税理士の業務」概念の外延は曖昧となり，対象業務の明確性が損なわれてしまうから，専門業務型裁量労働制がその対象業務について限定列挙方式という仕組みを採用した趣旨が没却されることになり，相当でない」とした上で，「被控訴人は，税理士となる資格を有せず，税理士名簿への登録も受けていなかったのであるから，その業務は専門業務型裁量労働制の対象となる「税理士の業務」ということはできない」として，専門業務型裁量労働制の適用を否定したものがある[71]。

71　レガシィほか1社事件（東京高判平26.2.27労判1086号5頁）

90 第2章 専門業務型裁量労働制

⑳ **中小企業診断士の業務（労基則24条の2の2第2項6号，対象業務告示15号）**

　法令に規定されている中小企業の経営の診断又は助言の業務をいうものであり，例えば，中小企業支援事業の実施に関する基準を定める省令（昭和38年通商産業省令123号）4条3項に規定する一般診断助言（中小企業者に対して個別に行う診断若しくは助言又はその集団に対して行う診断若しくは助言）等がこれに該当する（平成14年2月13日基発0213002号）。

　中小企業診断士の資格を有する者であっても，専ら中小企業診断士の業務以外の業務を行う者は含まれない（平成14年2月13日基発0213002号）。

イ　実態として業務の遂行の手段及び時間配分の決定に関する裁量があること

　専門業務型裁量労働制の対象業務は，業務の遂行の手段及び時間配分の決定に関し，労働者に裁量があるものとして法定されている（労基法38条の3第1項1号）。そのため，形式的に**前記ア**の各対象業務の業務内容に該当していても，労働者に業務の遂行の手段及び時間配分の決定に関する裁量がない場合には，対象業務該当性は否定される[72]。

　そのため，労使協定の内容いかんにかかわらず，その実態をみたときに，業務の遂行の手段及び時間配分の決定に関する裁量がない場合には，専門業務型裁量労働制は適用できない。例えば，業務のプロセスや方法に関して上司等が細かく指示した場合（日常的・具体的な指示や事前のマニュアル等で労働提供

---

[72]　水町勇一郎『詳解労働法（第3版）』（東京大学出版会，2023年）768頁。行政通達でも「業務の遂行の手段及び時間配分の決定等に関し，労働者に裁量がないという状況が明らかになった場合」は専門業務型裁量労働制を適用することはできないとしており（令和5年8月2日基政発・基監発0802第1号），また，チームを組んで業務を行っているケースにおいて，そのチームの管理の下に業務遂行，時間配分を行う場合は，専門業務型裁量労働制を適用できないとしている（昭和63年3月14日基発150号，平成12年1月1日基発1号，令和5年Q&A4－1）。裁判例でも，システムエンジニアの従事するプログラミング業務等が対象業務（情報システムの分析又は設計の業務）に該当するか否かが問題となった事案において，業務遂行の裁量性が少なかったこと，対象業務以外の業務にも相当従事させていたこと等を理由として，専門業務型裁量労働制の適用が否定されている（エーディーディー事件（大阪高判平24.7.27労判1062号63頁））。

方法を指示した場合）は，「業務の遂行の手段」に裁量がないと評価され得る[73]。また，「時間配分の決定」には始業及び終業の時刻の決定も含まれるため，使用者から始業又は終業の時刻のいずれか一方でも指示される業務は専門業務型裁量労働制の対象業務に該当しない（令和5年施行通達第2の4(1)）。加えて，使用者がシビアな目標，期限や密な連携が要請される人員体制を設定したり，業務を終えても追加で課題を設定したりすると，業務遂行の方法に係る労働者の裁量が事実上なくなってしまうという事態が生じ得るが，このような場合にも対象業務に該当しないものと解される[74]。なお，使用者が明示的・直接的に始業又は終業の時刻を指示していないとしても，労務管理として，一定の時刻に遅れたことを人事評価や懲戒処分等において労働者に不利な要素として考慮する運用を導入している場合や，遅刻や早退を理由にその分の賃金を控除した場合は，間接的に始業及び終業の時刻の決定を制約しているため，「時間配分の決定」に関する裁量がないと評価され得る。もっとも，裁量労働制の適用労働者であっても，所定労働日における労務提供義務自体はあることから，欠勤した場合の欠勤控除を行ったとしても，「時間配分の決定」に関する裁量がないとはただちには評価されないと解される（なお，いわゆる完全月給制の場合は欠勤控除ができないことには留意が必要である）。

　他方で，裁量労働制の下でも，業務の遂行手段等に関して，基本的な指揮命令権を使用者が保持することは差し支えないと解されており，例えば，業務の基本的内容（業務の基本目標やノルマ，期限，人員体制）を指示したり，途中でこれらの事項を変更したりすること，途中経過の報告や業務終了の報告を求めること，出退勤を確認する等のためにタイムカードへの打刻や出勤簿への記録を求めることは[75]，必ずしも裁量労働制の適用を否定する事情にはならない

---

[73]　土田道夫『労働契約法（第2版）』（有斐閣，2016年）358頁

[74]　荒木尚志ほか編『注釈労働基準法・労働契約法 第1巻 総論・労働基準法(1)』（有斐閣，2023年）578頁。令和5年施行通達第2の4(1)においても，「業務量が過大である場合や期限の設定が不適切である場合には，労働者から時間配分の決定に関する裁量が事実上失われることがある」，「時間配分の決定等に関する裁量が失われたと認められる場合には，専門業務型裁量労働制の法第4章の労働時間に関する規定の適用に当たっての労働時間のみなしの効果は生じない」としている（企画業務型裁量労働制についても，企画指針第3の1(2)ハにおいて同旨）。

92　第 2 章　専門業務型裁量労働制

と考えられる[76]。また，**後記 2 ⑵オ**のとおり，裁量労働制の下でも，休憩時間の一斉付与の原則は適用されるため（労基法34条 2 項本文），同原則に基づいて休憩時間を一斉に付与したとしても，法令上の要請である以上，時間配分の決定の裁量を否定する事情にはならない。なお，裁量労働制の適用労働者について，就業規則の絶対的必要記載事項である「始業及び終業の時刻」（労基法89条 1 号）を記載する上では，例えば就業規則において「始業・終業時刻は，第○条で定める所定時刻を基本とするが，適用労働者の裁量により具体的な時間配分を決定するものとする。休憩時間は第○条，休日は第○条で定めるところによる。」（巻末資料 4 の 1 ）と定めればよい[77]。

　実務上頻繁に問題になることとして，業務の遂行の手段及び時間配分の決定に関する裁量との関係で，あくまで単発ではあるものの，特定の業務へ従事すること（特定の日・時間に会議へ出席することなど）を指示できるかという点がある[78]。この点について，労働者がその指示に対して同意する場合又は自主的に従事する場合にのみ許されるとする考え方があるほか[79]，全体として裁量労働が維持されていれば足りるとする考え方もあるが[80]，令和 6 年 4 月 1 日施行の裁量労働制の制度改正により「時間配分の決定」には始業及び終業の時刻の決定も含まれることが明確化され（令和 5 年施行通達第 2 の 4 ⑴），裁量労働制における「時間配分の決定」に関する裁量は厳格なものであることが明確になったことを踏まえると，前者の考え方が妥当であると解される[81]（これまで，始業及び終業の時刻の決定に関する裁量がないと解説する文献が散見されたが，「時間配分の決定」に始業及び終業の時刻の決定も含まれることが明確化されたことにより，裁量労働制の適用労働者には始業及び終業の時刻の決定に関する裁

---

[75]　裁量労働制の適用労働者であっても，面接指導や健康・福祉確保措置を講ずるための労働時間の状況の把握として，タイムカードやパソコンのログオン・ログオフなどの客観的な記録により把握する必要があり（平成30年12月28日基発1228第16号の第 2 面接指導等（労働安全衛生法令関係）の答 8 ・答10），これによって時間配分の決定に関する裁量が認められないということにはならない。

[76]　佐々木宗啓ほか『類型別 労働関係訴訟の実務（改訂版）Ⅰ』（青林書院，2021年）243頁（Ｑ84），荒木尚志ほか編『注釈労働基準法・労働契約法 第 1 巻 総論・労働基準法⑴』（有斐閣，2023年）578頁

[77]　厚生労働省「専門業務型裁量労働制の解説」17頁参照。

量もあることが確定的になった）。

　また，特にテレワークが普及した昨今において，実務上問題になることとして，出勤義務の有無という点がある。この点については，「対象業務の遂行の手段及び時間配分の決定」に係る裁量は，出勤に係る裁量までを認めるものではなく，労働者は所定労働日における出勤義務を当然に負っていると解される[82]。

78　なお，定期的に特定の業務へ従事すること（毎週１回の会議への出席，毎月１回の会議への出席等）を指示している場合は，業務の遂行の手段及び時間配分の決定に関する裁量がないと評価される。他方で，労働者がその指示に対して同意する場合又は自主的に従事する場合において当該業務に従事するのであれば，なお時間配分の決定に関する裁量はあるといえよう。また，裁量労働制の適用労働者に対し，業務に必要な会議等には参加されたいと抽象的・包括的な指示をする程度であれば，当該裁量はただちには否定されない。なお，この点について，西谷敏ほか編『新基本法コンメンタール　労働基準法・労働契約法』（日本評論社，2012年）154頁は，「会議開催などのためにコアタイムを設定すること（部分的裁量労働制）も，その程度が裁量労働制の趣旨を損なうほどでなければ許されると解される。2003年に対象業務に大学における教授研究が追加されたことは，そのような理解を前提とする。すなわち，研究のみに従事する大学教員だけでなく，教育を担当しつつ研究に従事する場合も，「主として研究に従事する」場合であれば適用されることが明示された。それゆえに，大学教員では授業（準備含めて）や会議などにつき，その時間の長さが労働時間の半分以下であれば，業務遂行方法および時間配分を指示することが許される。」と述べるが，大学における「教授」も「研究」もいずれも対象業務の一部であり，前提として業務遂行方法及び時間配分の裁量があることが前提の業務であるから（たしかに大学の授業は講義時間が決まっているが，各年度でいずれのコマにするかについては各人からの希望をもとに作成されていることを考慮すると，講義時間が決まっているからといって，ただちに使用者の指示により時間配分の決定に係る裁量がないという関係にないと理解することは可能である），前述のとおり，定期的に特定の業務へ従事することは許容されないだろう。

79　吉田美喜夫「裁量労働制」日本労働法学会編『講座21世紀の労働法　第５巻　賃金と労働時間』（有斐閣，2000年）281頁。土田道夫『労働契約法（第２版）』（有斐閣，2016年）358頁でも「時間を特定した個別的指示（たとえば午前10時から会議に出席せよとの指示）も許されない」と述べており，単発の会議への出席指示も許容されないことを示唆している。

80　東京大学労働法研究会『注釈労働時間法』（有斐閣，1990年）577頁

81　前者の考え方の下では，一方的・強制的に会議の参加等を指示した場合には，その頻度にかかわらず裁量労働制の適用が否定されることになり，一見すると柔軟性を欠く考え方のように思えるが，会議等の参加について労働者の調整の余地を全く認めないような場合（そのような使用従属関係の強い場合）自体は稀であり，実際の企業現場では，多かれ少なかれ会議の設定に際し，労働者間のスケジュール調整（各人の意向を踏まえた会議の設定）を行うのであるから，翻って考えれば，「一方的・強制的に会議の参加等を指示した場合」というのは，明らかに裁量がなく，誰がみても裁量労働制に馴染まない業務ないし労働者の場合であろう（このように考えると，両説で結論に差異はないともいえる）。

94　第2章　専門業務型裁量労働制

もちろん，使用者が社内制度としてテレワークを認めることは差し支えなく，裁量労働制の適用労働者の働き方とテレワークは相性がよいため，人材確保の観点から，魅力的な労働条件の1つとして，テレワークを積極的に認めている企業も少なくない。

　なお，後記2(2)エのとおり深夜労働や法定休日労働は実労働時間により規制されていることになるため，それら労働との関係では，時間配分の決定に関する裁量を確保すべき要請は働かないと解されるほか[83]，使用者は安全配慮義務を負っており，時間配分の決定に関する裁量はその履行に必要な措置により制限され得るという内在的制約があると解され（健康・福祉確保措置においても，深夜回数の制限が設けられている），また，使用者は事業場に係る施設管理権を有しており，深夜や休日まで事業場を使える状態にしなければならないことまでは求められず，時間配分の決定に関する裁量は使用者の施設管理権の下で認められるという内在的制約があると解されるから，これらの観点からすれば，深夜労働・休日労働を事前許可制にすることは許容される（それにより裁量労働制の適用がただちに否定されることにはならない）と解される[84]。

ウ　対象業務と非対象業務の混在（非対象業務に従事する場合の裁量労働制の適用の可否）[85]

　専門業務型裁量労働制の対象業務と非対象業務とを混在して行う場合は，たとえ非対象業務が短時間であっても，それが予定されている場合は，専門業務

82　土田道夫『労働契約法（第2版）』（有斐閣，2016年）359頁。日立コンサルティング事件（東京高判平29.6.1D1-Law.com判例体系28254926）も，裁量労働制の下でも所定勤務日には出勤しなければならないと述べ，欠勤控除を認めている。

83　なお，深夜労働はみなしの対象に含まれる労働であり，「時間配分の決定」を含め使用者が具体的な指示をしてはならない労働であるから，原則として禁止したりはできないと述べるものもあるが（荒木尚志ほか『注釈労働基準法・労働契約法　第1巻　総論・労働基準法(1)』（有斐閣，2023年）583頁），深夜労働の規制対象は深夜帯という時間帯における労働に対する規制であり，深夜労働に対する割増賃金も深夜帯の実労働時間により算出されることから，「時間配分の決定」を含め使用者が具体的な指示をしてはならない労働とまではいえないものと解される。

84　厚生労働省「専門業務型裁量労働制の解説」16頁の協定例10条3項，4項においても，深夜労働・休日労働の事前許可制を認めており，行政解釈としてもこのような理解を前提にしていると考えられる。

型裁量労働制を適用することはできないと解されている（令和5年8月2日基政発・基監発0802第1号，令和5年Q&A4-4）。

　もっとも，臨時的に非対象業務に従事した場合は，対象業務に従事した部分の専門業務型裁量労働制の適用は否定されず，非対象業務に従事した実労働時間と対象業務に係るみなし労働時間を合計した時間がその日の労働時間となると解されている（令和5年Q&A4-4）。そのため，例えば，労使協定に定められたみなし労働時間が1日8時間の場合において，対象業務に従事しつつ，臨時的に1時間のみ非対象業務に従事した場合には，その日における労働時間は，みなし労働時間8時間と実労働時間1時間の合計9時間となり，1時間分は時間外労働となる（この場合，36協定が締結されていなければ労基法32条違反になるほか，時間外労働になった部分については労基法37条に基づき割増賃金を支払う必要がある）。

　このように，対象業務と非対象業務が混在する場合については，その非対象業務が予定されていたものか否か（「臨時的」か否か）という定性的な判断により，裁量労働制自体の適用が否定されるのか（それとも，非対象業務部分のみが実労働時間として上乗せされるにとどまるのか）が決まることとなる。行政解釈において「たとえ非対象業務が短時間であっても，それが予定されている場合」とされているように，非対象業務に従事した時間数の多寡は関係ない（あくまで定性的な判断となる）という点には留意されたい[86]。

85　企画業務型裁量労働制においては，「対象労働者」該当性の問題として取り扱われる（**第3章の1⑸イ②（157頁）**参照）。

86　従来，①1日単位で対象業務に従事する時間と非対象業務に従事する時間が区別されていれば，前者には裁量労働制，後者には実労働時間規制を適用することが可能であるという見解（盛誠吾「新裁量労働制の要件」労旬1488号22頁以下），②1日の中に両者の業務が混在している場合においても「全体として裁量労働性に反しない」のであれば非対象業務について個別的指示を行い得る（全体として裁量労働制が適用できる）という見解（東京大学労働法研究会『注釈労働時間法』（有斐閣，1990年）577頁）があったが，いずれも令和6年4月1日施行の裁量労働制の制度改正に際して発出された行政通達（令和5年8月2日基政発・基監発0802第1号，令和5年Q&A4-4）により否定されるに至った。

96　第2章　専門業務型裁量労働制

2　法的効果

(1)　みなし労働時間の内容

　裁量労働制の適用労働者について，その実労働時間にかかわらず，労使協定で定めたみなし労働時間（**前記1(1)ア②**）を労働したものとみなすこととなる（労基法38条の3第1項柱書）。「推定」ではなく「みなす」という効果であるため，労働者において実労働時間数がみなし労働時間と異なる事実を立証し，みなし労働時間に対する反証を試みたとしても，みなし労働時間の効果を覆すことはできない[87]。

　みなし労働時間は，労基法第4章の労働時間に関する規定の適用に係る「労働時間の算定」において適用される（労基則24条の2の2第1項）[88]。裁量労働制はあくまでみなし労働時間制であり，「労働時間の算定」に関する特例にすぎないため，労働時間に関する規定の適用が除外されるわけではなく，労働時間に関する規定における「労働時間」の算定方法（カウント方法）を「実労働時間」ではなく「みなし労働時間」で行うというものである。

(2)　みなし労働時間と労働時間に関する規定等の適用関係

　みなし労働時間と労基法第4章の労働時間に関する規定等の適用関係につい

---

[87]　ライドウェーブコンサルティングほか事件（東京高判平21.10.21労判995号39頁），荒木尚志ほか『注釈労働基準法・労働契約法　第1巻　総論・労働基準法(1)』（有斐閣，2023年）581頁，土田道夫『労働契約法（第2版）』（有斐閣，2016年）360頁。また，前述のとおり，令和6年4月1日施行の裁量労働制の制度改正の際に「みなし労働時間は，企画業務型裁量労働制を適用する上で，必ずしも実労働時間と一致させなければならないものではな」いことが確認されたため（令和5年施行通達第3の7(1)），今後は「対象労働者への特別の手当の支給や，対象労働者の基本給の引上げなどを行い，相応の処遇を確保」されれば，上記乖離があったとしても，労働基準監督署からただちには指導されないと考えられる（益原大亮「『裁量労働制』制度改正（令和6年4月施行）の実務解説―厚生労働省の立案担当者解説（上）」ビジネス法務2024年2月号63頁）。

[88]　そのため，労基法第6章の年少者及び第6章の2の妊産婦等の労働時間に関する規定に係る労働時間の算定については適用されず，これら規定の適用においては，実労働時間を前提にすることとなる。

ては，以下のとおりである。

ア　法定労働時間（労基法32条）

　1日8時間，週40時間の法定労働時間（労基法32条）について，みなし労働時間により遵守することになる。

　例えば，労使協定上のみなし労働時間が1日8時間で，週5日勤務の場合，実労働時間が何時間であっても，みなし労働時間では1日8時間，週40時間の範囲内であるため，法定労働時間を遵守していることになる[89]。他方で，労使協定上のみなし労働時間が1日9時間の場合，実労働時間が何時間であっても（実労働時間が1日8時間以下だったとしても），みなし労働時間では1日の法定労働時間を1時間超えているため，法定労働時間を遵守できていない（そのため，**後記イ・ウ**のとおり，時間外労働規制や時間外労働に係る割増賃金規制への対応が必要となる）。

イ　時間外労働規制（労基法36条）

　1日8時間，週40時間の法定労働時間（労基法32条）を超える労働（時間外労働）をさせる場合には，36協定を締結し，その範囲内で労働させなければならないとともに（労基法36条1項から5項），個人の時間外労働の上限規制として，時間外・休日労働が月100時間未満，2か月から6か月平均で月80時間以下の範囲内で労働させなければならない（労基法36条6項）。裁量労働制の下では，これらの規制における「時間外労働」はみなし労働時間により算定される[90]。

　例えば，労使協定上のみなし労働時間が1日9時間の場合，実労働時間が何時間であっても（実労働時間が1日8時間以下だったとしても），みなし労働時間では1日の法定労働時間を1時間超えているため，各日1時間の時間外労働が発生することになる。そのため，使用者としては，1日8時間を超えるみなし労働時間を定める場合には，併せて36協定を締結し，その範囲内で労働さ

89　そのため，みなし労働時間が1日8時間の場合，臨時的に非対象業務に従事する時間（実労働時間）が生じるといったこと（**前記1(5)ウ**）がない限り，時間外労働は発生しない（事実上，時間外労働規制や時間外労働に係る割増賃金規制に服さない）ということになる。

98　第2章　専門業務型裁量労働制

せる形にしなければならない。

　なお，個人の時間外労働の上限規制については，仮にみなし労働時間が1日10時間で定められていたとしても，月20日の勤務でも月40時間の時間外労働にすぎず，法定休日労働（実労働時間）が極端に多いということがない限り，実際に上限を超える事態には至らないだろう。

ウ　時間外労働に係る割増賃金規制（労基法37条1項）

　1日8時間，週40時間の法定労働時間（労基法32条）を超える労働（時間外労働）をさせた場合には割増賃金を支払わなければならないところ（労基法37条1項），裁量労働制の下では，みなし労働時間が法定労働時間を超える部分を時間外労働として扱うこととなる。

　例えば，労使協定上のみなし労働時間が1日9時間の場合，実労働時間が何時間であっても（実労働時間が1日8時間以下だったとしても），みなし労働時間では1日の法定労働時間を1時間超えているため，当該1時間が時間外労働となり，割増賃金を支払わなければならない。

　なお，割増賃金の算定基礎となる「通常の労働時間」はみなし労働時間であると解されているため，割増賃金計算時の時間単価は**［月給額］÷［みなし労働時間］×［月平均所定労働日数］**により算出することとなる[91]。また，あらかじめ法定労働時間を超えたみなし労働時間を定めていることから，その時間外労働分も含めて賃金が決定されているものと解され，その時間外労働に対す

90　なお，個人の時間外労働の上限規制については，実労働時間により遵守しなければならないとするのが妥当であることを示唆する見解もあるが（荒木尚志ほか『注釈労働基準法・労働契約法　第1巻　総論・労働基準法(1)』（有斐閣，2023年）562頁），労働法36条6項自体が罰則の構成要件であり（労基法119条1号），罪刑法定主義の観点から実労働時間により遵守しなければならないことが明確である必要があるが，明文上，労基法第4章の労働時間に関する規定の適用に係る「労働時間の算定」において適用されるとしており（労基則24条の2の2第1項），労基法36条6項をその対象から除外していないことから，個人の時間外労働の上限規制を実労働時間により遵守しなければならないとする考え方は採用できない。

91　佐々木宗啓ほか『類型別労働関係訴訟の実務（改訂版）Ⅰ』（青林書院，2021年）244頁（Q85），荒木尚志ほか『注釈労働基準法・労働契約法　第1巻　総論・労働基準法(1)』（有斐閣，2023年）582頁，東京大学労働法研究会編『注釈労働基準法（下）』（有斐閣，2003年）668頁，土田道夫『労働契約法（第2版）』（有斐閣，2016年）360頁

る割増賃金の計算時においては，割増率は125%ではなく，25%になる（100%部分は元々賃金に含まれている）と解される[92][93]。そのため，最終的な計算式は【図表２−３】のとおりとなる[94][95]。

【図表２−３】時間外労働に対する割増賃金

［月給額］÷［みなし労働時間］×［月平均所定労働日数］×［25%］×［時間外労働時間数（みなし労働時間が法定労働時間を超えた部分）］

---

[92] 佐々木宗啓ほか『類型別労働関係訴訟の実務（改訂版）Ⅰ』（青林書院，2021年）244頁（Q85），荒木尚志ほか『注釈労働基準法・労働契約法 第１巻 総論・労働基準法(1)』（有斐閣，2023年）583頁。みなし労働時間を前提とした場合に時間外労働が月60時間を超える場合の割増率は50%となる（労基法37条１項ただし書）。なお，幻冬舎コミックス事件（東京地判平29.11.30労経速2337号16頁）においては，みなし労働時間が法定労働時間を超える部分について125%で割増賃金を計算しているが，本事案では被告（使用者）が月額賃金に月40時間の時間外労働に対する割増賃金相当額が含まれているという主張をしており，明確には割増率が25%である旨（100%部分は月額賃金に含まれている旨）の反論をしていないため，「あらかじめ法定労働時間を超えたみなし労働時間を定めていることから，その時間外労働分も含めて賃金が決定されている」という視点が欠けており，参考にできない。

[93] なお，臨時的に非対象業務に従事した時間（実労働時間）により時間外労働が発生した場合の割増賃金については，100%部分が元々賃金に含まれているという関係にはないため，125%で計算する必要がある。

[94] なお，これらの考え方は，前提として，労働契約の内容として，法定労働時間（１日８時間）を超える時間をみなし労働時間に設定し，それを所定労働時間とするものであるが，この点について，そもそも法定労働時間を超える時間を所定労働時間とすることは労基法32条に違反する契約内容として労基法13条により無効となり，所定労働時間が８時間に修正されるのではないか（それに伴い，「通常の労働時間」は８時間となり，時間単価は増加し，また，時間外労働に対する割増賃金における100%は支払われていないという関係になるのではないか）という疑義が一応考えられる。もっとも，この点については，36協定が締結されているのであれば，法定労働時間を超える時間を所定労働時間としても労基法13条に違反しないと解されるため（橘屋事件（大阪地判昭40.5.22判タ178号174頁）参照），36協定を締結していない場合でない限り，上記疑義は当たらないことになる（裁量労働制との関係では，みなし労働時間を８時間超で定めておきながら，36協定を締結していない企業は基本的にないだろう）。なお，これらの考え方は，あくまで労働契約の内容とされていることが前提となるが，みなし労働時間を８時間超で定めることで論理必然的にこれらの考え方が労働契約の内容として構成されていることにはならないため（石嵜信憲ほか『労働時間規制の法律実務（第２版）』（中央経済社，2022年）643頁），予防法務的には，念のため，就業規則（賃金規程含む）に「適用労働者の賃金はみなし労働時間の対価として支給する」旨を定めておくことも考えられる。

100 第2章 専門業務型裁量労働制

エ 深夜労働，法定休日

　裁量労働制の下でも，深夜労働（午後10時から翌日午前5時までの労働）に関する規定（労基法37条4項）や法定休日に関する規定（労基法35条）の適用は排除されない（昭和63年3月14日基発150号，平成12年1月1日基発1号）。

　そのため，法定休日労働や深夜労働については，実労働時間に応じた割増賃金を支払う必要がある[96][97]。また，法定休日に労働させる場合は，36協定を締結し，その範囲内で労働させなければならないとともに（労基法36条1項，2項），個人の時間外労働の上限規制においては，法定休日労働については実労働時間を前提として，時間外・休日労働が月100時間未満，2か月から6か月平均で月80時間以下の範囲内で労働させなければならない（労基法36条6項）。それゆえ，法定休日時間や深夜労働時間については，1分単位で正確に把握，記録しておく必要がある[98]。

　なお，割増賃金の割増率について，深夜労働においては，前記**ウ**の時間外労働と同様の考え方から25％となるが[99]，法定休日労働においては，時間外労働

95　なお，みなし労働時間を8時間超とする場合，固定残業代（時間外労働等の有無にかかわらず，割増賃金の支払に代えて一定額の手当を支払うもので，労基法37条に従って算出された額以上の割増賃金を支払っていれば，同条に基づく割増賃金の支払として認められるもの）を支給することで対応することも考えられるが，固定残業代が有効と認められるためには，①時間外労働等の対価（割増賃金）の趣旨で支払われていること（いわゆる「対価性の要件」），②所定内賃金部分と割増賃金部分とを判別できること（いわゆる「明確区分性の要件」）の2つの要件を充足する必要があると解されている（白石哲『労働関係訴訟の実務（第2版）』（商事法務，2018年）115頁以下）。また，労基法37条により算出される割増賃金額が固定残業代の金額を上回る場合には，その差額の割増賃金を当該賃金の支払期に別途支払う必要がある。

96　白石哲『労働関係訴訟の実務（第2版）』（商事法務，2018年）108頁，厚生労働省「専門業務型裁量労働制の解説」22頁。ただし，「通常の労働時間の賃金」（時間単価）は，時間外労働と同様，みなし労働時間により算出されるものを用いるものとされている（石嵜信憲ほか『労働時間規制の法律実務（第2版）』（中央経済社，2022年）645頁，647頁）。

97　所定休日（法定休日を除く）において対象業務に従事した場合の取扱い（みなし労働時間と実労働時間のいずれで算定することになるか）については議論があるが，みなし労働時間は，「業務の遂行に必要とされる時間」や「事業場における所定労働時間など，当該業務に従事する労働者の労働時間として算定される時間」で定めるものとされていることから（昭和63年1月1日基発1号，昭和63年3月14日基発150号，令和5年施行通達別添1），労使協定の規定内容いかんにかかわらず，労働提供義務のない日である所定休日に対象業務に従事したとしても，みなし労働時間の効果は生じないと解すべきであろう。

とは異なり，法定休日労働も含めて賃金が決定されているものとはいえないため，135％となる。まとめると，深夜労働と法定休日労働に対する割増賃金の計算式はそれぞれ【図表2－4】【図表2－5】のとおりとなる[100]。

【図表2－4】深夜労働に対する割増賃金の計算式

［月給額］÷［みなし労働時間］×［月平均所定労働日数］×［25％］×［深夜労働時間数（実労働時間）］

【図表2－5】法定休日労働に対する割増賃金の計算式

［月給額］÷［みなし労働時間］×［月平均所定労働日数］×［135％］×［法定休日労働時間数（実労働時間）］

オ　休憩時間（労基法34条）

　労基法上，労働時間が1日6時間を超える場合は45分以上，1日8時間を超える場合は1時間以上の休憩時間を与えなければならないが（労基法34条1項），裁量労働制の下では，「労働時間」をみなし労働時間として捉えるものと解されているため[101]，みなし労働時間が1日6時間又は8時間を超える場合は，45分以上又は1時間以上の休憩時間を与えなければならないこととなる。

98　法定休日や深夜労働のためだけに特別なことをする必要はなく，健康・福祉確保措置の前提として把握することとされている「労働時間の状況」の把握方法（**前記1⑴ア④**）と同様に，タイムカードやパソコンのログオン・ログオフ等で把握すればよい。

99　荒木尚志ほか『注釈労働基準法・労働契約法 第1巻 総論・労働基準法⑴』（有斐閣，2023年）583頁，東京大学労働法研究会編『注釈労働基準法（下）』（有斐閣，2003年）669頁

100　深夜労働や法定休日労働に対する割増賃金について，固定残業代（時間外労働等の有無にかかわらず，割増賃金の支払に代えて一定額の手当を支払うもので，労基法37条に従って算出された額以上の割増賃金を支払っていれば，同条に基づく割増賃金の支払として認められるもの）を支給することで対応することも考えられる。固定残業代の有効要件については**脚注95**で述べたとおりである。

101　荒木尚志ほか『注釈労働基準法・労働契約法 第1巻 総論・労働基準法⑴』（有斐閣，2023年）582頁

102　第2章　専門業務型裁量労働制

　なお，労基法上，休憩時間は一斉に付与しなければならないところ（労基法
34条2項本文・休憩時間の一斉付与の原則），裁量労働制の適用労働者についても同
規制は適用されるため，特例業種の場合[102]又は休憩時間の一斉付与の例外に
関する労使協定を締結している場合[103]でない限り，裁量労働制の適用労働者
にも他の労働者とともに休憩時間を一斉に付与しなければならない。**前記1(5)**
イのとおり，法令上の要請である以上，休憩時間の一斉付与の原則に基づいて
休憩時間を一斉に付与したとしても，時間配分の決定の裁量（対象業務該当
性）を否定する事情にはならないが，裁量労働制は時間配分の決定について裁
量を持って柔軟な働き方を行うことを想定した制度であることから，あくまで
実務上の取組みではあるが，裁量労働制の適用労働者について，休憩時間の一
斉付与の例外に関する労使協定[104]を締結することが望ましいだろう[105]。

カ　労働時間の通算

　労基法上，労働時間に関する規定を適用するにあたっては，事業場が異なる
場合でも，労働時間を通算する必要がある（労基法38条1項）。「事業場が異なる
場合」には，事業主を異にする場合も含まれると解されているため（昭和23年

102　労基法40条1項，労基則31条により，労基法別表1の4号（道路，鉄道，軌道，索道，
　　船舶又は航空機による旅客又は貨物の運送の事業），8号（物品の販売，配給，保管若し
　　くは賃貸又は理容の事業），9号（金融，保険，媒介，周旋，集金，案内又は広告の事業），
　　10号（映画の制作又は映写，演劇その他興行の事業），11号（郵便，信書便又は電気通信
　　の事業），13号（病者又は虚弱者の治療，看護その他保健衛生の事業），14号（旅館，料理
　　店，飲食店，接客業又は娯楽場の事業），官公署の事業については，労基法34条2項本文
　　の休憩時間の一斉付与の原則は適用されない。

103　事業場ごとに，過半数組合又は過半数組合がない場合は過半数代表者との間で，休憩時
　　間の一斉付与の例外に関する労使協定を締結した場合は，労基法34条2項本文の休憩時間
　　の一斉付与の原則は適用されない（労基法34条2項ただし書）。

104　**前記1(5)**のとおり，労使委員会等による協定代替決議によることも可能である。

105　法令上の要請である以上，休憩時間の一斉付与の原則に基づいて休憩時間を一斉に付与
　　したとしても，時間配分の決定の裁量（対象業務該当性）を否定する事情にはならないの
　　であるから（裁量労働制創設時に労基法34条2項を適用除外していないのであるから，裁
　　量労働制が適用された状態（裁量労働制の要件を満たしている状態）で休憩時間の一斉付
　　与の原則が適用されることを前提とするのが法の立場といえる），休憩時間の一斉付与の
　　例外に関する労使協定を締結することは法的義務又は裁量労働制の適用要件ではなく，あ
　　くまで運用上望ましい取組みにすぎない。

5月14日基発769号），労働者が別法人である使用者Xと使用者Yの下でそれぞれ勤務した場合には，両使用者の下における労働時間を通算する必要がある。

労基法の各規定のうち，労働時間を通算して適用される規定と通算されない規定は，【図表2－6】のとおりである（昭和23年10月14日基収2117号，令和2年9月1日基発0901第3号）。

【図表2－6】労働時間を通算して適用される規定と通算されない規定

通算して適用される規定	・法定労働時間（労基法32条，40条） ・個人の時間外労働の上限（労基法36条6項2号，3号） ・割増賃金（労基法37条）
通算されない規定	・一般条項の限度時間（労基法36条4項） ・特別条項の特別延長時間（労基法36条5項） ・休憩（労基法34条），休日（労基法35条） ・年次有給休暇（労基法39条）

労働時間の原則的な通算方法としては，「労働契約の締結の前後の順」で「所定労働時間」を通算した上で（ステップ1），「実際に発生した所定外労働の発生順」で「所定外労働時間」を通算し（ステップ2），ステップ1・2のいずれかのタイミングで法定労働時間（1日8時間，週40時間）を超えた部分（時間外労働）が発生した場合は，それを発生させた使用者（法定労働時間というゴールテープを切った使用者）における時間外労働と取り扱われることとなる（令和2年9月1日基発0901第3号）[106]。

そして，裁量労働制が適用される労働者が副業・兼業を行う場合は，上記の通算方法を前提として，ステップ1の「所定労働時間」についてはみなし労働時間を用いて通算することとなる（ステップ2の「所定外労働時間」は裁量労働制の下でも実労働時間が発生する場合（法定休日労働等）における当該実労働時間が想定される）[107]。

---

[106] 一方の使用者における時間外労働と取り扱われることとなった場合，当該使用者は，当該時間外労働に対して割増賃金を支払わなければならず（労基法37条），また，当該使用者は，当該時間外労働をさせる上で，36協定の締結や時間外労働の上限規制の遵守が必要となる（労基法36条）。

104　第2章　専門業務型裁量労働制

キ　年次有給休暇

　裁量労働制は，「法第4章の労働時間に関する規定」の適用において，みなし労働時間を労働したものとみなす制度であり（労基則24条の2の2第1項），年次有給休暇に関する規定（労基法39条）は通常どおりに適用される。

　まず，年次有給休暇の取得の効果として，「年休日における労務提供義務の免除」がある。年次有給休暇の取得単位は原則として1日であり，この1日は原則として暦日（午前0時から継続した24時間）であるため，年休日においては，裁量労働制の適用労働者であっても労務提供義務はない。なお，半日単位年休（行政解釈）や時間単位年休（労基法39条4項）についても，裁量労働制の適用労働者との関係で適用除外されているわけではないため，理論上は適用されるが，裁量労働制の適用労働者には時間配分の決定（始業及び終業時刻の決定を含む）に関する裁量があるため，特定の時間帯に半日単位年休や時間単位年休を取得して労務提供義務の免除を受けずとも，適用労働者自身の判断により，特定の時間帯は労働しないという対応[108]は可能である（その上，その日の別の時間帯に対象業務に従事すれば，実労働時間にかかわらず，みなし労働時間を労働したものとみなされる[109]）。そのため，労務提供義務の免除という効果との関係では，裁量労働制の適用労働者にとって，半日単位年休や時間単位年休を取得する実益はない（単に観念的に年休日数を消化する結果にしかな

107　厚生労働省「副業・兼業における労働時間の通算について（労働時間通算の原則的な方法）」5頁

108　裁量労働制の適用労働者においては，時間配分の決定（始業及び終業時刻の決定を含む）に関する裁量があるため，例えば，ある日の10時から13時まで通院や役所の手続のために不在にしており，14時から19時まで対象業務に従事し（実労働時間は5時間だが，みなし労働時間は8時間であるため，8時間を労働したものとみなされる），午前中に仕事ができなかった分，業務の進捗が遅れたので，次の日に10時間ほど働いてその遅れを調整する（この場合もあくまで8時間を労働したものとみなされる），といった働き方が法制度上可能なのであり，わざわざ10時から13時まで通院や役所の手続のために半日単位年休や時間単位年休を取得する実益はないことになる。

109　なお，労基法上，半日単位年休や時間単位年休には，みなし労働時間の時間数を減らす法的効果はない（裁量労働制は，労働に従事した際の労働時間の算定を実労働時間ではなくみなし労働時間により行う制度にすぎない。そのため，年次有給休暇を取得した際に既発生の実労働時間が削減されないのと同様に，既発生のみなし労働時間を削減する効果はない）。

らない）[110]。

　次に，年次有給休暇の取得の効果として，「法所定の賃金請求権の発生」がある。年次有給休暇により支払うべき賃金は，①平均賃金，②所定労働時間労働した場合に支払われる通常の賃金のいずれかを就業規則その他これに準ずるもので定めた上で支払う，又は，③健康保険法による標準報酬月額の30分の1に相当する金額を労使協定で定めた上で支払う必要があるが（労基法39条9項），前述のとおり，年次有給休暇に関する規定（労基法39条）は，適用労働者との関係でも通常どおり適用される（上記②において，「みなし労働時間」は用いられず，就業規則で定めた所定労働時間相当分の賃金を支払うこととなる）。なお，議論があり得るところではあるが，半日単位年休や時間単位年休の取得により，半日分又は時間分の賃金請求権が発生するところ（労基則25条2項，3項参照），その日のうちに対象業務に少しでも従事すれば，みなし労働時間を労働したものとみなされ，（みなし労働時間との関係で設定されている）賃金も通常どおり支払われることになるため，結果的に，その月に支払われる賃金額は，毎月の賃金額よりも半日分又は時間分の賃金分多くなることになると考えられる。そのため，賃金請求権の発生という効果との関係では，裁量労働制の適用労働者にとって，半日単位年休や時間単位年休を取得する実益はあることになる（もっとも，年次有給休暇の制度趣旨（心身の疲労回復や仕事と生活の調和の実現）とは相容れない帰結ではあり，立法的解決に期待したい[111]）。

110　この点は，育介法上の各休暇等についても同様である（詳細は**第4章の4（171頁以降）**を参照されたい）。

111　この現象は裁量労働制固有のものではなく，裁量労働制以外の場合でも生じ得る。水町勇一郎『詳解 労働法（第3版）』（東京大学出版会，2023年）787頁でも「例えば，所定労働時間が1日8時間の労働者（8時から17時まで〔1時間の休憩あり〕）が午前中4時間分の年休を取得し，13時から22時まで1時間分の休憩をはさんで8時間働いた場合，労働者は8時間働いて12時間分の賃金をもらうことになり，休暇をとらずにお金で年休を買い取ったことと同じ結果となる」と指摘されている（同様の現象は変形労働時間制やフレックスタイム制でも生じるし，1日単位の年次有給休暇の取得の場合でも，1日分の所定休日労働をすれば同様の現象が生じる）。裁量労働制についても，「13時から22時まで1時間分の休憩をはさんで8時間働いた場合」が「対象業務に従事して8時間働いたものとみなされる場合」に取って代わるだけで，上記指摘と同様の現象が生じることとなると考えられる。

106　第2章　専門業務型裁量労働制

3　導入後の対応

(1)　同意の撤回

ア　同意の撤回の法的効果

　前記1(1)ア⑦のとおり，専門業務型裁量労働制に関する労使協定において，同意の撤回に関する手続を定めることになる。適用労働者から裁量労働制の適用を解除する場合には，**前記1(1)ア⑦のとおり**，労使協定及び労働契約（就業規則等）に従い，適用労働者から同意の撤回がなされることが想定される。

　同意の撤回の法的性質（協定事項にすぎないか，それとも実体法上の撤回権があるのか）については，同意の法的性質（**第3章の1(4)ア（142頁）**）と同様のことが当てはまり，結論としては，実務上，実体法上の撤回権があることを前提に対応，運用したほうがよいと考えられる。これを前提とすると，同意の撤回がなされた場合には，当該労働者に対しては，専門業務型裁量労働制を適用することはできず（すなわち，みなし労働時間によって労働時間を算定することはできず），実労働時間によって労働時間を算定する必要がある。

　なお，同意の撤回について，過度に重い手続を設けたり，同意の撤回の申出から適用解除予定日まで過度に長期な期間を設けたりした場合には，かかる手続や期間は公序良俗（民法90条）に反し無効であると判断され，手続や期間といった条件が付されていない同意の撤回として，同意の撤回の意思表示がなされた日（労働者が同意の撤回の効力が生じると指定した場合はその日）から，専門業務型裁量労働制の適用が解除されることになると解される。そのため，**前記1(1)ア⑦のとおり**，同意の撤回の申出の時期と専門業務型裁量労働制の適用が解除される時期については，最大でも1か月程度の期間内に収まる範囲で，各企業において，人事労務管理上その期間が必要であることを合理的に説明できるようにしておくことが重要である。

イ　同意の撤回を理由とする不利益取扱いの禁止

　使用者は，適用労働者が同意を撤回した場合の配置及び処遇について，同意

の撤回を理由として不利益に取り扱うものであってはならない（令和5年施行通達第2の1）。具体的には，専門業務型裁量労働制の適用労働者が同意を撤回した場合において，そのことを理由として，賃金減額，配置転換，降格，解雇等の不利益取扱いをすることは禁止される。仮に当該不利益取扱いをした場合には，具体的な事実関係によっては，その不利益取扱い（例えば，賃金減額，配置転換，降格，解雇等）が公序良俗違反（民法90条）により私法上無効となる可能性があるほか[112]，不利益取扱いにより労働者が精神的苦痛を受けた場合には不法行為に基づく損害賠償請求権（民法709条）が生じる可能性がある。

　企業によっては，裁量労働制の適用労働者か否かによって配置や給与体系が異なる場合もあり，特に給与体系については，適用労働者よりも非適用労働者のほうが，給与の水準が低い場合，同意の撤回を理由とする不利益取扱いではないかという疑義が生じる。この点，適用労働者には，成果主義的な給与体系，非適用労働者には実労働時間をベースとする給与体系とすることは，裁量労働制の制度趣旨（**第1章の3（5頁）**）にも沿うものであり，その給与体系の運用上，後者のほうが給与の水準が低いこと自体は必ずしも不合理とはいえず，また，同意の撤回を「理由として」不利益取扱いを行うことが禁止されているというのは，同意の撤回を契機として，そのことのみをもって不利益取扱いを行うことを禁止する趣旨であると解されるから，あらかじめ適用労働者と非適用労働者の労働条件（給与体系）が定められており，それに従って運用している範囲においては，かかる労働条件自体が明らかに合理性のないものでない限り，同意の撤回を理由とした不利益取扱いに当たらないと考えられる[113]。それゆえ，行政解釈においても，「裁量労働制適用前に，あらかじめ労働契約（個

---

112 同意の撤回を理由とする不利益取扱いは，あくまで行政通達により示された取扱いであるため，当然ながら法的効力を有するものではないが，同意の撤回を理由とするものであることを基礎づける事情は，その不利益取扱いが公序良俗違反（民法90条）であることを基礎づける事情（評価根拠事実）として考慮され得るものと考えられる。

113 益原大亮「『裁量労働制』制度改正（令和6年4月施行）の実務解説―厚生労働省の立案担当者解説（上）」ビジネス法務2024年2月号62頁。基本的には，同意の撤回をしたことを理由とする明らかに合理性のない労働条件というのは，労契法7条における就業規則の合理性自体が否定されるといった限定的な場面であると解される（その場合，労契法7条の要件を満たさず，その労働条件が契約の内容にならないという処理がなされるだろう）。

別の労働契約や就業規則等）の内容として，適用労働者と非適用労働者の等級とそれに基づく賃金額や，適用労働者のみ支給対象の手当が定められている場合には，撤回後の労働条件は当該労働契約の内容に基づき決定されるものであるから，その内容が明らかに合理性のないものでない限り，撤回を理由とする不利益取扱いには当たらない」としている（令和5年Q&A 2 - 3）。実務上は，就業規則（賃金規程含む）において，適用労働者と非適用労働者のそれぞれの等級に基づく賃金額を明確にしておくことや，適用労働者に対してのみ支給することを予定している手当（裁量労働手当等）がある場合には当該手当の支給要件としてその旨を定めておくなど，適用労働者が同意を撤回したことにより非適用労働者となった場合の労働条件をあらかじめ定め，労働契約の内容にしておくことが考えられる[114]。

なお，賃金以外の労働条件も同様であり，例えば，適用労働者と非適用労働者とで，所属部署や担当業務が異なることをあらかじめ就業規則，業務分掌規程等で定めておくことが考えられる。もっとも，この点を詳細に定めておくことは実務上難しい場合も想定されることから，少なくとも，同意の撤回後にどのような部署，業務とするかについて，その基本的な取扱いをあらかじめ就業規則に定めておくことが考えられる。

(2) 適用解除

適用労働者による同意の撤回により，裁量労働制の適用が解除される場合とは異なり，使用者による適用解除により，裁量労働制の適用が解除される場合も想定される。典型的には，健康・福祉確保措置としての適用解除（**前記1(1)**

---

[114] すでに裁量労働制を導入している企業において，同意の撤回に備えて就業規則（賃金規程を含む）の整備を行う場合であって，既存の労働者との関係で就業規則の不利益変更（労契法10条）に該当するときは，同条の要件を満たす必要がある点は留意されたい。もっとも，例えば，従前より，就業規則（賃金規程含む）において，適用労働者と非適用労働者に適用される給与テーブルが異なる場合や適用労働者のみに裁量労働手当が支給される形となっていた場合，同意の撤回により裁量労働制が適用されなくなり，非適用労働者の給与テーブルが適用されて基本給が下がったり，裁量労働手当が支給されなくなったりするとしても，元々の労働契約の内容（労働条件）に基づく効果にすぎず，それ自体は労働条件の不利益変更ではなく，また，前述のとおり同意の撤回を理由とする不利益取扱いにも当たらない。

ア④）であるが，勤務実績，勤務成績その他事情から，当該適用労働者に対する専門業務型裁量労働制の適用が適当ではない場合も適用を解除することが考えられる。もっとも，使用者側から一方的に裁量労働制の適用を解除できるかについては議論がある。

　この点，オリンパス事件（東京高判平28.4.14ジャーナル55号35頁）は，配転命令権の有効性が争われた事案において，労働契約上の職種は研究開発職に限定されていないことから，裁量労働制の適用のない職種を担当することは労働契約上予定されている上，裁量労働制に伴う加算賞与の額は，変動し得るものであり，評価によって全く支給されないこともあること，一方，現在の給与額をベースにすれば，月平均10時間程度の残業が発生すれば，超過勤務手当の額は年間60万円を超えることとなり，裁量労働制の対象から外れたことでかえって全体の給与額が増加する可能性があることから，配転命令権の行使により裁量労働制の適用が解除され，加算賞与の額が支払われなくなったとしても，通常甘受すべき程度を著しく超える不利益に当たらず，配転命令権の有効性に影響を及ぼさないと判断している。オリンパス事件では，職種限定合意がない中で，裁量労働制が適用されない職種への配置転換により，裁量労働制の適用が解除される（配置転換権の行使自体による効果というよりも，配置転換に伴って裁量労働制の適用範囲（職種）から外れたため，裁量労働制の適用が契約上当然に解除された）という構成を前提にしていると考えられる[115]。

　一方，日立コンサルティング事件（東京地判平28.10.7労判1155号54頁）[116]は，使用者が労働者の同意を得ずに，労使協定の定めにより，裁量労働制の適用から除外した事案において，新卒者ではなく，4回にわたる面接その他の審査でコ

---

[115] 配転命令権の有効性については，①労働契約上の根拠があるか，②権利濫用と評価されるかという2段階で審査されることとなり，上記②については，㋐業務上の必要性がない場合，㋑不当な動機・目的がある場合，㋒労働者に対して通常甘受すべき程度を著しく超える不利益を負わせる場合のいずれかに該当する場合には，配転命令権の濫用と判断される（東亜ペイント事件（最判昭61.7.14労判477号6頁））。オリンパス事件においても，配転に伴い，裁量労働制の適用が解除されたことによる不利益性（加算賞与の不支給）が，上記②の㋒との関係で配転命令権の濫用を基礎づけるか否かという観点からの審理がなされている。

[116] 控訴審（東京高判平29.6.1D1-Law.com判例体系28254926）も同判断を維持。

110　第2章　専門業務型裁量労働制

ンサルタントとしての能力，経歴等を審査された上，個別労働契約で裁量労働制の適用及び裁量手当を含む年俸が決定され，役職も「シニアコンサルタント」とコンサルタント業務に従事する社員限定の職名が付せられていたという事情があり，労働者における裁量労働制の適用及びこれによる賃金の優遇に対する期待は高いと述べた上で「個別的労働契約で裁量労働制の適用を定めながら，使用者が労働者の個別的な同意を得ずに労働者を裁量労働制の適用から除外し，これに伴う賃金上の不利益を受忍させるためには，一般的な人事権に関する規定とは別に労使協定及び就業規則で裁量労働制の適用から除外する要件・手続を定めて，使用者の除外権限を制度化する必要があり，また，その権限行使は濫用にわたるものであってはならないと解される」，「裁量労働制に関する労使協定は，労働基準法による労働時間の規制を解除する効力を有するが，それだけで使用者と個々の労働者との間で私法的効力が生じて，労働契約の内容を規律するものではなく，労使協定で定めた裁量労働制度を実施するためには個別労働契約，就業規則等で労使協定に従った内容の規定を整えることを要するから，労使協定が使用者に何らかの権限を認める条項を置いても，当然に個々の労働者との間の労働契約関係における私法上の効力が生じるわけではない」と述べ，当該事案においては労使協定に従った個別労働契約，就業規則等は整えられておらず，また，使用者と労働者との間で黙示に労使協定の内容に従った合意が成立していると推認することもできないと判断した。

　これら裁判例を整合的に整理することは容易ではないものの，理論的には，①裁量労働制の適用範囲（業務，部署，等級等）が労働契約の内容として明確に定められている場合は，裁量労働制の適用解除に関する規定自体はなくとも，人事権行使（配置転換や人事考課）によりその適用範囲の前提となる事情に変更が生じれば，その人事権行使が有効であることを前提に，裁量労働制の適用も当然に解除される（人事権の行使による配置転換等により，労働契約上の裁量労働制が適用される要件を満たさなくなり，（労働者の個別の同意等なく）裁量労働制の適用が解除される）ことになるが，②個別の能力，経歴等を勘案し裁量労働制の適用及び手当を含む賃金が個別労働契約で定められており賃金の優遇に対する期待が高いという前提はあるものの，個別的労働契約で裁量労働制の適用を定めた場合においては，一般的な人事権に関する規定とは別に，

3　導入後の対応　111

裁量労働制の適用解除に関する契約上の根拠規定が必要となる（人事権行使により①のロジックで適用解除とすることはできない）と考えることができる。

　もっとも，これら裁判例[117]が存在するように，実際に訴訟に発展した事例があることや[118]，これら裁判例は専門業務型裁量労働制に関する労使協定事項として労働者の同意が追加される前の事例であり，労働者が同意した上で裁量労働制が適用されるという現行制度の下では，より労働者の意思を尊重した司法判断がなされる可能性があることも否定できないことを踏まえれば，予防法務の観点から，使用者から一方的に同制度の適用を解除できるよう，就業規則にその権限を定めておくことに越したことはない。そのため，実務上は，就業規則[119]において，健康状態，勤務実績，勤務成績その他の事情から，使用者が適用労働者に対する専門業務型裁量労働制の適用が適当ではないと認める場合には，適用を解除できる旨の適用解除の根拠規定を定めておくべきであろう（**巻末資料４の１**）。また，日立コンサルティング事件を踏まえれば，実際に適

---

[117] その他，配転命令に伴い裁量労働制の適用が解除された事案を取り扱った裁判例として，テクノマセマティカル事件（東京地判平29.2.24労判1191号84頁），レコフ事件（東京地判平29.2.23判例秘書 L 07231039）がある。また，コナミデジタルエンタテインメント事件（東京地判平23.3.17労判1027号27頁）においては，従業員が育児休業後に復職したところ，その同意なく企画業務型裁量労働制の適用対象から外された事案について，当該会社における育児短時間勤務の措置は，小学校就学の始期に達するまでの子を養育するために，所定労働時間を短縮した一定の時間だけ勤務するというものであり，業務遂行の時間配分に関する裁量性がなく，また，労働時間が短縮されるのであるから，短縮された一定の労働時間しか労働しない者にみなし労働時間分の労働をしたものと扱うのは不合理であること，被告会社において育児短時間勤務の措置を定めた育休規定には，同措置を受ける間は，就業規則に定める時間管理区分の見直しを行うことがあると定めていることから，育児短時間勤務の措置を受ける者は企画業務型裁量労働制の対象者とすることを予定していないものと解されるため，就業規則及び育児規定に基づいて行われたものとして人事権を濫用したとはいえないと判断している（控訴審（東京高判平23.12.27労判1042号15頁）も同判断を維持）。

[118] 企業によっては，裁量労働制が適用されていることが一種のステータスになると考えている労働者も少なくなく，業務遂行や労働時間の裁量を与えられていることや，非適用労働者よりも給与額が高い場合が多いこともあって，同制度の適用から外されることに否定的な労働者も少なくないため，裁量労働制の適用を解除することにより紛争が発生する可能性は決して低くはないだろう。

[119] 労使協定には私法上の効力はないため，労使協定のみに定めたとしても（就業規則に附属させてその一部にするのでない限りは），裁量労働制の適用解除の契約上の根拠規定とはなり得ない。

112　第2章　専門業務型裁量労働制

用解除を実施する際は，各事案における具体的な事情等を踏まえ，その権限行
使が濫用にわたるものでないようにすることが必要である[120]。

(3)　実態把握（定期的なモニタリング）

ア　労使協定の見直し

労使協定の内容は一定の期間ごとに見直すことが適当であるとされており，
使用者は，労使協定の内容を見直す場合には，当該事業場における適用労働者
に適用される評価制度及びこれに対応する賃金制度の運用状況（当該事業場の
実情に応じて，例えば適用労働者の賃金水準や，専門業務型裁量労働制適用に
係る特別手当の実際の支給状況，適用労働者の実際の評価結果の状況などをま
とめた概要等）を過半数組合又は過半数代表者に対して開示することが適当で
あるとされている（令和5年施行通達第2の4(6)イ）。

イ　労使委員会の導入

専門業務型裁量労働制を導入するにあたっても，その運用期間中においても，
定期的に実施状況に関する情報を把握し，適用労働者の働き方や処遇が専門業
務型裁量労働制の趣旨に沿ったものとなっているかを把握・調査審議し，必要
に応じて運用の改善を図る等の観点から，労使委員会を活用することが望まし
いとされている（令和5年施行通達第2の4(6)ア）。

そのため，労使委員会による協定代替決議により専門業務型裁量労働制を導
入する場合（**前記1(1)オ①**）は，その労使委員会において，企画業務型裁量労
働制に関し企画指針で示されたものと同様の対応（モニタリング）を行うこと
が適当であるとされている（令和5年施行通達第2の4(6)ア）。その詳細について
は，**第3章の3(3)（160頁）**を参照されたい。

---

120 裁判例として，人事上の降格処分により，企画業務型裁量労働制の適用対象のグレード
　　から適用対象外のグレードになり，企画業務型裁量労働制の適用から外れた事案について，
　　裁量労働制適用者に月12万2,700円の裁量労働手当が支払われていた中，裁量労働制の適
　　用外となり，同手当を含め年収約200万円の減収を伴う大きな不利益をもたらす処分であ
　　ることから，権限の裁量の範囲を逸脱したものとして降格処分を無効としたものがある
　　（東京地立川支判平24.8.29D1-Law.com判例体系28214096）。

⑷ 記録の作成及び保存

　使用者は，①健康・福祉確保措置の実施状況，②苦情処理措置の実施状況，③適用労働者の同意及びその撤回について，労働者ごとの記録を作成し，専門業務型裁量労働制に関する労使協定の有効期間中及び有効期間満了後３年間保存しなければならない（労基則24条の２の２の２，71条）[121]。

　これらの事項の保存は協定事項（労基法38条の３第１項６号，労基則24条の２の２第３項４号，71条）としても規定されているが（**前記１⑴ア⑨**），それに加えて実際に記録の作成及び保存を行うべき義務としても規定されている（協定事項にとどまらず，使用者の義務としても構成されている）。そのため，記録の作成及び保存を怠れば，「労基則24条の２の２の２違反」として労働基準監督署の監督指導の対象となる[122]。

　記録の保存の方法は，書面のみならず，電磁的記録による保存も可能であり，電磁的記録による保存を行う場合には，「厚生労働省の所管する法令の規定に基づく民間事業者等が行う書面の保存等における情報通信の技術の利用に関する省令」の取扱いに準じることになる（令和５年Q&A８−１）。具体的には，作成された電磁的記録，又は，書面に記載されている事項をスキャナ（これに準ずる画像読取装置を含む）により読み取ってできた電磁的記録を，電子計算機に備えられたファイル又は電磁的記録媒体をもって調製するファイルにより保存する方法である。端的にいえば，PCで作成したWord，Excel，PDF等又は紙媒体の記録をスキャナでスキャンしてできたPDFを，PCやUSB等で保存するということである。実務上は，PC内でWordやExcelで記録を作成し，そのPC内で保存しておけばよい。

⑸　健康・福祉確保措置，苦情処理措置の実施

　専門業務型裁量労働制においては，**前記１⑴ア④⑤**のとおり，健康・福祉確

---

[121] 記録の保存期間について，労基則24条の２の２の２は「５年間」としているが，労基則71条により，当分の間，「３年間」とすることとされている。

[122] なお，これらの規定は法の委任を受けていないため（いわゆる実施省令），専門業務型裁量労働制の法的効果に影響を与えるものではなく，また，罰則も設けられていない。

114　第2章　専門業務型裁量労働制

保措置と苦情処理措置は協定事項となっているものの，実際にかかる措置を講じていることは，条文上有効要件とはなっていない（労基法38条の3第1項柱書）。

　各措置の実施を有効要件とすることは刑罰法規の解釈として困難であること及び各措置は裁量労働制の根幹ではなく制度付随的なものであることから，各措置の不実施は裁量労働制の適用を否定する事由とはならないとする見解が有力である[123]。高度プロフェッショナル制度を規定した労基法41条の2第1項ただし書のように適用要件の形で定められていないことも踏まえると，健康・福祉確保措置や苦情処理措置が実際に講じられることは適用要件ではないと解すべきであろう。

　もっとも，健康・福祉確保措置や苦情処理措置の不実施については，安全配慮義務違反を基礎づける事情になり得るものと考えられる[124]。安全配慮義務とその違反の有無は，個別の事案において具体的に判断されるものであることから，健康・福祉確保措置及び苦情処理措置を講じていなかったとしても，そのことのみをもって安全配慮義務違反の可能性が高まるといった私法上の効力への影響はただちには想定されないが，具体的な事実関係の1つとして，健康・福祉確保措置や苦情処理措置の不実施という事実は考慮され得るだろう（適用労働者の長時間労働に起因する精神疾患等が問題となった場合を想定すると，健康・福祉確保措置や苦情処理措置を講じていなかった場合には，労働者側からは，安全配慮義務違反を基礎づける事情として，それらの措置を講じていなかったことが主張されることは容易に想像でき，また，裁判所の心証に影響を与える可能性も否定できない）。そのため，健康・福祉確保措置や苦情処理措

---

[123] 荒木尚志ほか『注釈労働基準法・労働契約法　第1巻　総論・労働基準法(1)』（有斐閣，2023年）579頁等。なお，裁量労働制の運用において，成果主義賃金・人事とリンクする制度であるにもかかわらず，人事考課が適切に行われず，また，過重なノルマを課したり，裁量労働制の本旨にそぐわない労働時間管理が行われ，裁量性が形骸化し，その結果として長時間労働やサービス残業の弊害が生じるといった運用面の問題が発生し得るところ，健康・福祉確保措置や苦情処理措置は，このような問題点に対処するための規律であり，その適正な運用を促すための規制を講じるべきであるとして，各措置を裁量労働制の適法化要件に位置づけるべきとする見解もある（土田道夫『労働契約法（第2版）』（有斐閣，2016年）365頁）。

[124] 荒木尚志ほか『注釈労働基準法・労働契約法　第1巻　総論・労働基準法(1)』（有斐閣，2023年）580頁

置を講じていないことにより，専門業務型裁量労働制の適用が否定されないとしても，使用者としては，各措置を十分に講じる必要があるだろう。また，安全配慮義務との関係では，行政解釈で示されている内容（**前記 1 ⑴ ア ④ ⑤**）に沿った対応を含め，各事業場や労働者の実情に沿った効果的な各措置の体制を整備するとともに，勤務状況等を適時適切に把握し，必要に応じて個別にケアすることが重要である（健康・福祉確保措置や苦情処理措置を講じていたからといって，そのことをもって，常に使用者の安全配慮義務が尽くされているということにもならないため，健康・福祉確保措置や苦情処理措置を講じつつも，各事業場や労働者の実情に沿った対応を怠ることのないように留意されたい）。

第3章

企画業務型裁量労働制

118　第3章　企画業務型裁量労働制

　企画業務型裁量労働制は，労基法に定められた企画立案調査分析の業務に従事する労働者について，実際の労働時間（実労働時間）にかかわらず，あらかじめ労使委員会で定めた時間（みなし労働時間）を労働したものとみなす制度である（労基法38条の4）。

　専門業務型裁量労働制と同様，例えば，労使委員会でみなし労働時間を1日8時間と定めた場合，実際には1日7時間労働した日でも1日9時間労働した日でも，1日8時間労働したものとみなされる。

　企画業務型裁量労働制の導入までの流れとしては，①労使委員会決議（**後記1(1)**），②労働基準監督署長への労使委員会決議の届出（**後記1(2)**），③労働契約上の根拠を定めること（**後記1(3)**），④労働者の同意取得（**後記1(4)**），⑤対象労働者を対象業務に就かせること（**後記1(5)**）の5ステップがある。そして，これらのステップを踏むことにより，企画業務型裁量労働制が適用され，みなし労働時間という法的効果が生じることとなる（**後記2**）。

　また，企画業務型裁量労働制の導入後の対応として，①同意の撤回（**後記3(1)**），②適用解除（**後記3(2)**），③労使委員会による制度の実施状況に係るモニタリング（**後記3(3)**），④記録の作成及び保存（**後記3(4)**），⑤労働基準監督署長への定期報告（**後記3(5)**），⑥健康・福祉確保措置，苦情処理措置の実施（**後記3(6)**）がある。

　なお，企画業務型裁量労働制においては，対象業務に従事する労働者の適正な労働条件の確保を図るために，労働政策審議会の意見を聴いて，労基法38条の4第1項各号に掲げる事項その他同項の委員会が決議する事項について指針を定め，これを公表するものとしており（労基法38条の4第3項），これを受けて企画指針が設けられている。企画指針においては，労基法38条の4第1項各号に掲げる事項について，「(1)当該事項に関し具体的に明らかにする事項」と「(2)留意事項」がそれぞれ定められているが，企画指針第3の4(1)ロに規定する事項（健康・福祉確保措置の各措置内容）を除き[1]，「(1)当該事項に関し具体

1　企画指針第3の4(1)ロに規定する事項は，健康・福祉確保措置として適切なものを示したものであり，各事業場の実情に応じ，当該事項とは異なる健康・福祉確保措置の決議をした場合に企画業務型裁量労働制の効果が生じないというものではないとされている（平成12年3月28日基発180号，令和5年施行通達別添7）。

的に明らかにする事項」に反した決議[2]がなされた場合には，企画業務型裁量労働制の適用は否定される（平成12年３月28日基発180号，令和５年施行通達別添７）。企画指針自体は，労使委員会の委員をはじめとする対象事業場の労使関係者に向けた「ガイドライン」であって，それ自体が法的な拘束力を持つものではないが[3]，「(1)当該事項に関し具体的に明らかにする事項」は労基法38条の４第１項各号に係る行政解釈として機能し，その結果，「(1)当該事項に関し具体的に明らかにする事項」に反する決議は，同項各号に反する決議として無効になると解されることとなる[4][5]。

2　あくまで「(1)当該事項に関し具体的に明らかにする事項」に反した決議が全体として無効となる結果，裁量労働制の効果が生じないのであって，決議後に「(1)当該事項に関し具体的に明らかにする事項」に反した運用が明らかになったとしても，そのことのみをもって企画業務型裁量労働制の適用はただちには否定されない（企画指針自体が法的拘束力を有しておらず，また，「(1)当該事項に関し具体的に明らかにする事項」は決議事項の解釈を示すものにすぎない）。

3　厚生労働省労働基準局編『令和３年版 労働基準法 上』（労務行政，2022年）612頁。企画指針を策定すること自体は労基法38条の４第３項の要請ではあるが，労基法38条の４は，その要件・効果を企画指針に定めることまでは委任していないため，講学上，企画指針は，「法規命令」ではなく「行政規則」に当たる（塩野宏『行政法Ｉ（第６版）』（有斐閣，2015年）111頁以下）。なお，同じ告示という形式であっても，対象業務告示は，労基法38条の３第１項１号が委任する労基則24条の２の２第２項６号により委任されているため（法の委任を受けているため），講学上，「法規命令」に当たる。

4　厚生労働省労働基準局編『令和３年版 労働基準法 上』（労務行政，2022年）612頁も「指針の中で，本条に規定する事項に関し「具体的に明らかにする事項」としてその解釈等を規定する部分に反して本条第１項の決議がなされた場合等は，法の規定自体に反することとなる」と述べている。なお，講学上の「行政規則」であるため，裁判所はこれに拘束されることはなく，独自に法令の解釈・適用を行うことができるため，正確には，労働基準監督署との関係において，企画指針に従った法違反の判断がなされ得るということになるが，実務上，裁判所も行政解釈に従って判断することも少なくないため，裁判所との関係においても，事実上，企画指針に従った法違反の判断がなされ得ることになるだろう。

5　なお，企画指針の中では，「(2)留意事項」を中心に「望ましい」，「適当である」といった表現がなされているが，厚生労働省の行政通達等における表現方法として，それに反することが法令違反となるものではないものの，実運用としては適切ではない事項について，使用者の取組みを促すためこれらの表現を使うことがある（他の行政機関でも同様）。そのため，当該事項に反した実運用がなされたとしても，法令違反とはならないため労働基準監督署から是正勧告（是正勧告書の交付）がなされるまでには至らず，指導（指導票の交付）にとどまるのが通常である。

1 適用までの流れ

(1) 労使委員会決議

　企画業務型裁量労働制を導入するためには，使用者は，事業場ごとに，「賃金，労働時間その他の当該事業場における労働条件に関する事項を調査審議し，事業主に対し当該事項について意見を述べることを目的とする委員会」（**労使委員会**）を設置し[6]，**後記ウ**の決議事項について，労使委員会の5分の4以上の多数による議決により決議しなければならない（労基法38条の4第1項柱書）。

　労使委員会決議は，企画業務型裁量労働制の適用要件であることから，決議自体が行われていない場合や適法な決議でない場合は，企画業務型裁量労働制は適用できず，みなし労働時間の効力は生じない。

ア　労使委員会の要件

　労使委員会の要件として，①委員要件，②議事録要件，③運営規程要件があり，これら3つの要件を満たした労使委員会による決議でなければ，企画業務型裁量労働制の適用要件を満たさないこととなる。

①　委員要件（労使委員会における労働者側委員の指名）

　労使委員会の委員の半数を構成する労働者側委員は，事業場ごとに，過半数組合又は過半数組合がない場合は過半数代表者により，任期を定めて指名される者でなければならない（労基法38条の4第2項1号）[7]。任期の限度について，

6　なお，企画指針では，「労使委員会においては，企画業務型裁量労働制が制度の趣旨に沿って実施されるよう，賃金，労働時間その他の当該事業場における労働条件に関する事項を調査審議し，この指針の内容に適合するように法第38条の4第1項各号に掲げる事項を決議するとともに，決議の有効期間中も，定期的に制度の実施状況に関する情報を把握し，対象労働者の働き方や処遇が制度の趣旨に沿ったものとなっているかを調査審議し，必要に応じて，運用の改善を図ることや決議の内容について見直しを行うことが求められる。委員は，労使委員会がこうした役割を担うことに留意することが必要である」とされている（企画指針第4の1）。

法令及び企画指針では定められていないが，過度に長期にわたるものは適当でないとされており（平成13年１月１日基発１号），専門業務型裁量労働制に関する労使協定の有効期間を３年以内とすることが望ましいとされていることに鑑み（平成15年10月22日基発1022001号，令和５年Q&A８－３），運営規程（**後記③**）において１年から３年の間で任期を定めることが考えられる。

また，労働者側委員の指名は，監督又は管理の地位にある者以外の者について行わなければならず[8]，また，使用者の意向に基づくものであってはならない（労基則24条の２の４第１項）。過半数代表者が適正に選出されていない場合や監督又は管理の地位にある者について委員指名が行われている場合は，労使委員会による決議は無効である（企画指針第４の２）[9]。なお，労働者側委員の指名主体である過半数組合や過半数代表者の要件については，**第２章の１(1)エ（59頁）**を参照されたい。

加えて，使用者側委員１名と労働者側委員１名の計２名で構成される委員会は労使委員会として認められない（企画指針第４の２）[10]。また，労使委員会の委員は，代理は認められない（平成12年３月28日基発180号）。

なお，使用者側委員については，使用者が任命すれば足り[11]，その際に遵守

7　対象事業場の使用者や過半数組合又は過半数代表者は，労基法38条の４第１項の決議のための調査審議等にあたり対象労働者となる労働者及び対象労働者の上司の意見を反映しやすくする観点から，指名する委員にそれらの者を含めることを検討することが望ましいとされている（企画指針第４の３）。

8　なお，労働者側委員が任期中に管理監督者になった場合について，労基則24条の２の４第１項は，指名を行う際の要件であって，委員としての適格要件ではないため，任期途中で管理監督者になったからといってただちに委員としての地位を失うものではないが，法の趣旨に鑑みると，管理監督者が労働者代表委員を務めることは適当ではないため，このような場合には，労働者代表委員を辞任するとともに，法の規定に従い補欠者の選出を行うこととするのが適当であるとされている（平成12年３月28日基発180号）。

9　もっとも，労使委員会決議後に管理監督者に該当するに至った場合，当該決議時点では委員としての要件を満たしている以上，当該決議の有効性には影響しないと解されている（平成12年３月28日基発180号）。

10　使用者側委員１名と労働者側委員１名の計２名のみでは，実質的には，使用者と過半数代表者が労使協定を締結する場合と変わらず，企画業務型裁量労働制導入に係る労使委員会制度による手続の厳格化という趣旨に反するためである（平成12年１月１日基発１号）。

11　荒木尚志ほか『注釈労働基準法・労働契約法 第１巻 総論・労働基準法(1)』（有斐閣，2023年）591頁

122　第3章　企画業務型裁量労働制

すべき法令上の規定等もない。

② 議事録要件（議事録の作成，保存及び周知）

　労使委員会の議事については，労使委員会の開催の都度，その議事録を作成し，当該議事録を開催日（労基法38条の4第1項に基づく労使委員会決議が行われた会議の議事録にあっては，当該決議に係る書面の完結の日[12]）から起算して3年間保存しなければならない（労基法38条の4第2項，労基則24条の2の4第2項，71条）[13]。

　また，労使委員会の議事録については，以下のいずれかの方法により労働者に周知しなければならない（労基法38条の4第2項2号，労基則24条の2の4第3項）。

---

❶　常時各作業場の見やすい場所へ掲示し，又は備え付けること

❷　書面を労働者に交付すること

❸　使用者の使用に係る電子計算機に備えられたファイル又は電磁的記録媒体（電磁的記録（電子的方式，磁気的方式その他人の知覚によっては認識することができない方式で作られる記録であって，電子計算機による情報処理の用に供されるもの）に係る記録媒体）をもって調製するファイルに記録し，かつ，各作業場に労働者が当該記録の内容を常時確認できる機器を設置すること[14]

---

③ 運営規程要件（運営規程の作成）

　労使委員会においては，以下の事項を定めた運営規程を作成しなければならない（労基法38条の4第2項3号，労基則24条の2の4第4項）。また，その際に留意しなければならない点については，それぞれ以下のとおり企画指針等に定められている。なお，運営規程のひな型については，**巻末資料3**を参照されたい。

12　「決議に係る書面の完結の日」は決議の有効期間の満了日をいうものと解されている（平成11年1月1日基発1号）。

13　労基則24条の2の4第2項は「5年間」としているが，労基則71条により，当分の間，「3年間」とすることとしている。

14　例えば，誰もがアクセス可能なイントラネット等において，議事録（PDFファイル）を閲覧できる状態にしておくことが考えられる。

❶ 労使委員会の招集，定足数及び議事に関する事項

招集に関する事項については，労基法38条の4第1項の決議の調査審議のための委員会，同項の決議に係る有効期間中における制度の運用状況の調査審議のための委員会等定例として予定されている委員会の開催に関すること及び必要に応じて開催される委員会の開催に関することを規定することが適当とされている（企画指針第4の4(1)）。

定足数に関する事項については，「委員の5分の4以上の多数による議決」とは労使委員会に出席した委員の5分の4以上の多数による議決で足りるものであることに鑑み（**後記イ**），全委員に係る定足数のほか，労使各側を代表する委員ごとに一定割合又は一定数以上の出席を必要とすることを定めることが適当であるとされている（企画指針第4の4(2)）。

議事に関する事項については，議長の選出に関すること及び決議の方法に関することを規定することが適当であるとされている（企画指針第4の4(1)）。

❷ 対象労働者に適用される評価制度及びこれに対応する賃金制度の内容の使用者からの説明に関する事項

対象労働者に適用される評価制度及びこれに対応する賃金制度の内容の使用者からの説明に関する事項を規定するにあたっては，当該説明は，労使委員会が労基法38条の4第1項各号に掲げる事項について決議を行うに先立ち，使用者は，対象労働者に適用される評価制度及びこれに対応する賃金制度の内容について，労使委員会に対し，十分に説明する必要があるとされていることを踏まえる必要があるとされている（企画指針第4の4(3)）。

具体的には，使用者が労使委員会に対して説明を行う項目や労使委員会に対する説明を決議の前に行うことについて定めるものとされている（令和5年施行通達第3の3(2)）。例えば，対象労働者に適用される評価制度及びこれに対応する賃金制度のうち，人事評価の決定方法及び当該評価と連動した裁量労働制の特別手当や基本給等の設定について，決議を行うための初回の調査審議において労使委員会に対して説明を行うこと等を定めることが考えられる（令和5年Q&A5－2）。

❸ 制度の趣旨に沿った適正な運用の確保に関する事項

制度の趣旨に沿った適正な運用の確保に関する事項を規定するにあたっては，労使委員会が企画業務型裁量労働制の実施状況を把握した上で，対象労働者の働き方や処遇が制度の趣旨に沿ったものとなっているかを調査審議し，運用の

改善を図ることや決議の内容について必要な見直しを行うことが必要であること，決議や制度の運用状況に係る調査審議のため，労使委員会の開催頻度を6か月以内ごとに1回とする必要があることを踏まえ，当該実施状況の把握の頻度や方法を運営規程に定めることが必要であるとされている（企画指針第4の4⑷）。

　具体的には，実施状況の把握の方法として，㋐企画業務型裁量労働制の対象労働者の賃金水準や制度適用に係る特別手当の実際の支給状況，評価結果等に関する分布を労使委員会に開示し，又は，㋑企画業務型裁量労働制の対象労働者に対して人事部が実施する社内サーベイにおいて業務量や業務における裁量の程度等を調査した結果等を労使委員会が参照し，その内容を調査審議するために労使委員会を開催することを定め，それらの頻度として6か月以内ごとに1回等とすることをあらかじめ運営規程に定めておくことが考えられる（令和5年Q&A5－2）。

❹　開催頻度を6か月以内ごとに1回とすること

　令和6年3月31日以前においては，行政通達上「少なくとも定期報告の前後に1回開催することとなることから，1年に2回開催されるもの」とされていたが（平成12年3月28日基発180号），同年4月1日以降は，開催頻度を6か月以内ごとに1回としなければならないこととなり，上記行政通達の解釈は廃止されたため（令和5年施行通達第3の3⑵），現行法上は「年2回開催すればよい」わけではないことに留意する必要がある。

❺　以上のほか，労使委員会の運営について必要な事項

　上記❶から❹以外で「労使委員会の運営について必要な事項」として定めなければならない具体的事項が法令上明示されているわけではないが，企画指針において，以下の事項を運営規程に定めておくことが適当とされている。

・使用者が労使委員会に対し開示すべき情報の範囲，開示手続及び開示が行われる労使委員会の開催時期等必要な事項（企画指針第4の5⑶）。

・労働組合や労働条件に関する事項を調査審議する労使協議機関がある場合には，それらと協議の上，労使委員会の調査審議事項の範囲（企画指針第4の7⑴）。

・労使委員会が労使協定に代えて決議を行うことができる規定の範囲（企画指針第4の7⑵）。

運営規程に定めることが求められている事項が定められていない場合には，労働時間のみなしの効果は生じないものであるとされているように（令和5年施行通達第3の3(2)），運営規程要件は法令上の記載事項が記載されてはじめて充足されるものと解されている。

運営規程の作成・変更については，労使委員会の同意を得なければならない（労基則24条の2の4第5項）。なお，この同意については，労基法38条の4第1項に基づく労使委員会決議と異なり，委員の5分の4以上の多数による議決によることは求められていない（平成13年1月1日基発1号，平成15年12月26日基発1226002号）。組織としての「労使委員会」の同意であることから，少なくとも出席した委員の過半数により決定する必要があるものと解される。運営規程の変更に係る労使委員会の同意の要件については，明確化の観点から，運営規程で定めておくべきであろう。

労使委員会が運営規程に反する決議を行った場合，労基法38条の4第1項に基づく決議として有効か否かという点については，①運営規程における規定のうち，定足数に係る規定に反した決議等，同項に基づく決議として評価できない場合は，同項に基づく決議として有効とはいえず（よって企画業務型裁量労働制は適用できず），②運営規程における規定のうち，決議の成否に直接関係のない規定に反したにすぎない場合は，同項に基づく決議としてなお有効であると解される。

イ　表決数要件

労使委員会決議は，委員の5分の4以上の多数による議決により決議しなければならないが（労基法38条の4第1項柱書），「委員の5分の4以上の多数による議決」とは，労使委員会への出席・欠席を問わず選任されている委員の5分の4以上の多数による議決という意味ではなく，労使委員会に出席した委員全員の5分の4以上の多数による議決で足りると解されている（企画指針第4の4(2)，平成12年1月1日基発1号，平成15年12月26日基発1226002号）。

なお，労使委員会に出席した委員の5分の4以上の多数による議決によるものであることが明らかであることが必要であるとされているため（平成12年1月1日基発1号，平成15年12月26日基発1226002号），出席数及び定足数の記録は厳格

126   第3章　企画業務型裁量労働制

に行う必要がある。

ウ　決議事項

　企画業務型裁量労働制の導入にあたり，労使委員会においては，以下の①から⑩の決議事項を定めなければならない。

---

①　対象業務
②　対象労働者の範囲
③　みなし労働時間
④　健康・福祉確保措置
⑤　苦情処理措置
⑥　労働者の同意取得及び不同意を理由とする不利益取扱いの禁止
⑦　同意の撤回に関する手続
⑧　賃金・評価制度の変更前の労使委員会に対する変更内容の説明
⑨　有効期間
⑩　記録の保存

---

①　対象業務

　労使委員会決議において，決議事項として，「事業の運営に関する事項についての企画，立案，調査及び分析の業務であつて，当該業務の性質上これを適切に遂行するにはその遂行の方法を大幅に労働者の裁量に委ねる必要があるため，当該業務の遂行の手段及び時間配分の決定等に関し使用者が具体的な指示をしないこととする業務」（**対象業務**）を定めなければならない（労基法38条の4第1項1号）。

　対象業務の内容と解釈，対象業務該当性等については，**後記(5)ア**で詳述する。

②　対象労働者の範囲

　労使委員会決議において，決議事項として，「対象業務を適切に遂行するための知識，経験等を有する労働者であつて，当該対象業務に就かせたときは当該決議で定める時間労働したものとみなされることとなるものの範囲」（**対象**

労働者）を定めなければならない（労基法38条の4第1項2号）[15]。

対象労働者は，対象業務に常態として従事している者であることが原則である（企画指針第3の2⑴）。その詳細については，後記⑸イで詳述する。

「対象業務を適切に遂行するために必要となる具体的な知識，経験等を有する労働者」の範囲については，対象業務ごとに異なり得るものであるため，対象労働者となり得る者の範囲を特定するために必要な職務経験年数，職能資格等の具体的な基準を明らかにすることが必要である（企画指針第3の2⑴）。そして，対象労働者となり得る者の範囲について決議するにあたっては，委員は，客観的にみて対象業務を適切に遂行するための知識，経験等を有しない労働者を含めて決議した場合，使用者が当該知識，経験等を有しない労働者を対象業務に就かせても労働時間のみなしの効果は生じないものであることや，例えば，大学の学部を卒業した労働者であって全く職務経験がないものは，客観的にみて対象労働者に該当し得ず，少なくとも3年ないし5年程度の職務経験を経た上で，対象業務を適切に遂行するための知識，経験等を有する労働者であるかどうかの判断の対象となり得るものであるとされている（企画指針第3の2⑵イ）。また，対象労働者となり得る者の範囲について決議するにあたっては，当該者が対象業務を適切に遂行するための知識，経験等を有する労働者であるかの判断に資するよう，使用者は，労使委員会に対し，当該事業場の属する企業等における労働者の賃金水準（労働者への賃金・手当の支給状況を含む）を示すことが望ましいとされている（企画指針第3の2⑵ロ）。なお，「労働者の賃金水準」については，企画業務型裁量労働制の適用を検討している労働者の属する層の制度適用前の賃金水準を示すことが望ましく，労使委員会においては，当該賃金水準と対象労働者に適用される評価制度及びこれに対応する賃金制度の内容を考慮して決議を行うことが望ましいとされている（令和5年施行通達第3の6）。

15　専門業務型裁量労働制には，協定事項及び適用要件として「対象労働者」という概念はない。これは，専門業務型裁量労働制においては，対象業務として一定の専門的な業務が限定列挙されており，それのみで一定程度適用範囲を画することができる一方，企画業務型裁量労働制においては，企画立案調査分析の業務が広範であり，対象業務のみでは適用範囲を適切に特定できないおそれがあるためであると解される（荒木尚志「裁量労働制の展開とホワイトカラーの法規制」社会科学研究50巻3号20頁）。

128　第3章　企画業務型裁量労働制

③　みなし労働時間

　労使委員会において，決議事項として，「対象業務に従事する前号に掲げる労働者の範囲に属する労働者の労働時間として算定される時間」（みなし労働時間）を定めなければならない（労基法38条の4第1項3号）。

　みなし労働時間を決議するにあたっては，1日についての対象労働者の労働時間数として，具体的に定められたものである必要があり（企画指針第3の3(1)イ），週単位や月単位でのみなし労働時間の設定はできないと解されている[16]。なお，**第2章の1(1)ア②（47頁）**のとおり，学説上は，1週及び1日についてみなし労働時間を定めることができるとする見解があるが，行政解釈により1日単位しか認めていない運用が貫徹されている上，労基則24条の2の3第1項により，決議届の様式（様式13号の2）において「決議で定める1日のみなし労働時間」の欄しか設けておらず，かつ当該様式に従った決議届を行うことは企画業務型裁量労働制の適用要件であるため（労基法38条の4第1項柱書），現在の実務において週単位により決議することは事実上不可能である。

　みなし労働時間を決議するにあたっては，委員は，対象業務の内容並びに対象労働者に適用される評価制度及びこれに対応する賃金制度を考慮して適切な水準のものとなるよう決議することとし，対象労働者の相応の処遇を確保することが必要である（企画指針第3の3(1)ロ）[17]。具体的には，事業場における所定労働時間や所定労働時間に一定の時間を加えた時間をみなし労働時間とすること

16　厚生労働省労働基準局編『令和3年版 労働基準法 上』（労務行政，2022年）607頁。厚生労働省「企画業務型裁量労働制の解説」13頁も「1週間単位や，1か月単位の時間を決議することはできません」と述べている。

17　従前，多くの企業では，事業場内の所定労働時間をそのままみなし労働時間として定めつつ，必ずしも裁量労働制適用者の労働実態に即したみなし労働時間の定め方をしていない状況にあったが，裁量労働制の制度趣旨（**第1章の3（5頁）**）からすれば，みなし労働時間は，制度上は実労働時間と必ずしも一致しなければならないものではなく（令和5年施行通達第3の7(1)），所定労働時間をみなし労働時間と定めつつも，実労働時間が所定労働時間を上回る状況にある場合に，その所定労働時間を上回る時間に見合った手当を裁量労働手当として支給することや，業務の遂行に必要とされる時間を踏まえてみなし労働時間を設定し，通常の労働時間規制・割増賃金規制の水準を考慮した処遇を確保すること等も考えられ，令和6年4月1日施行の裁量労働制の制度改正により，企画指針においてその点を明確にすることとしたものである（益原大亮「『裁量労働制』制度改正（令和6年4月施行）の実務解説―厚生労働省の立案担当者解説（上)」ビジネス法務2024年2月号63頁）。

等は可能であるが，その場合にも，対象労働者への特別の手当の支給や，対象労働者の基本給の引上げなどを行い，相応の処遇を確保することが必要である（令和5年施行通達第3の7(1)）[18]。そのため，実務上，各企業においては，労使委員会決議においてみなし労働時間を定めるにあたっては，実労働時間とみなし労働時間の乖離があったとしても，過去の実労働時間をベースに算出した裁量労働手当（例えば，裁量労働制の適用労働者が仮に実労働時間で働いていたとすると，月平均で20時間の時間外労働を行っているということであれば，月20時間分の時間外労働の割増賃金に相当する手当）を支給するなど，相応の処遇を確保していることを合理的に説明できるようにしておくことが肝要である[19]。

なお，みなし労働時間について決議するにあたっては，委員は，対象業務の内容を十分検討するとともに，対象労働者に適用される評価制度及びこれに対応する賃金制度について使用者から十分な説明を受け，それらの内容を十分理解した上で決議することが必要であるとされている（企画指針第3の3(2)イ）。また，当該事業場における所定労働時間をみなし労働時間として決議するような場合において，使用者及び委員は，所定労働時間相当働いたとしても明らかに処理できない分量の業務を与えながら相応の処遇を確保しないといったことは，制度の趣旨を没却するものであり，不適当であるとされている（企画指針第3の

18　従前，実務において企業側の代理人弁護士として労働基準監督官による監督指導の対応に当たっていると，実労働時間とみなし労働時間に数時間の乖離があると指導を受ける事例をみることがあったが，令和6年4月1日施行の裁量労働制の制度改正により，「みなし労働時間は，企画業務型裁量労働制を適用する上で，必ずしも実労働時間と一致させなければならないものではな」いことが確認され（令和5年施行通達第3の7(1)），「対象労働者への特別の手当の支給や，対象労働者の基本給の引上げなどを行い，相応の処遇を確保」されれば，上記乖離があることも許容されることとなった（益原大亮『『裁量労働制』制度改正（令和6年4月施行）の実務解説—厚生労働省の立案担当者解説（上）」ビジネス法務2024年2月号63頁）。

19　益原大亮「『裁量労働制』制度改正（令和6年4月施行）の実務解説—厚生労働省の立案担当者解説（上）」ビジネス法務2024年2月号63頁から64頁。なお，令和5年Q&A2－2では「通常の労働時間制度ではなく，裁量労働制というみなし労働時間制を適用するのにふさわしい処遇が確保されていることが必要」としているため，必ずしも過去の実労働時間をベースに算出した手当を支給しなければならないというわけではなく，実労働時間以外の指標に基づき，裁量労働制の適用労働者にふさわしい手当を支給することでもよいと考えられる（もっとも，実務上は，定量的に説明が付きやすいということもあり，過去の実労働時間をベースに算出した手当を支給するケースが多い印象である）。

130　第3章　企画業務型裁量労働制

3(2)ロ）。

　みなし労働時間の実体法上の効果等については，**後記2**で詳述する。

④　健康・福祉確保措置

　労使委員会において，決議事項として，対象労働者の「労働時間の状況に応じた当該労働者の健康及び福祉を確保するための措置を当該決議で定めるところにより使用者が講ずること」（**健康・福祉確保措置**）を定めなければならない（労基法38条の4第1項4号）。

　健康・福祉確保措置は，**【図表3－1】**の❶から❿の措置が想定されている（企画指針第3の4(1)ロ）。法令ではなく法的拘束力のない企画指針において列挙されており，かついずれかの措置を選択することが「適切である」とされているにすぎないため（企画指針第3の4(1)ロ），法的性質はあくまで例示列挙ではあるが[20]，労働基準監督署による監督指導の可能性も踏まえれば，これらの措置の中から選択しておくことが穏当である（実務上もこれらの措置の中から選択することがほとんどである。なお，いずれの措置を選択すべきかについては，各企業の実態や人事労務管理上の問題も踏まえ，個別に検討する必要がある）。また，健康・福祉確保措置は**【図表3－1】**の2分類に分けられており，労使委員会決議にあたっては，各分類からそれぞれ1つずつ以上を協定することが望ましいとされている（企画指針第3の4(2)ハ）。加えて，使用者は，対象労働者の勤務状況を把握する際，対象労働者からの健康状態についての申告，健康状態についての上司による定期的なヒアリング等に基づき，対象労働者の健康状態を把握することが望ましく，そのため，委員は，健康・福祉確保措置を講ずる前提として，使用者が対象労働者の勤務状況と併せてその健康状態を把握することを決議に含めることが望ましいとされている（企画指針第3の4(2)ロ）。なお，健康・福祉確保措置としては，把握した対象労働者の勤務状況及びその健

20　そのため，健康・福祉確保措置は，企画指針の「具体的に明らかにする事項」（企画指針第3の4(1)ロ）に定められているものの，「ロに規定する事項については，決議し，講ずる健康・福祉確保措置として適切なものを示したものであり，各事業場の実情に応じ，ロに規定する事項とは異なる健康・福祉確保措置の決議をした場合に企画業務型裁量労働制の効果が生じないというものではない」と解されている（平成12年3月28日基発180号，令和5年施行通達別添7）。

1　適用までの流れ　131

【図表３－１】健康・福祉確保措置の内容・分類

長時間労働の抑制や休日確保を図るための当該事業場の対象労働者全員を対象とする措置	❶　終業から始業までに一定時間以上の継続した休息時間を確保すること（勤務間インターバル） ❷　深夜労働（午後10時から翌午前５時までの労働）をさせる回数を１か月について一定回数以内とすること ❸　把握した労働時間が一定時間を超えない範囲内とすること及び当該時間を超えたときは労基法38条の４第１項の規定を適用しないこととすること（適用解除） ❹　働き過ぎの防止の観点から，年次有給休暇についてまとまった日数連続して取得することを含めてその取得を促進すること
勤務状況や健康状態の改善を図るための個々の対象労働者の状況に応じて講ずる措置	❺　把握した労働時間が一定時間を超える対象労働者に対し，医師による面接指導（問診その他の方法により心身の状況を把握し，これに応じて面接により必要な指導を行うことをいい，安衛法66条の８第１項の規定による面接指導を除く）を行うこと ❻　把握した対象労働者の勤務状況及びその健康状態に応じて，代償休日又は特別な休暇を付与すること ❼　把握した対象労働者の勤務状況及びその健康状態に応じて，健康診断を実施すること ❽　心とからだの健康問題についての相談窓口を設置すること ❾　把握した対象労働者の勤務状況及びその健康状態に配慮し，必要な場合には適切な部署に配置転換をすること ❿　働き過ぎによる健康障害防止の観点から，必要に応じて，産業医等による助言・指導を受け，又は対象労働者に産業医等による保健指導を受けさせること

康状態を踏まえ，【図表３－１】の❸（適用解除）を決議することが望ましいとされている（企画指針第３の４(2)ニ）。

　上記❶❸❺の「一定時間」や上記❷の「一定回数」の具体的な内容については，原則として労使委員会の決議に委ねられているが，上記❶（勤務間インターバル）の時間が著しく短い場合，上記❸（適用解除）や上記❺（面接指導）の時間が著しく長い場合，上記❷（深夜労働）の回数が著しく多い措置については，健康・福祉確保措置として不適切であるとされている（令和５年施行通達第３の８(2)）。例えば，上記❸（適用解除）の「一定時間」については，長

くとも，労基法36条6項2号及び3号に規定する時間数（時間外・休日労働が月100時間未満，2～6か月平均80時間以内）を超えない範囲で設定することが適切であるとされている（令和5年施行通達第3の8⑵，令和5年Q&A3－6）。また，上記❶（勤務間インターバル）の時間数や上記❷（深夜労働）の回数については，人員体制や業務の負荷等の個別の事情に鑑み，労使で協議の上，設定する必要があり，例えば，高度プロフェッショナル制度において，勤務間インターバルの時間については11時間以上，深夜業の回数については月4回以内と示されていることを参考にした上で，設定することが考えられるとされている（令和5年Q&A3－5）。

　上記❸（適用解除）について，一定期間経過後に再度制度を適用することをあらかじめ定め，実施することは可能であるが，どれくらいの期間適用しないこととするかは事前に労使で協議しておく必要があり，また，再適用にあたっては，適用解除後の労働者の勤務状況（労働時間の状況を含む）や健康状態等を踏まえて，使用者が個別具体的に再適用の可否を判断する必要があるほか，いったんは裁量労働制の適用が解除された以上，再適用に際しては，協定の内容に従って，改めて労働者の同意を得る必要がある（令和5年Q&A3－7）。また，その同意については就業規則等による包括的な同意は認められず，改めて**後記⑥**のとおりに労働者の同意を取得することになる（令和5年Q&A3－8）。なお，適用解除の有効性については，**後記3⑵**を参照されたい。

　上記❺（面接指導）について，「安衛法66条の8第1項の規定による面接指導を除く」としているとおり，同項に基づく安衛則52条の2において，面接指導の対象となる労働者の要件を週40時間を超える労働時間が月80時間を超え，かつ疲労の蓄積が認められる者としているところ，当該措置を実施する場合にはその要件について同一の内容を設定することは不適切であり，安衛則に規定する時間数を超えて設定することは認められないとされている（令和5年施行通達第3の8⑵，令和5年Q&A3－6）。そのため，健康・福祉確保措置としての面接指導を協定する場合には，安衛則52条の2に規定する面接指導の要件よりも，面接指導の要件を満たしやすい時間数（例えば時間外・休日労働が月60時間）を定める必要がある。

　なお，健康・福祉確保措置を実施した結果を踏まえ，特定の対象労働者には

1　適用までの流れ　133

企画業務型裁量労働制を適用しないこととする場合における，制度を適用しないこととした後の配置及び処遇又はその決定方法についても，あらかじめ労使委員会決議で定めておくことが望ましいとされている（企画指針第3の4(2)ホ）[21]。

　健康・福祉確保措置を労使委員会決議で定めるところにより使用者が講ずることについては，次のいずれにも該当する内容のものであることが必要であるとされている（企画指針第3の4(1)イ）。

---

① 　使用者による対象労働者の労働時間の状況の把握は，いかなる時間帯にどの程度の時間，労務を提供し得る状態にあったかを把握するものであること。その方法は，タイムカードによる記録，パーソナルコンピュータ等の電子計算機の使用時間の記録等の客観的な方法その他の適切なものであることが必要であり，当該対象事業場の実態に応じて適当な当該方法を具体的に明らかにしていることが必要であること。

② 　上記①により把握した労働時間の状況に基づいて，対象労働者の勤務状況（労働時間の状況を含む）に応じ，使用者がいかなる健康・福祉確保措置をどのように講ずるかを明確にするものであること。

　健康・福祉確保措置の前提として把握することとされている「労働時間の状況」（労基法38条の4第1項4号）の概念及びその把握方法は，安衛法66条の8の3により把握することが義務づけられている「労働時間の状況」と同一のものであり，具体的には上記①のとおりである（令和5年施行通達第3の8(1)）。なお，「労働時間」と「労働時間の状況」の関係性や上記①の「その他の適切なもの」の詳細については，**第2章の1(1)ア④（50頁）**を参照されたい。

　健康・福祉確保措置の不実施については，**後記3(6)**を参照されたい。

21　また，使用者は，企画指針第3の4(1)ロに例示した措置のほかに，対象労働者が創造的な能力を継続的に発揮し得る環境を整備する観点から，例えば，自己啓発のための特別な休暇の付与等対象労働者の能力開発を促進する措置を講ずることが望ましいものであり，委員は，使用者が対象労働者の能力開発を促進する措置を講ずることを決議に含めることが望ましいとされている（企画指針第3の4(2)ヘ）。

⑤ 苦情処理措置

労使委員会において，決議事項として，「対象業務に従事する……労働者からの苦情の処理に関する措置を当該決議で定めるところにより使用者が講ずること」（**苦情処理措置**）を定めなければならない（労基法38条の4第1項5号）。その際は，苦情の申出の窓口及び担当者，取り扱う苦情の範囲，処理の手順・方法等その具体的内容を明らかにするものであることが必要である（企画指針第3の5(1)）。

また，苦情処理措置について決議するにあたり，委員は，使用者や人事担当者以外の者を申出の窓口とすること等の工夫により，対象労働者が苦情を申し出やすい仕組みとすることが適当であり[22]，また，取り扱う苦情の範囲については，委員は，企画業務型裁量労働制の実施に関する苦情のみならず，対象労働者に適用される評価制度及びこれに対応する賃金制度等企画業務型裁量労働制に付随する事項に関する苦情も含むものとすることが適当であるとされている（企画指針第3の5(2)イ）。

加えて，苦情処理措置として，労使委員会が対象事業場において実施されている苦情処理制度を利用することを決議した場合には，使用者は，対象労働者にその旨を周知するとともに，当該実施されている苦情処理制度が企画業務型裁量労働制の運用の実態に応じて機能するよう配慮することが適当であるとされている（企画指針第3の5(2)ロ）[23]。

なお，使用者及び委員は，労使委員会が苦情の申出の窓口としての役割を担うこと等により，委員が苦情の内容を確実に把握できるようにすることや，苦情には至らない運用上の問題点についても幅広く相談できる体制を整備することが望ましいとされている（企画指針第3の5(2)ハ）。

苦情処理措置の不実施については，**後記3(6)**を参照されたい。

---

[22] また，所属部署内に苦情の申出の窓口を設置すると苦情を申し出にくくなる可能性も踏まえて，窓口の設置先を検討することが重要である。

[23] 企業においては，裁量労働制とは関係なく，人事労務一般に関し，苦情処理制度を設けていることもあるため，裁量労働制との関係でその制度を利用する場合を想定した留意点である。

⑥　労働者の同意取得及び不同意を理由とする不利益取扱いの禁止

労使委員会において，決議事項として，「使用者は，この項の規定により第2号に掲げる労働者の範囲に属する労働者を対象業務に就かせたときは第3号に掲げる時間労働したものとみなすことについて当該労働者の同意を得なければならないこと及び当該同意をしなかつた当該労働者に対して解雇その他不利益な取扱いをしてはならないこと」を定めなければならない（労基法38条の4第1項6号）。

当該事項に関し決議するにあたり，委員は，対象業務の内容をはじめとする決議の内容等当該事業場における企画業務型裁量労働制の制度の概要，企画業務型裁量労働制の適用を受けることに同意した場合に適用される評価制度及びこれに対応する賃金制度の内容並びに同意しなかった場合の配置及び処遇について，使用者が労働者に対し，明示した上で説明して当該労働者の同意を得ることとすることを決議で定めることが適当であるとされている（企画指針第3の6(2)イ）。なお，「制度の概要」には，みなし労働時間の時間数，及び，実際の労働時間数にかかわらずみなし労働時間の時間数労働したものとみなされることが含まれる（令和5年Q&A1－1）。また，使用者は，企画業務型裁量労働制の適用を受けることについての労働者の同意を得るにあたって，苦情の申出先，申出方法等を書面で明示する等，苦情処理措置の具体的内容を労働者に説明することが適当であるとされている（企画指針第3の6(2)ハ）。

委員は，企画業務型裁量労働制の適用を受けることについての労働者の同意については，書面によること等その手続を決議において具体的に定めることが適当であるとされている（企画指針第3の6(2)ロ）。なお，同意の取得方法としては，書面の交付を受ける方法のみならず，電子メールや企業内のイントラネット等を活用して電磁的記録の提供を受ける方法により取得することが可能であるとされているため（令和5年Q&A1－4），いずれかの方法を決議において定めることが想定される（実務上は，柔軟な対応を可能とするために，いずれの取得方法も選択できるよう，すべての取得方法を並列的に定めておくことが考えられる）。

なお，同意の法的性質，実際に労働者の同意を取得する際の方法及び手続，不同意を理由とする不利益取扱いの具体的内容等については，**後記(4)**で詳述す

136　第3章　企画業務型裁量労働制

る。

⑦　同意の撤回に関する手続

　労使委員会において，決議事項として，対象労働者の「同意の撤回に関する手続」を定めなければならない（労基法38条の4第1項7号，労基則24条の2の3第3項1号）。同意の撤回に関する手続は，同意の撤回が可能であることを前提として定める必要があり，同意の撤回は認めない旨を定めることはできない（令和5年Q&A1－3）。

　当該事項を決議するにあたっては，撤回の申出先となる部署及び担当者，撤回の申出の方法等その具体的内容を明らかにすることが必要である（企画指針第3の7(1)イ(イ)）。同意の撤回の申出方法や申出時期については，**第2章の1(1)ア⑦（55頁）**を参照されたい。

　また，対象労働者が同意を撤回した場合の撤回後の配置及び処遇又はその決定方法について，あらかじめ決議で定めておくことが望ましいとされている（企画指針第3の7(2)イ）。なお，同意の撤回を理由とする不利益取扱いの禁止（**後記3(1)**）との関係では，決議に定めることに加え，労働契約（就業規則等）の内容としても同意の撤回後の配置や処遇を定めておく必要がある（詳細は**後記3(1)**，**第2章の3(1)イ（106頁）**を参照されたい）。

　同意の撤回の方法やその法的効果，同意の撤回を理由とする不利益取扱いの具体的内容等については，**後記3(1)**で詳述する。

⑧　賃金・評価制度の変更前の労使委員会に対する変更内容の説明

　労使委員会において，決議事項として，「使用者は，対象労働者に適用される評価制度及びこれに対応する賃金制度を変更する場合にあつては，労使委員会に対し，当該変更の内容について説明を行うこと」を定めなければならない（労基法38条の4第1項7号，労基則24条の2の3第3項2号）。

⑨　労使委員会決議の有効期間

　労使委員会において，決議事項として，「法第38条の4第1項に規定する決議の有効期間の定め」を定めなければならない（労基法38条の4第1項7号，労基

則24条の2の3第3項3号）。

　労使委員会決議の有効期間については，不適切に制度が運用されることを防ぐため，3年以内とすることが望ましいとされている（平成15年10月22日基発1022001号，令和5年Q&A8－3）。また，労使委員会決議の有効期間について，自動更新する旨の定めをすることは認められないため（令和5年Q&A8－3），労使委員会決議の有効期間の満了後，企画業務型裁量労働制の適用を継続するためには，再び労使委員会決議をする必要がある。

⑩　記録の保存

　労使委員会において，決議事項として，下記の事項に関する「労働者ごとの記録を前号の有効期間中及び当該有効期間の満了後3年間保存すること。」を定めなければならない（労基法38条の4第1項7号，労基則24条の2の3第3項4号，71条）[24]。なお，**後記3**(4)のとおり，記録の作成及び保存については，労使委員会の決議事項としてのみならず，実施義務としても定められている（労基則24条の2の3の2）。記録の保存方法等については，**後記3**(4)で詳述する。

---

❶　健康・福祉確保措置の実施状況
❷　苦情処理措置の実施状況
❸　同意及びその撤回

エ　事業場ごとの決議

　労使委員会決議は「事業場」ごとに行わなければならない（労基法38条の4第1項柱書）。そのため，数事業場を擁する企業であっても，労使委員会決議はそれぞれの事業場ごとに締結する必要があり，法人単位で締結することができない。

　企画業務型裁量労働制においては，対象業務が存在する事業場（対象事業

24　記録の保存期間について，労基則24条の2の2第3項4号は「5年間」としているが，労基則71条により，当分の間，「3年間」とすることとされている。

138　第3章　企画業務型裁量労働制

場）においてのみ企画業務型裁量労働制を実施することができる。対象事業場の詳細については，**後記(5)ア①**を参照されたい。また，労使委員会決議の届出については，本社一括届出が認められている。詳細は**後記(2)イ**を参照されたい。

なお，事業場単位については**第2章の1(1)イ（58頁）**を参照されたい。

オ　その他
①　企画業務型裁量労働制に係る労使委員会設置にあたってのモデル手順

企画指針においては，対象事業場の使用者及び過半数組合又は過半数代表者は，労使委員会が設置されるに先立ち，設置に係る日程，手順，使用者による一定の便宜の供与がなされる場合にあってはそのあり方等について十分に話し合い，定めておくことが望ましいとされている（企画指針第4の2）。また，その際，委員の半数について労基法38条の4第2項1号に規定する指名の手続を経なければならないことに鑑み，過半数組合がない場合も含めて，これらの手続を適切に実施できるようにする観点から話し合いがなされることが望ましく，特に過半数組合がない場合において，使用者は，過半数代表者が必要な手続を円滑に実施できるよう十分に話し合い，必要な配慮を行うことが適当であるとされている（企画指針第4の2）。

以上を前提に，以下のとおり，行政通達において，労使委員会の設置に先立ち話し合うにあたっての参考として，事前相談から指名に至る過程での手順のモデルである「企画業務型裁量労働制に係る労使委員会設置に当たってのモデル手順」が示されている（平成12年1月1日基発2号，令和5年施行通達別添6）。

---

❶　**労使委員会の設置に向けての事前相談への対処（企画指針第4の2関係）**

　過半数組合が存在しない事業場において，企画業務型裁量労働制の導入に際し，労使委員会の設置に関し，使用者の申し入れを受け，又は使用者に対し申し入れを行う場合には，労働者は，必要に応じ，過半数代表者を選任し対処すること。過半数代表者を選任する場合には，労基則6条の2の規定に従うことが望ましいこと。

　過半数代表者又は過半数組合に該当しない労働組合の代表者は，使用者と，労使委員会の設置の時期の目標，設置に至る日程，労使委員会の委員数等を話

し合うこと。

❷ **指名（法38条の4第2項1号関係）**

上記❶で過半数代表者が労基則6条の2に従い選出されていない場合には，同条の規定に従い，労使委員会の委員の指名を行う過半数代表者を選出すること。

過半数代表者は，上記❶の事前相談の結果に従い，所定の人数の労働者代表委員候補者を，労基則24条の2の4第1項の規定に従い，管理監督者である者以外の者の中から任期を定めて指名すること。なお，この場合，指名されることについて，当該指名される者の事前の同意を得ること。また，当該指名は，使用者の意向に基づくものであってはならないこと。

② **決議時の労使委員会に対する使用者による説明及び情報開示**

労使委員会が**前記ウ**に掲げる各事項について決議を行うにあたっては，委員が，企画業務型裁量労働制の適用を受ける対象労働者に適用される評価制度及びこれに対応する賃金制度の内容を十分理解した上で，決議を行うことが重要であるため，運営規程にも定められるとおり（**前記ア③**），その決議を行うに先立ち，使用者は，対象労働者に適用される評価制度及びこれに対応する賃金制度の内容について，労使委員会に対し，十分に説明することが必要であるとされている（企画指針第3の8）。

また，その決議が適切に行われるため，使用者は，労使委員会に対し，労使委員会が同項の決議のための調査審議をする場合には，対象労働者に適用される評価制度及びこれに対応する賃金制度の内容に加え，企画業務型裁量労働制が適用されることとなった場合における対象業務の具体的内容を開示することが適当であるとされている（企画指針第4の5⑴）。また，使用者は，労使委員会に対し，当該対象事業場の属する企業等における労働者の賃金水準（労働者への賃金・手当の支給状況を含む）を開示することが望ましいとされている（企画指針第4の5⑴）。

なお，**後記3(3)**のとおり，労使委員会においては，決議後も企画業務型裁量労働制の実施状況をモニタリングすることとなるが，次回の労使委員会決議（有効期間満了後の決議や有効期間中の決議内容の見直しを行うための決議）の際には，その間にモニタリングした実施状況も踏まえ，決議することが想定

される。

③　労使委員会委員に係る使用者の義務

使用者は，労働者が労使委員会の委員であること若しくは労使委員会の委員になろうとしたこと又は労使委員会の委員として正当な行為をしたことを理由として不利益な取扱いをしないようにしなければならない（労基則24条の2の4第6項）。

また，使用者は，労働者側委員が労使委員会の決議等に関する事務を円滑に遂行することができるよう必要な配慮[25]を行わなければならない（労基則24条の2の4第7項）。

これらは労使委員会決議の要件ではないため，仮にこれらに違反したとしても，労使委員会決議が無効となるものではないと解されるが，監督指導の対象にはなり得るため留意が必要である[26]。

(2)　労働基準監督署長への労使委員会決議の届出

ア　適用要件としての届出手続

使用者は，労使委員会で決議した場合においては，様式第13号の2（**巻末資料2の2**）により当該決議を所轄労働基準監督署長に届け出なければならない（労基法38条の4第1項，労基則24条の2の3第1項）。

企画業務型裁量労働制の労使委員会決議の届出は，専門業務型裁量労働制の労使協定の届出とは異なり，その文言上，企画業務型裁量労働制の適用要件として定められている。そのため，労使委員会決議の届出を怠った場合には，企画業務型裁量労働制は適用されず，その効力（みなし労働時間の効果）は発生しない（平成12年1月1日基発1号）。

25　必要な配慮には，例えば，労働者側委員が労働者の意見集約等を行うにあたって必要となる事務機器やシステム（イントラネットや社内メールを含む），事務スペースの提供を行うことが含まれる（令和5年施行通達第3の3(3)）。

26　なお，罰則は設けられていない。

イ　本社一括届出

　企画業務型裁量労働制に関する労使委員会決議については，原則として，事業場単位でそれぞれの所在地を管轄する労働基準監督署に届け出る必要があるが，以下の要件を満たす場合には，本社において各事業場の決議届を一括して本社を管轄する労働基準監督署に届け出ることができる（いわゆる本社一括届出）[27]。

---

① 電子申請による届出であること[28]
② 以下の項目以外の記載内容が同一であること
　　・労働保険番号
　　・事業の種類
　　・事業の名称
　　・事業の所在地（電話番号）
　　・常時使用する労働者数
　　・労働者数
　　・決議の成立年月日
　　・36協定の届出年月日
　　・委員会の委員数
　　・任期を定めて指名された労働者側委員の氏名，任期
　　・その他委員の氏名
　　・委員会の委員の半数について任期を定めて指名した労働組合の名称又は過半数代表者の職名及び氏名
③ 事業場ごとに記載内容が異なる項目については，厚生労働省ホームページ又はe-Govの申請ページからExcelファイル「一括届出事業場一覧作成ツール」をダウンロードし，内容を記入して添付すること

27　厚生労働省リーフレット「1か月単位の変形労働時間制に関する協定届等の本社一括届出について」
28　労基法等の規定に基づく届出等の電子申請は，e-Govにより行うことができる。その詳細については，厚生労働省ホームページ「労働基準法等の規定に基づく届出等の電子申請について」を参照されたい。また，具体的な申請手順については，同ホームページ内にアップロードされている厚生労働省パンフレット「労働基準法等の電子申請に関する基本的な流れ」を参照されたい。

142　第3章　企画業務型裁量労働制

(3)　労働契約上の根拠を定めること

　労使委員会決議は，労基法上の免罰効（実労働時間が1日8時間，週40時間を超えていたとしても労基法違反としない効果）を有するにとどまり，労働契約上の効力までは有しないため，使用者が労働者に対し，実際に企画業務型裁量労働制を適用する（企画業務型裁量労働制を労働条件とする）ためには，労使委員会決議のみでは足らず，別途，労働契約上の根拠が必要となる[29]。

　労働契約上の根拠を定める方法等については，**第2章の1(3)（67頁）**を参照されたい。また，就業規則の規定例は**巻末資料4の2**を参照されたい。

(4)　労働者の同意取得

ア　労働者の同意の法的性質

　前記(1)ウ⑥のとおり，企画業務型裁量労働制においては，労使委員会決議において「使用者は，この項の規定により第2号に掲げる労働者の範囲に属する労働者を対象業務に就かせたときは第3号に掲げる時間労働したものとみなすことについて当該労働者の同意を得なければならないこと」（労基法38条の4第1項6号）を定めることとなるが，同制度を適用する場合には，労使委員会決議に基づき，実際に労働者本人から同意を取得する必要があるか否かについて議論がある。すなわち，法令上，労働者の同意の取得は決議事項として定められており，適用要件として建て付けられていないため，実際に労働者の同意を取得できていなかったとしても，企画業務型裁量労働制の適用（みなしの効果）には影響がないのではないか（実際に労働者の同意を取得することは適用要件ではないのではないか）という論点である[30]。

　この点について，学説上は，結論において，裁量労働制を適用するためには労働者の同意を取得する必要があることで一致しているが，その理論的根拠は

---

[29]　菅野和夫ほか『労働法（第13版）』（弘文堂，2024年）548頁，荒木尚志ほか『注釈労働基準法・労働契約法　第1巻　総論・労働基準法(1)』（有斐閣，2023年）583頁等

[30]　従来は，企画業務型裁量労働制における労使委員会の決議事項としての労働者の同意に係る論点であったが，令和6年4月1日施行の改正労基則により，専門業務型裁量労働制においても労使協定事項としての労働者の同意が創設されたことから，同様の論点が生じることとなった。

様々である。

　例えば「立法者意思重視説」がある[31]。立法者意思重視説は，企画業務型裁量労働制を創設する際の国会審議の経過を踏まえ[32]，立法者意思として，法令上，労働者の同意は適用要件であると解する学説である。もっとも，立法者意思重視説は，条文構造上，労働者の同意が労使委員会の決議事項として定められているにすぎず，適用要件として建て付けられていないことと正面から矛盾する考え方であり，また，同一法令内に，条文上労働者の同意を適用要件として建て付けている制度として高度プロフェッショナル制度があることも踏まえれば[33]，文理解釈上無理があるといえる[34]。さらにいえば，労基法は刑罰法規の性質をも有しているため，罪刑法定主義の観点から，条文上適用要件の構造にはなっていない中，適用要件と解した上で，労働者の同意が取得できなかった

31　東京大学労働法研究会『注釈労働基準法 下巻』（有斐閣，2003年）668頁，土田道夫『労働契約法（第2版）』（有斐閣，2016年）365頁，西谷敏『労働法（第3版）』（日本評論社，2020年）349頁

32　法案提出時には，労使委員会の決議事項として，労働者の同意は定められていなかったが，衆議院の修正案要綱（自由民主党，民主党，平和・改革，自由党及び社会民主党・市民連合の五派共同提案による修正案）では「新たな裁量労働制を適用するに当たり，対象労働者の同意を得なければならないこと及び不同意を理由として不利益取扱いをしてはならないことを労使委員会で決議することを，制度実施の要件とするものとすること」と記載され，労働者の同意を労使委員会決議事項とする修正案が提出されたという経緯がある。もっとも，その国会審議では，「新たな裁量労働制については，第一に，新たな裁量労働制を適用するに当たり，対象労働者の同意を得なければならないこと等を制度実施の要件とするものとすること」（平成10年9月3日 衆議院労働委員会 河上覃雄委員（修正案提出者））と修正案の趣旨が説明され，また，「同意した労働者のみを裁量労働制の対象とすることを決議で明確にしておきながら，実際に同意を得ていないという場合は，当然，当該労働者に裁量労働制を適用することはできないものと理解をいたしております。したがいまして，御指摘のような場合には，実際の労働時間に応じまして，時間外労働があれば時間外割り増し賃金の支払いが必要となるわけでございまして，それを怠れば労働基準法違反となり，処罰の対象になる，こう理解をいたしております。」（平成10年9月3日 衆議院労働委員会 河上覃雄委員（修正案提出者））との説明がされたほか，「この裁量労働制を行っていく大前提として労使委員会がありまして，そこで全会一致で決議をする，そして，その対象労働者自身が承諾をしない限りその者を裁量労働制の対象労働者とすることはできないということが大前提であります。（中略）あくまでも本人が本当に了解をするということが前提でありますから，それがないのにそういうことを進めていったら明らかなこれは法違反でありますから，厳正に対処をしていくということでございます。」（平成10年9月17日 参議院労働・社会政策委員会 甘利明労働大臣）という答弁がなされている。

144 第3章 企画業務型裁量労働制

場合は労基法違反（みなし労働時間の効果が生じないことを前提に，実労働時間では法定労働時間，36協定上の上限，時間外労働の上限，割増賃金の支払義務を遵守できていないことによる労基法違反）が成立すると解することはできない。

これに対し，「契約効力説」がある。契約効力説は，労働者の同意は労基法上の適用要件ではないことを前提に，労働契約上，裁量労働制を適用するためには労働者の同意が必要である（ことがその労働契約の内容となっている）と解する学説である。もっとも，契約効力説の論者の中には，労働契約の内容となるプロセスについて，労働者の同意を取得することが労使委員会により決議された以上，使用者は，労働者の同意を得ない限りは裁量労働制を適用できないことを約していたこととなると説くものもあるが，労働契約上の根拠とする上では，個別の労働契約による場合は，使用者と各労働者が個別に合意（意思表示の合致）を行う必要があり（民法522条1項，労契法8条），また，就業規則による場合は，契約規律効の要件として「周知」と「合理性」が必要となるた

33　高度プロフェッショナル制度については，「第2号に掲げる労働者の範囲に属する労働者（以下この項において「対象労働者」という。）であつて書面その他の厚生労働省令で定める方法によりその同意を得たものを当該事業場における第1号に掲げる業務に就かせたときは，この章で定める労働時間，休憩，休日及び深夜の割増賃金に関する規定は，対象労働者については適用しない。」と定められており，労働者の同意の取得が適用要件として建て付けられている（労基法41条の2第1項柱書）。同一法令内の労働時間制度として，両者で条文構造が異なっている以上，裁量労働制における労働者の同意が協定事項・決議事項にとどまらず，適用要件であると解するのには相当の理論的説明を要するものと考えられる（高度プロフェッショナル制度は，企画業務型裁量労働制の後に創設されたものであるため，従来までは両制度を単純に比較することはできないという考え方もあったが，令和6年4月1日施行の裁量労働制の制度改正により専門業務型裁量労働制においても協定事項として労働者の同意が設けられたため，高度プロフェッショナル制度と条文構造が異なるという点は，労働者の同意が裁量労働制の適用要件であると解する上で大きな理論的ハードルになるに至ったといえる）。

34　下井隆史『労働基準法（第5版）』（有斐閣，2019年）336頁では「裁量労働制の適用要件として労働者の同意を得ることが定められているわけではないから（要件とされているのは決議されていること），この同意が得られなかったときには当該労働者について「みなし」時間制を適用することはできないと解するのは無理がある」と述べられている（大江忠『第2版 要件事実労働法 (1) 雇用関係法 I』（第一法規，2023年）314頁もこの文献を引用し，同316頁以下でも抗弁（みなし労働時間）の要件事実の1つとして労働者の同意を厳密には位置づけていないような記載をしている）。

め（労契法7条，10条），労使委員会決議（とその後行われるであろう労基法106条に基づく周知）を行ったことをもって，労働契約上の根拠があると解することには理論的な難点があると考えられる[35]。

この点，令和6年4月1日施行の裁量労働制の制度改正[36]の立案担当者としては，契約効力説を前提としつつ，労働契約の内容となるプロセスについては，あくまで個別の労働契約や就業規則等[37]において労働者の同意を適用要件として定めた場合のみに，労働契約上，裁量労働制を適用するためには労働者の同意が必要であるとされることとなると解すべきであると考える[38]。この考え方の下では，極端にいえば，個別の労働契約や就業規則等において労働者の同意を適用要件として定めていない場合，仮に労働者の同意を取得していなかったとしても，裁量労働制の適用は否定されないこととなる。他方で，個別の労働契約や就業規則等において労働者の同意を適用要件として定めている場合において，労働者の同意を取得していなかったときについては，労基法上の要件と

35　契約効力説の論者は，労使委員会決議の周知（労基法106条）により，労働契約の内容として，労働者の同意を得ない限りは裁量労働制を適用できないことを約することになると解しているが（荒木尚志「裁量労働制の展開とホワイトカラーの法規制」社会科学研究50巻3号29頁），労基法106条に基づく労使協定や労使委員会決議の周知により，それが労働契約の内容となるのであれば，時間外労働や他の労働時間制度における「労使協定や労使委員会決議は免罰的効果を有するに留まるため，実際に時間外労働をさせたり，各労働時間制度を適用するためには，別途，労働契約上の根拠が必要である」という伝統的理解が実質的に無意味になること（上記見解を採用するとなれば，時間外労働や他の労働時間制度においても同様のことが妥当し，そのすべてが労基法106条に基づく労使協定や労使委員会決議の周知によって労働契約の内容化が済んでしまうこと）や，労基法106条に基づき周知された労使協定や労使委員会決議が当然に「就業規則」性を有するわけではないこと（裁判例上，労契法における「就業規則」性については，①一般的な就業規則との形式や体裁の類似性，②意見聴取や行政官庁への届出の有無，③会社が労働契約の内容とする意思を有していたか否か，④作成主体が使用者単独か労使双方かといった事情から判断されている（荒木尚志ほか『注釈労働基準法・労働契約法 第2巻 総論・労働基準法(2)・労働契約法』（有斐閣，2023年）363頁）。なお，従業員組織との間の労使間協定について，就業規則との一体性を認めなかったものとして，アルプス電気事件（仙台高判平21.6.25労判992号70頁）がある）を踏まえると，上記見解には理論的な難点があると考えられる。
36　本制度改正において，専門業務型裁量労働制に関する労使協定の協定事項として，労働者の同意が追加されたが，その際，立案担当者としては，本論点も念頭に立案を行った。
37　その他，一般的ではないが，労働協約により労働契約の内容とすることも可能である（労組法16条）。また，結果的に労働契約の内容となるものとして，労使慣行（民法92条）も理論上はあり得る。

して労働者の同意が求められていない以上，労基法32条，36条，37条の適用においてはみなし労働時間の効果は発生していることになるが，労働契約上のみなし労働時間の効果が発生しないため（要するに，労基法側ではみなし労働時間，労働契約側では実労働時間により法律関係が構築されることとなる），労働契約に基づき実労働時間に対する賃金支払義務を負うこととなる[39]。

　もっとも，あくまで具体的な事実関係の下による判断となるが，個別の労働契約や就業規則等に労働者の同意を適用要件として定めていない場合については，前述の立案担当者としての見解の下であっても，労働者の同意を取得することを労使協定や労使委員会決議で定めているにもかかわらず，使用者が労働者の同意を取得していない場合，実労働時間を前提とした時間外労働の割増賃金支払請求に対し，裁量労働制によるみなし労働時間の効果を主張することは，信義則違反（民法1条2項）ないし権利濫用（民法1条3項，労契法3条5項）により排斥される可能性がある[40]。

38　この考え方の下では，労働契約上，裁量労働制の適用要件として労働者の同意が定められるか否かは，労使（特に使用者）に委ねられることとなり，いわば性善説に立った考え方である。立法者意思重視説を採用できず，また，契約効力説の中でも労使委員会決議とその周知のみで足りるとする見解は理論的な難点がある中では，上記のような考え方を採るほかなく，現行法における法解釈上の限界であるといわざるを得ない。この問題は，高度プロフェッショナル制度においては労働者の同意が労基法上明確に適用要件とされていることも踏まえ，法改正によって解決されるべき事柄であり（なお，適用要件を定めることに関し，労基法に委任規定がない以上，労基則の改正では実現不可能であり，労基法改正が必要となる），今後の法改正に期待したい。

39　石嵜信憲ほか『労働時間規制の法律実務（第2版）』（中央経済社，2022年）684頁も同様の理解に立つものと考えられる。なお，就業規則には，時間外労働の定義，割増賃金の算定基礎賃金の範囲，割増率が定められることが一般的であり，それらは労働契約の内容になっているため，労働契約上のみなし労働時間の効果が発生しないことにより，労働契約上の効力として，労働契約に基づく割増賃金支払義務も生じていることになる。また，労働契約に基づく賃金支払義務（労働契約に基づく割増賃金支払義務を含む）が生じている以上，その未払いについては，理論上は労基法24条違反が成立するものと考えられる（労働契約に基づく割増賃金支払義務は労基法37条により生じているわけではないため，同条違反の問題ではない）。

40　なお，民事訴訟実務上，実労働時間を前提とした時間外労働の割増賃金支払請求に対し，裁量労働制によるみなし労働時間の効果を主張することは抗弁と位置づけられるため（佐々木宗啓ほか『類型別労働関係訴訟の実務（改訂版）Ⅰ』（青林書院，2021年）241頁（Q82）），信義則違反ないし権利濫用の主張は当該抗弁に対する再抗弁になると考えられる。

仮に裁量労働制の適用が否定されるとなると，実労働時間を前提とした時間外労働に対する割増賃金の支払義務（過去3年分[41]）が生じることになり，多額の未払割増賃金債務を負うおそれがあるため[42]，予防法務の観点からは，労働者の同意の法的性質のいかんにかかわらず，労働者の同意を取得しておくことに越したことはない。

そのため，結論としては，実務上，労使委員会決議に基づき労働者の同意を取得するべきである（以上は専門業務型裁量労働制における労働者の同意も同様である）。

イ 労働者の同意の取得方法

前記(1)ウ⑥のとおり，労使委員会決議において，対象業務の内容をはじめとする決議の内容等当該事業場における企画業務型裁量労働制の制度の概要，企画業務型裁量労働制の適用を受けることに同意した場合に適用される評価制度及びこれに対応する賃金制度の内容並びに同意しなかった場合の配置及び処遇について，使用者が労働者に対し，明示した上で説明して当該労働者の同意を得ることとすることを定めることが適当とされているため（企画指針第3の6(2)イ），実際に同意を取得する際も，当該労使委員会決議に従った「明示」及び「説明」をすることとなる。また，その際には，苦情の申出先，申出方法等を書面で明示する等，苦情処理措置の具体的内容を対象労働者に説明することが適当であるとされている（企画指針第3の6(2)ハ）。

同意取得時の「明示」及び「説明」の意義・内容や具体的な方法については，**第2章の1(4)ア①（69頁）**を参照されたい。また，同意の取得方式については，

41　賃金債権の消滅時効の期間は，当分の間，3年である（労基法115条，143条3項）。

42　イメージをつかむために，仮に裁量労働制の適用が否定された場合の未払割増賃金額について，一定の仮定の下で試算してみる。仮に，算定基礎賃金（時給単価）が3,000円，年所定労働日数が240日（休日が土日祝日，夏季休暇，年末年始休暇），実労働時間であれば1日1時間の時間外労働があった労働者（裁量労働制を3年以上適用）について，過去における裁量労働制の適用が否定された場合，過去3年分の時間外労働に対する割増賃金額は270万円（算定基礎賃金3,000円×割増率1.25倍×時間外労働1時間×年所定労働日数240日×3年）となる。これは1名当たりの金額であるが，当然ながら，裁量労働制の適用が否定される労働者が複数いれば，その人数だけ未払割増賃金（上記の例で10名いれば2,700万円の未払割増賃金）が存在することになる。

148　第3章　企画業務型裁量労働制

第2章の1(4)ア②（71頁）及び**前記(1)ウ⑥**を参照されたい。

ウ　同意の有効性（自由な意思に基づく同意）

　労働者の同意を取得するに際して，十分な説明がなされなかったこと等により，当該同意が労働者の自由な意思に基づいてされたものとは認められない場合には，企画業務型裁量労働制の法第4章の労働時間に関する規定の適用にあたっての労働時間のみなしの効果は生じないこととなる場合があると解されている（企画指針第3の6(2)イ）。

　上記解釈の考え方や自由な意思に基づく同意か否かについては，**第2章の1(4)イ（72頁）**を参照されたい。

エ　同意の取得単位・頻度

　労働者の同意は，「当該労働者ごと」に得られるものであることが必要である（企画指針第3の6(1)）。そのため，社内規程に記載・周知することで包括的な同意を取得しているという取扱いは認められない。

　また，労働者の同意は「決議の有効期間ごと」に得られるものであることが必要である（企画指針第3の6(1)）。そのため，最初の適用時に同意を取得すれば，同意の撤回がない限りは同意の取得は不要ということにはならず，労基法38条の4第1項に基づく労使委員会決議の都度，当該労使委員会決議に従って，改めて労働者に対して制度概要等の「明示」及び「説明」をした上で同意を取得する必要がある。もっとも，これまで企画業務型裁量労働制を適用していた労働者については，過去に制度概要等の「明示」及び「説明」が行われていることを踏まえれば，前回同意時から明示・説明内容に変更点がなければ，**第2章の1(4)ア①（69頁）**の「裁量労働制適用対象者向けの説明会」の実施要領のうち「❷説明会の開催」は省略することも考えられる（同意の有効性を担保する観点からは，説明会で用いる資料の再共有や質問機会の付与は改めて行ったほうがよいと考えられる）。

オ　不同意を理由とする不利益取扱い

　使用者は，企画業務型裁量労働制の適用を受けることに同意しなかった場合

の配置及び処遇は，同意をしなかった労働者をそのことを理由として不利益に取り扱うものであってはならないとされている（企画指針第3の6(2)イ）。

不利益取扱いの具体的な内容等については，**第2章の1(4)エ（74頁）**を参照されたい。

(5) 対象労働者を対象業務に就かせること

企画業務型裁量労働制は「第2号に掲げる労働者の範囲に属する労働者を当該事業場における第1号に掲げる業務に就かせた」場合にみなし労働時間の効果が発生するため（労基法38条の4第1項柱書），労使委員会決議に対象労働者と対象業務を定めるのみでは足らず，実際に労使委員会決議で定めた範囲で対象労働者を対象業務に従事させることが必要となる。

ア　対象業務に従事させること

対象業務は，次の①から④のいずれにも該当するものであることが必要であり，これに反した内容の決議を行った場合や，実際に従事させた業務が次の①から④を満たしていない場合は，企画業務型裁量労働制を適用できない。

①　事業の運営に関する事項についての業務であること

「事業の運営に関する事項」とは，❶「対象事業場の属する企業等に係る事業の運営に影響を及ぼす事項」（企業全体），又は，❷「当該事業場に係る事業の運営に影響を及ぼす独自の事業計画や営業計画」（各事業場）をいい，対象事業場における事業の実施に関する事項がただちにこれに該当するものではない（企画指針第3の1(1)イ）。「事業の運営に関する事項」の例と対象業務が存在する事業場（対象事業場）の例としては，例えば次のようなものが考えられるとされている（「対象事業場」については企画指針第2の2，「事業の運営に関する事項」については企画指針第3の1(1)イ）[43]。

150　第3章　企画業務型裁量労働制

【図表3－2】「対象事業場」と「事業の運営に関する事項」の例

		「対象事業場」の例	「事業の運営に関する事項」の例
❶対象事業場の属する企業等に係る事業の運営に影響を及ぼす事項		本社・本店である事業場	本社・本店である事業場においてその属する企業全体に係る管理・運営とあわせて対顧客営業を行っている場合，当該本社・本店である事業場の管理・運営を担当する部署において策定される当該事業場の属する企業全体の営業方針 ※当該本社・本店である事業場の対顧客営業を担当する部署に所属する個々の営業担当者が担当する営業については「事業の運営に関する事項」に該当しない。
	当該事業場の属する企業等に係る事業の運営に大きな影響を及ぼす決定が行われる事業場	当該事業場の属する企業等が取り扱う主要な製品・サービス等についての事業計画の決定等を行っている事業本部である事業場	事業本部である事業場における当該事業場の属する企業等が取り扱う主要な製品・サービス等についての事業計画
		当該事業場の属する企業等が事業活動の対象としている主要な地域における生産，販売等についての事業計画や営業計画の決定等を行っている地域本社や地域を統轄する支社・支店等である事業場	地域本社や地域を統轄する支社・支店等である事業場における，当該事業場の属する企業等が事業活動の対象としている主要な地域における生産，販売等についての事業計画や営業計画
		本社・本店である事業場の具体的な指示を受けることなく独自に，当該事業場の属する企業等が取り扱う主要な製品・サービス等についての事業計画の決定等を行っている工場等である事業場	工場等である事業場において，本社・本店である事業場の具体的な指示を受けることなく独自に策定する，当該事業場の属する企業等が取り扱う主要な製品・サービス等についての事業計画 ※個別の製造等の作業や当該作業に係る工程管理は「事業の運営に関する

43　企画指針において，「いかなる事業場においても企画業務型裁量労働制を実施することができるということではなく，対象業務が存在する事業場（以下「対象事業場」という）においてのみ企画業務型裁量労働制を実施することができる」とされており（企画指針第2の1），「事業の運営に関する事項」に関する「企画，立案，調査及び分析」が行われる事業場でのみ企画業務型裁量労働制を適用することができるとされているが，これは当然のことをいうものであり，結局は対象業務該当性の問題といえる。

		※個別の製造等の作業や当該作業に係る工程管理のみを行っている場合は，対象事業場ではない。	事項」に該当しない。
❷当該事業場に係る事業の運営に大きな影響を及ぼす独自の事業計画や営業計画	本社・本店である事業場の具体的な指示を受けることなく独自に，当該事業場に係る事業の運営に大きな影響を及ぼす事業計画や営業計画の決定を行っている支社・支店等である事業場	本社・本店である事業場の具体的な指示を受けることなく独自に，当該事業場を含む複数の支社・支店等である事業場に係る事業活動の対象となる地域における生産，販売等についての事業計画や営業計画の決定等を行っている支社・支店等である事業場	支社・支店等である事業場において，本社・本店である事業場の具体的な指示を受けることなく独自に策定する，当該事業場を含む複数の支社・支店等である事業場に係る事業活動の対象となる地域における生産，販売等についての事業計画や営業計画
		本社・本店である事業場の具体的な指示を受けることなく独自に，当該事業場のみに係る事業活動の対象となる地域における生産，販売等についての事業計画や営業計画の決定等を行っている支社・支店等である事業場 ※本社・本店又は支社・支店等である事業場の具体的な指示を受けて，個別の営業活動のみを行っている事業場は，対象事業場ではない。	支社・支店等である事業場において，本社・本店である事業場の具体的な指示を受けることなく独自に策定する，当該事業場のみに係る事業活動の対象となる地域における生産，販売等についての事業計画や営業計画 ※本社・本店又は支社・支店等である事業場の具体的な指示を受けて行う個別の営業活動は「事業の運営に関する事項」に該当しない。

　なお，「対象事業場の属する企業等[44]」に係る事業の運営に影響を及ぼす事項や「当該事業場」に係る事業の運営に影響を及ぼす独自の事業計画や営業計画と定めているとおり，あくまで「対象事業場の属する企業（自社）」や「自社の事業場」の事業の運営に関する事項を指し，「他社」の事業の運営に関する事項は含まれない[45]。そのため，たとえ複数の企業がグループ関係にある場合においても，それぞれ法人格が異なる以上，一方の企業に属する労働者がもう

---

[44]　企画指針策定時の労働省「裁量労働制の指針の在り方に関する研究会報告」（平成11年9月）においては「企業（法人）」と記載されており，それが企画指針の段階で「企業等」となっている経緯を踏まえれば，「企業等」の「等」は企業以外の形態（一般社団法人，学校法人，医療法人等の法人）を想定していると解され，「等」があることをもって他社を含むと解することはできないだろう。

一方の企業の事業の運営に関する事項に関する企画立案調査分析の業務を行ったとしても，企画業務型裁量労働制の対象業務として認められないと考えられる。また，同様に，フランチャイザーに属する労働者が，別事業者（別法人格）であるフランチャイジーの事業の運営に関する事項に関する企画立案調査分析の業務を行ったとしても，企画業務型裁量労働制の対象業務として認められないと考えられる[46]。

② 企画，立案，調査及び分析の業務であること

「企画，立案，調査及び分析の業務」とは，「企画」，「立案」，「調査」及び

45　企画業務型裁量労働制の創設時の行政通達においても「事業運営上の重要な決定が行われる企業の本社等の中枢部門において，企画，立案，調査及び分析を行う事務系労働者」を対象とする旨記載されており，あくまで事業運営上の決定が行われるような中枢部門の労働者（事業運営上の決定を行う事業場に属する労働者）に適用されることが想定されている（平成11年1月29日基発45号）。なお，平成15年の労基法改正により労基法38条の4第1項柱書から「事業運営上の重要な決定が行われる事業場において」という文言は削除されたが，これは「企業全体」の事業の運営に影響を及ぼす事項のみならず，各「事業場」の事業の運営に影響を及ぼす事項も認めようとするものであり，平成15年の労基法改正によって「他社」の事業の運営に影響を及ぼす事項までが認められたわけではない（このように，現行法上「他社」の事業の運営に影響を及ぼす事項が含まれていないことを前提に，それを可能とするべく，**第1章の4（7頁）**のとおり，働き方改革関連法案の国会提出に際しては，企画業務型裁量労働制に係る改正事項として，課題解決型開発提案業務（「法人である顧客の事業の運営に関する事項についての企画，立案，調査及び分析を主として行うとともに，これらの成果を活用し，当該顧客に対して販売又は提供する商品又は役務を専ら当該顧客のために開発し，当該顧客に提案する業務（主として商品の販売又は役務の提供を行う事業場において当該業務を行う場合を除く。）」）という対象業務の追加が検討されていた）。なお，いわゆるソリューション営業に従事する労働者に対し，企画業務型裁量労働制を適用している企業もみられるが，「他社」の事業の運営に関する事項は含まれないため，法的には企画業務型裁量労働制の適用は否定されることになると考えられる。

46　もっとも，フランチャイザーに属する労働者が，フランチャイジーの営業・販売に関する情報収集や分析を行い，フランチャイザーの経営戦略（直営店やフランチャイズに関する経営方針等）の企画立案を行うことは，自社（フランチャイザー）の事業の運営に関する事項に関する企画立案調査分析であるため（自社の事業の運営に関する事項についての調査分析として，市場調査等のために他社の情報を収集することは，それが自社の事業の運営に関係するものである以上，当然可能である），企画業務型裁量労働制の対象業務として認められると考えられる。このように，一見すると他社の事業の運営に関する事項のようであっても，自社の事業の運営に関する事項として説明可能なものであれば，企画業務型裁量労働制の対象業務に該当し得るものと考えられる。

「分析」という相互に関連し合う作業を組み合わせて行うことを内容とする業務をいう（企画指針第3の1(1)ロ）。そのため，「企画」，「立案」，「調査」及び「分析」のいずれかの業務であればよいわけではなく，これらが「相互に関連し合う作業」を労働者の裁量によって「組み合わせて行うこと」を内容とする業務でなければならない[47]。なお，「調査」，「分析」には，過去に企画立案した施策が，実際に社内で施行された後に，問題等が生じていないか調査し，その原因の分析等を行うことも含まれると解され，それに基づき新たな施策を企画立案することも「企画」，「立案」に含まれると解される[48]。

　また，ここでいう「業務」とは，部署が所掌する業務ではなく，個々の労働者が使用者に遂行を命じられた業務をいい，対象事業場に設けられた企画部，調査課等の「企画」，「立案」，「調査」又は「分析」に対応する語句をその名称に含む部署において行われる業務のすべてがただちに「企画，立案，調査及び分析の業務」に該当するものではない（企画指針第3の1(1)ロ）。

③　当該業務の性質上これを適切に遂行するにはその遂行の方法を大幅に労働者の裁量に委ねる必要がある業務であること

「当該業務の性質上これを適切に遂行するにはその遂行の方法を大幅に労働者の裁量に委ねる必要がある」業務（労基法38条の4第1項1号）とは，使用者

---

[47]　荒木尚志ほか『注釈労働基準法・労働契約法 第1巻 総論・労働基準法(1)』（有斐閣，2023年）590頁。もっとも，例えば，他社の調査・分析結果を収集し，それを自社の事業の運営に関する事項に係る企画，立案との関係において分析し，自社の「企画」，「立案」につなげることは，自社における「調査」，「分析」に当たると考えられる。

[48]　働き方改革関連法案の国会提出に際して，企画業務型裁量労働制に係る改正事項として，裁量的にPDCAを回す業務（「事業の運営に関する事項について繰り返し，企画，立案，調査及び分析を主として行うとともに，これらの成果を活用し，当該事業の運営に関する事項の実施状況の把握及び評価を行う業務」）という対象業務の追加が検討されていたが，現行法においても，企画部門の事務系労働者が過去に企画立案した施策に関し，他部門で実施された施策の結果を踏まえた上で，新たに企画，立案，調査及び分析を行うという限度で，疑似的に，裁量的にPDCAを回す業務に近い業務を行うことは可能であると考えられる（裁量的にPDCAを回す業務，すなわち，企画業務と現場管理業務のいずれも行う労働者が，企画立案したものを自ら現場業務に落とし込み，その現場業務を把握・評価しつつ，その実施状況を把握し，その評価を行うことで，次の企画立案とその現場業務への落とし込みなどを行う業務までは，現行法では認められないため，法改正が必要であると考えられる）。

154　第3章　企画業務型裁量労働制

が主観的にその必要があると判断しその遂行の方法を大幅に労働者に委ねている業務をいうものではなく，当該業務の性質に照らし客観的にその必要性が存するものであることが必要である（企画指針第3の1⑴ハ）。

④　当該業務の遂行の手段及び時間配分の決定等に関し使用者が具体的な指示をしないこととする業務であること

「当該業務の遂行の手段及び時間配分の決定等に関し使用者が具体的な指示をしないこととする業務」とは，当該業務の遂行にあたり，その内容である「企画」，「立案」，「調査」及び「分析」という相互に関連し合う作業をいつ，どのように行うか等についての広範な裁量が，労働者に認められている業務をいい，日常的に使用者の具体的な指示の下に行われる業務や，あらかじめ使用者が示す業務の遂行方法等についての詳細な手順に即して遂行することを指示されている業務はこれに該当せず，「時間配分の決定」には始業及び終業の時刻の決定も含まれるため，使用者から始業又は終業の時刻を指示されている業務もこれに該当しない（企画指針第3の1⑴ニ）。また，業務量が過大である場合や期限の設定が不適切である場合には，労働者から時間配分の決定に関する裁量が事実上失われることがあり，その場合はみなし労働時間の効果は生じないとされている（企画指針第3の1⑵ハ）。

他方で，企画業務型裁量労働制が適用されている場合であっても，業務の遂行の手段及び時間配分の決定等以外については，使用者は，労働者に対し必要な指示をすることについて制限を受けないため，委員は，対象業務について決議するにあたり，使用者が労働者に対し業務の開始時に当該業務の目的，目標，期限等の基本的事項を指示することや，中途において経過の報告を受けつつこれらの基本的事項について所要の変更の指示をすることは可能であるとされている（企画指針第3の1⑵ハ）[49]。

以上のように，形式的に**前記①②**を満たしたとしても，実態として労働者に業務の遂行の手段及び時間配分の決定に関する裁量がない場合には，対象業務

---

[49]　また，使用者は，労働者の上司に対し，業務の目的，目標，期限等の基本的事項を適正に設定し，指示を的確に行うよう必要な管理者教育を行うことが適当であるとされている（企画指針第3の1⑵ハ）。

該当性は否定される[50]。業務の遂行の手段及び時間配分の決定に関する裁量の具体的内容については，**第2章の1(5)イ（90頁）**を参照されたい。

　前記①から④を満たし得るものとして，**【図表3－3】**のとおり，企画指針において，「対象業務となり得る業務の例」と「対象業務となり得ない業務の例」が示されており，参考になる。ただし，「対象業務となり得る業務例」に形式的に該当していたとしても，実態として前記①から④を満たしていない場合には，対象業務該当性が否定されることになる。そのため，各企業においては，その実態に沿って，対象業務該当性を精査する必要があることには留意が必要である。

【図表3－3】対象業務となり得る業務・なり得ない業務の例

対象業務となり得る業務（○）の例	対象業務となり得ない業務（×）の例
・経営企画を担当する部署における業務のうち，経営状態・経営環境等について調査及び分析を行い，経営に関する計画を策定する業務 ・経営企画を担当する部署における業務のうち，現行の社内組織の問題点やその在り方等について調査及び分析を行い，新たな社内組織を編成する業務 ・人事・労務を担当する部署における業務のうち，現行の人事制度の問題点やその在り方等について調査及び分析を行い，新たな人事制度を策定する業務	・経営に関する会議の庶務等の業務 ・人事記録の作成及び保管，給与の計算及び支払，各種保険の加入及び脱退，採用・研修の実施等の業務 ・金銭の出納，財務諸表・会計帳簿の作成及び保管，租税の申告及び納付，予算・決算に係る計算等の業務 ・広報誌の原稿の校正等の業務 ・個別の営業活動の業務 ・個別の製造等の作業，物品の買い付け等の業務

50　水町勇一郎『詳解労働法〈第3版〉』（東京大学出版会，2023年）769頁。行政通達でも「業務の遂行の手段及び時間配分の決定等に関し，労働者に裁量がないという状況が明らかになった場合」は企画業務型裁量労働制を適用することはできないとしている（令和5年8月2日基政発・基監発0802第1号）。

- 人事・労務を担当する部署における業務のうち，業務の内容やその遂行のために必要とされる能力等について調査及び分析を行い，社員の教育・研修計画を策定する業務
- 財務・経理を担当する部署における業務のうち，財務状態等について調査及び分析を行い，財務に関する計画を策定する業務
- 広報を担当する部署における業務のうち，効果的な広報手法等について調査及び分析を行い，広報を企画・立案する業務
- 営業に関する企画を担当する部署における業務のうち，営業成績や営業活動上の問題点等について調査及び分析を行い，企業全体の営業方針や取り扱う商品ごとの全社的な営業に関する計画を策定する業務
- 生産に関する企画を担当する部署における業務のうち，生産効率や原材料等に係る市場の動向等について調査及び分析を行い，原材料等の調達計画も含め全社的な生産計画を策定する業務

イ　対象労働者に従事させること

対象労働者に従事させたものというためには，以下のとおり，①労使委員会決議に定めた対象労働者の範囲に属する者であって，②対象業務に常態として従事している者であることが必要となる。

①　労使委員会決議に定めた対象労働者の範囲に属する者であること

前記(1)ウ②のとおり，労使委員会決議において，「対象業務を適切に遂行す

るために必要となる具体的な知識，経験等を有する労働者」の範囲を定めることになるが，実際にも当該範囲に該当する労働者に対象業務に従事させなければ，企画業務型裁量労働制を適用することはできない。

例えば，労使委員会決議において「入社3年目以上」と定めていた場合，入社2年目の労働者に企画業務型裁量労働制は適用できない（仮に入社2年目の労働者に企画業務型裁量労働制を適用していた場合には，適用時に遡ってその適用は否定される）[51]。

② 対象業務に常態として従事している者であること

前記(1)**ウ**②のとおり，対象労働者は，対象業務に常態として従事している者であることが原則である（企画指針第3の2(1)）。具体的には，企画，立案，調査及び分析の業務とは別に，たとえ非対象業務が短時間であっても，それが予定されている場合は，企画業務型裁量労働制を適用することはできない（令和5年8月2日基政発・基監発0802第1号）[52]。「たとえ非対象業務が短時間であっても，それが予定されている場合」とされているように，非対象業務に従事した時間数の多寡は関係ない（あくまで定性的な判断となる）[53]。

他方で，専門業務型裁量労働制の場合（**第2章の1(5)ウ（94頁）**）と同様，臨時的に非対象業務に従事した場合は，対象業務に従事した部分の企画業務型裁量労働制の適用は否定されず，非対象業務に従事した実労働時間と対象業務に係るみなし労働時間を合計した時間がその日の労働時間となると解される。そのため，例えば，労使委員会決議に定められたみなし労働時間は1日8時間の場合において，対象業務に従事しつつ，臨時的に1時間のみ非対象業務に従事した場合には，その日における労働時間は，みなし労働時間8時間と実労働時間1時間の合計9時間となり，1時間分は時間外労働となる（この場合，36協定が締結されていなければ労基法32条違反になるほか，労基法37条に基づき時間外労働に対する割増賃金を支払う必要がある）。

このように，対象業務に「常態として」従事しているか否かは，結局のとこ

51　もっとも，この例でいえば，入社3年目以上に至った場合には，対象労働者に該当することになるため，それ以降の適用部分は否定されないと考えられる。

158 第3章 企画業務型裁量労働制

ろ，❶対象労働者が常態として従事しているものは「対象業務」か否か（対象業務該当性（**前記ア①②**）の問題），❷非対象業務に従事する場合に，それが予定されていた業務か否か（対象業務と非対象業務の混在（**第2章の1(5)ウ(94頁)**）の問題[54]）の2つの要素から判断することとなる[55]。

　なお，通常は非対象業務に従事している労働者が，特定の期間（例えば短期間のプロジェクトを組む場合）に限り対象業務に常態として従事することとな

52　企画指針策定時の労働省「裁量労働制の指針の在り方に関する研究会報告」（平成11年9月）においては，「対象労働者は，対象業務を遂行する労働者であることから，対象業務に常態として従事していることが原則であり，少なくとも従事する業務の相当部分を対象業務が占めていることが必要であると考えられる」とされており，「常態」か否かは定量的に判断されるものと解される見込みであったが，その後の中央労働基準審議会労働時間部会において，研究会報告の「少なくとも業務の『相当部分』を対象業務が占めていることが必要」との表現では，対象業務以外の業務に一定割合とはいえ日常的に従事する労働者を対象労働者として容認するものと受け取られかねないため，当該部分を削除すべきであるとの意見が出され，それを受けて，研究会報告の当該部分が削除され，企画指針で当該表現は記載されないこととなった（盛誠吾「新裁量労働制の要件」労旬1488号22頁）。このような企画指針の制定経緯を踏まえると，非対象業務に部分的・一時的にせよ従事する場合は「常態として」対象業務に従事していることにはならないと解さざるを得ないだろう（盛誠吾「新裁量労働制の要件」労旬1488号22頁）。また，第69回 労働政策審議会労働条件分科会（平成18年11月28日）において，「常態」の解釈について，厚生労働省より「現在の企画業務型裁量労働制の対象労働者は，企画，立案，調査，分析の業務に常時，常態として従事する，いつもそれをやっていることが必要とされているわけです。中小企業の場合，組織が未分化であるということから，確かに1人の労働者の方が企画，立案，調査，分析の業務をやっているけれども，そのほかにも普通の人事の業務や普通の財務の業務などをやっている場合があるわけです。そうした場合には，この『常態として従事する』ということに当てはまらなくなる」という見解が示され，非対象業務も通常行われている場合には対象業務を常態として行っているとはいえないことが明らかになった上で，中小企業の実態に即して，「常態として」を「主として」（対象業務に従事する時間が全体の相当程度を占めていること）に改正する案が示されていた（当該改正は実現していない）。この経緯からも明らかなとおり，従来より，非対象業務が予定されている場合は「常態として」対象業務に従事しているとはいえないという解釈は存在しており，令和6年4月1日の裁量労働制の制度改正に際してその解釈（令和5年8月2日基政発・基監発0802第1号）が明確化されるに至ったものである。

53　対象業務に9割以上従事している場合は「常態」として従事しているという見解（石嵜信憲ほか『労働時間規制の法律実務（第2版）』（中央経済社，2022年）674頁）もあるが，「たとえ非対象業務が短時間であっても，それが予定されている場合」とされているように，「常態」の判断においては，非対象業務に従事した時間数の多寡は関係なく，定性的に判断される。

る場合は，決議の有効期間の範囲内で，その特定の期間について企画業務型裁量労働制を適用するという取扱いは可能であるとされている（平成12年3月28日基発180号）。

また，「対象労働者が対象業務を遂行する過程においては，期初，期末における目標設定，成果評価等に必要な会議への出席や関係者等との打合せ等時間配分に関し拘束を受ける場合が生じ得るものであり，また，自己の業務に関係する情報・資料の収集，整理，加工等を行うこともあり得るものであるが，これらの作業は，企画，立案，調査及び分析の業務の不可分な一部分を構成するものとして，当該業務に組み込まれているものと評価できることから，これらの業務を含めた全体が対象業務と評価されるものであ」るとされており（平成12年1月1日基発1号，平成15年12月26日基発1226002号，令和5年8月2日基政発・基監発0802第1号），対象業務の範囲を柔軟に解することで，対象労働者該当性を柔軟化している。

2　法的効果

対象労働者について，その実労働時間にかかわらず，労使委員会で決議されたみなし労働時間（**前記1(1)ウ③**）を労働したものとみなすこととなる（労基

54　企画業務型裁量労働制においては，「企画，立案，調査及び分析の業務とは別に，たとえ非対象業務が短時間であっても，それが予定されている場合は，企画業務型裁量労働制を適用することはできない」と解されており（令和5年8月2日基政発・基監発0802第1号），これは対象業務に「常態として」従事していないことを述べるものである（この点，厚生労働省「企画業務型裁量労働制の解説」12頁では，対象業務について「企画，立案，調査及び分析の業務とは別に，たとえ非対象業務が短時間であっても，それが予定されている場合は，企画型を適用することはできません」と述べ，同13頁で「対象業務以外の業務にも常態として従事している者は対象労働者とはなりません」と述べているが，これは同じことを述べているにすぎないことには留意されたい）。なお，専門業務型裁量労働制においては，協定事項及び適用要件として「対象労働者」という概念がないため，対象業務と非対象業務の混在は，法的には対象業務該当性の問題として取り扱われる（**第2章の1(5)ウ（94頁）**参照）。

55　対象業務に常態として従事している者であることが「原則である」としているのは，非対象業務が混在している場合であっても，臨時的な場合には対象労働者該当性自体は否定されないという例外的な場面を想定してのことであると解される。

160　第3章　企画業務型裁量労働制

法38条の４第１項柱書）。みなし労働時間は，労基法第４章の労働時間に関する規定の適用に係る「労働時間の算定」において適用される（労基則24条の２の３第２項）。

　みなし労働時間と労働時間に関する規定等の適用関係については，専門業務型裁量労働制と同様であるため，**第２章の２(2)（96頁）**を参照されたい。

3　導入後の対応

(1)　同意の撤回

　前記１(1)ウ⑦のとおり，企画業務型裁量労働制に関する労使委員会決議において，同意の撤回に関する手続を定めることになる。対象労働者から裁量労働制の適用を解除する場合には，当該労使委員会決議に従い，対象労働者から同意の撤回がなされることが想定される。

　同意の撤回の法的効果や不利益取扱いの禁止については，専門業務型裁量労働制と同様であるため，詳細は**第２章の３(1)（106頁）**を参照されたい。

(2)　適用解除

　第２章の３(2)（108頁）のとおり，健康・福祉確保措置としての適用解除（**前記１(1)ウ④**）や勤務実績，勤務成績その他事情から，当該適用労働者に対する専門業務型裁量労働制の適用が適当ではない場合の適用解除が想定される。

　適用解除の詳細については**第２章の３(2)（108頁）**，適用解除に係る就業規則の規定例については**巻末資料４の２**を参照されたい。

(3)　労使委員会による制度の実施状況に係るモニタリング

　労使委員会は，企画業務型裁量労働制が制度の趣旨に沿って実施されるよう，企画業務型裁量労働制に係る決議の有効期間中においても，定期的に制度の実施状況に関する情報を把握し，対象労働者の働き方や処遇が制度の趣旨に沿ったものとなっているかを調査審議し，必要に応じて，運用の改善を図ることや決議の内容について見直しを行うことが求められる（企画指針第４の１）。

具体的には，運営規程（**前記1(1)ア③**）に従い，6か月以内ごとに1回以上の頻度で労使委員会を開催し，①企画業務型裁量労働制の対象労働者の賃金水準や制度適用に係る特別手当の実際の支給状況，評価結果等に関する分布を労使委員会に開示し，又は，②企画業務型裁量労働制の対象労働者に対して人事部が実施する社内サーベイにおいて業務量や業務における裁量の程度等を調査した結果等を労使委員会が参照した上で，その内容を調査審議（モニタリング）することが考えられる。

　また，使用者は，委員が，当該対象事業場における企画業務型裁量労働制の実施状況に関する情報を十分に把握するため，労使委員会に対し，把握した対象労働者の勤務状況及びこれに応じて講じた対象労働者の健康・福祉確保措置の実施状況，対象労働者からの苦情の内容及びその処理状況等の苦情処理措置の実施状況，対象労働者に適用される評価制度及びこれに対応する賃金制度の運用状況（対象労働者への賃金・手当の支給状況や評価結果等をいう）並びに労使委員会の開催状況を開示することが適当であるとされている（企画指針第4の5(2)）。ただし，使用者が，対象労働者からの苦情及び処理の状況，対象労働者に適用される評価制度及びこれに対応する賃金制度の状況を労使委員会に開示するにあたっては，対象労働者のプライバシーの保護に十分に留意する必要がある（企画指針第4の5(2)）。プライバシー保護の方法としては，対象労働者に支給されている平均賃金を開示したり，賃金水準・手当の支給状況，評価結果等について分布をまとめた概要資料を開示したりすることが考えられる（令和5年Q&A8−2）。また，企画業務型裁量労働制の対象労働者が1名の場合は，①賃金額等について一定の幅を持たせて開示すること，②当該対象労働者の値が非対象労働者と比べてどの程度多いか・少ないかという相対値を示すこと，③本人の同意を得て上記情報と同様のものを開示することが考えられる（令和5年Q&A8−2）。

　なお，**前記1(1)ウ⑧**のとおり，労使委員会決議において，使用者は，対象労働者に適用される評価制度及びこれに対応する賃金制度を変更する場合にあっては，労使委員会に対し，当該変更の内容について説明を行うことを定めることとなるが（労基法38条の4第1項7号，労基則24条の2の3第3項2号），実際に対象労働者に適用される評価制度及びこれに対応する賃金制度を変更しようとす

162　第3章　企画業務型裁量労働制

る場合，使用者は労使委員会に対し，事前に当該変更の内容について説明を行うことが適当であり，事前に説明を行うことが困難な場合であっても，変更後遅滞なく，その内容について説明を行うことが適当であるとされている（企画指針第3の7(2)ロ）。

(4)　記録の作成・保存

使用者は，①健康・福祉確保措置の実施状況，②苦情処理措置の実施状況，③対象労働者の同意及びその撤回について，労働者ごとの記録を作成し，企画業務型裁量労働制に関する労使委員会決議の有効期間中及び有効期間満了後3年間保存しなければならない（労基則24条の2の3の2，71条）[56]。

これらの事項の保存は決議事項（労基法38条の4第1項7号，労基則24条の2の3第3項1号）としても規定されているが（**前記1(1)ウ⑩**），それに加えて実際に記録の作成及び保存を行うべき義務としても規定されている（決議事項にとどまらず，使用者の義務としても構成されている）。そのため，記録の作成及び保存を怠れば，「労基則24条の2の3の2違反」として労働基準監督署の監督指導の対象となる[57]。

記録の保存方法は，専門業務型裁量労働制と同様であるため，詳細は**第2章の3(4)（113頁）**を参照されたい。

(5)　労働基準監督署長への定期報告

ア　定期報告の内容及び頻度

企画業務型裁量労働制を導入している使用者は，「決議の有効期間の始期」から起算して[58]，6か月以内に1回及びその後1年ごとに1回，様式13の4号

---

[56] 記録の保存期間について，労基則24条の2の3の2は「5年間」としているが，労基則71条により，当面の間，「3年間」とすることとされている。

[57] なお，これらの規定は法の委任を受けていないため（いわゆる実施省令），企画業務型裁量労働制の法的効果に影響を与えるものではなく，また，罰則も設けられていない。

[58] 令和6年3月までは，定期報告の報告期間の起算点は「決議が行われた日で」あったが，必ずしも決議が行われた日から企画業務型裁量労働制が適用されるとは限らないことから，令和6年4月1日施行の裁量労働制の制度改正により，「決議の有効期間の始期」から起算することとなった（令和5年施行通達第3の4(1)）。

（**巻末資料7**）により，所轄の労働基準監督署長に報告しなければならない（労基法38条の4第4項，労基則24条の2の5第1項）。報告事項は，①労働者の労働時間の状況，②健康・福祉確保措置の実施状況，③労働者の同意及び同意の撤回の状況である（労基法38条の4第4項，労基則24条の2の5第2項）。定期報告の際は，決議の有効期間内の状況がすべて反映されている必要がある（令和5年施行通達第3の4(2)）。①については，対象労働者について把握した労働時間の状況のうち，1か月の労働時間の状況が最長であった者の当該1か月の労働時間の状況及び対象労働者全員の1か月当たりの労働時間の状況の平均値を報告することとされ，また，対象労働者の労働時間の状況を実際に把握した方法を具体的に報告することとされている（平成15年10月22日基発1022001号，令和5年施行通達別添9）。

　なお，決議の有効期間を1年6か月未満で定めた場合には，2回目の報告の前に決議の有効期間が満了する場合も想定されるが，このような場合でも，**【図表3－4】**のとおり，有効期間中の制度の実施状況を報告する必要がある（令和5年Q&A6－1）。

【図表3－4】決議の有効期間を1年6か月未満で定めた場合の定期報告

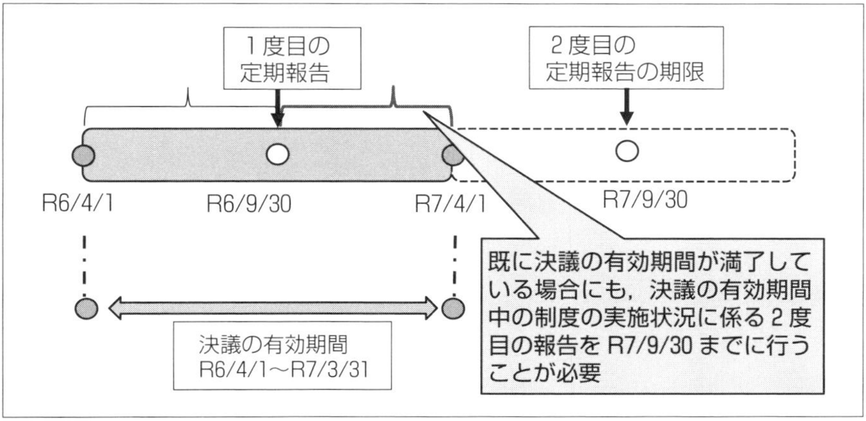

（出典）令和5年Q&A6－1

また、決議の有効期間を1年と定め（第1回決議）、その有効期間満了時に改めて同様の決議（第2回決議）を行う場合、①第1回決議の2度目の定期報告（第1回決議の1年6か月後の定期報告）と②第2回決議の1度目の定期報告（第2回決議の6か月以内の定期報告）が同時期になされることが想定されるが、この場合には、【図表3－5】のとおり、両方の報告を1枚の様式で報告することが認められている（令和5年Q&A6－2）。その際の報告対象となる期間は、第1回決議の有効期間及び第2回決議の有効期間を含めた期間（【図表3－5】においては、令和6年10月1日から令和7年9月30日）となる（令和5年Q&A6－2）。

【図表3－5】決議の有効期間を1年と定め、その有効期間満了時に改めて同様の決議を行う場合の定期報告

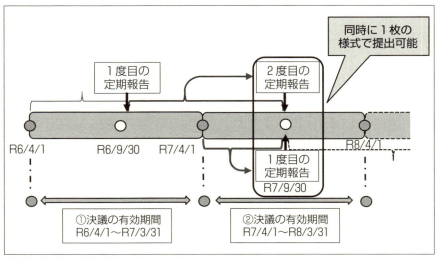

（出典）令和5年Q&A6－2

イ　本社一括届出

企画業務型裁量労働制の定期報告については、原則として、事業場単位でそれぞれの所在地を管轄する労働基準監督署に報告する必要があるが、以下の要件を満たす場合には、本社において各事業場の定期報告を一括して本社を管轄

する労働基準監督署に報告することができる（いわゆる本社一括届出）[59]。

---

① 電子申請による届出であること[60]
② 以下の項目以外の記載内容が同一であること
　・労働保険番号
　・事業の種類
　・事業の名称
　・事業の所在地（電話番号）
　・常時使用する労働者数
　・制度の適用労働者数
　・同意した労働者数（同意を撤回した労働者数）
　・労働者の１か月の労働時間の状況
　・労働者の健康及び福祉を確保するための措置の実施状況
③ 事業場ごとに記載内容が異なる項目については，厚生労働省ホームページ又はe-Govの申請ページからExcelファイル「一括届出事業場一覧作成ツール」をダウンロードし，内容を記入して添付すること

ウ　令和６年４月１日施行の裁量労働制の制度改正に係る経過措置

令和６年４月１日施行の裁量労働制の制度改正に伴い，定期報告の経過措置として，決議の有効期間のパターンに応じて，【図表３－６】の取扱いが定められている（令和５年改正省令附則５条，６条，令和５年Q&A７）。

59　厚生労働省リーフレット「１か月単位の変形労働時間制に関する協定届等の本社一括届出について」
60　労働基準法等の規定に基づく届出等の電子申請は，e-Govにより行うことができる。その詳細については，厚生労働省ホームページ「労働基準法等の規定に基づく届出等の電子申請について」を参照されたい。また，具体的な申請手順については，同ホームページ内にアップロードされている厚生労働省パンフレット「労働基準法等の電子申請に関する基本的な流れ」を参照されたい。

166　第3章　企画業務型裁量労働制

【図表3－6】定期報告の経過措置

	決議の有効期間の始期・終期ともに令和6年3月31日以前	決議の有効期間の始期が令和6年3月31日以前，終期が同年4月1日以降	決議の有効期間の始期が令和6年4月1日以降
様式の種類	新・旧様式とも可	新様式のみ可（報告期間の終期が令和6年3月31日以前の報告は旧様式も可）	新様式のみ可
定期報告の頻度	6か月以内ごとに1回		6か月以内ごとに1回及びその後1年以内ごとに1回
報告頻度の起算日（報告期間の始期）	決議日から起算	決議の有効期間の始期から起算	

(6)　健康・福祉確保措置，苦情処理措置の実施

　企画業務型裁量労働制においては，**前記1(1)ウ④⑤**のとおり，健康・福祉確保措置と苦情処理措置は決議事項となっているものの，実際にかかる措置を講じていることは，条文上有効要件とはなっていない（労基法38条の4第1項柱書）。

　この点については，専門業務型裁量労働制と同様（**第2章の3(5)（113頁）**），健康・福祉確保措置や苦情処理措置が実際に講じられることは適用要件ではないと解すべきであろう。なお，安全配慮義務との関係については，専門業務型裁量労働制と同様であるため，詳細は**第2章の3(5)（113頁）**を参照されたい。

第*4*章

他の法令と裁量労働制
との関係

168　第4章　他の法令と裁量労働制との関係

　裁量労働制によるみなし労働時間は，労基法第4章の労働時間に関する規定との関係で適用されるものであり，他の法令にはただちには適用されない。もっとも，以下のとおり，他の法令において，裁量労働制の適用労働者との関係を踏まえた規定又は解釈を設けているものがある（なお，労災保険制度との関係については，**第5章の7（204頁）**を参照されたい）。

1　安衛法における労働時間の状況の把握及び面接指導

　安衛法上，事業者は労働者の労働時間の状況を把握した上で（安衛法66条の8の3），休憩時間を除き週40時間を超えて労働させた場合におけるその超えた時間が月80時間を超え，かつ，疲労の蓄積が認められる者に対し，その申し出に基づき，面接指導を実施しなければならない（安衛法66条の8第1項，安衛則52条の2第1項，52条の3第1項，3項）。

　労働時間の状況の把握については，いかなる時間帯にどの程度の時間，労務を提供し得る状態にあったかを把握するものであり，その方法は，タイムカードによる記録，パーソナルコンピュータ等の電子計算機の使用時間の記録等の客観的な方法その他の適切なものとされている（平成30年12月28日基発1228第16号の第2面接指導等（労働安全衛生法令関係）の答8）。詳細は**第2章の1(1)ア④（50頁）**を参照されたい。

　面接指導については，月1回以上は「週40時間を超えて労働させた場合におけるその超えた時間」の算定を行った上で，速やかに，当該超えた時間が月80時間を超えた労働者に対し，当該労働者に係る当該超えた時間に関する情報を通知しなければならない（安衛則52条の2第2項，3項）。

　裁量労働制の適用労働者についても，安衛法における労働時間の状況の把握及び面接指導の対象となり[1]，いずれも「みなし労働時間」は用いることはできないため，事業者は裁量労働制の適用労働者との関係でも，通常の労働者と同様にこれら規制を遵守しなければならない。

1　平成30年12月28日基発1228第16号の第2面接指導等（労働安全衛生法令関係）の答10，厚生労働省リーフレット「過重労働による健康障害を防ぐために」（令和元年10月）7頁

2 職安法における労働条件明示

　職安法上，職業紹介事業者，求人者，労働者の募集を行う者，募集受託者，労働者供給事業者及び労働者供給を受けようとする者は，労働時間に関しては，始業及び終業の時刻，所定労働時間を超える労働の有無，休憩時間，休日について，書面等により明示することとされているが（職安法5条の3第4項，職安則4条の2第3項4号），裁量労働制によりみなし労働時間を労働したものとみなす場合については，その旨を明示することとされている（職安指針第3の1⑶ロ）。

　なお，厚生労働省職業安定局「職業紹介事業の業務運営要領」（令和6年4月）第9の2⑷イ（105頁以下）には，以下のとおり，裁量労働制の求人に係る留意点が示されている。職業紹介事業者が留意すべき点ではあるものの，求人者（裁量労働制適用予定の労働者の求人申込みをしようとする企業等）においてもあらかじめ留意しておく必要があろう。

イ　裁量労働制求人の申込みがあった場合は，裁量労働制求人であること，適用される制度（専門業務型裁量労働制か企画業務型裁量労働制か）及び何時間分働いたものとみなすかについても明示を求め，求職者に対してそれを明示することが必要であること。

　㈠　具体的には，就業時間を明示するに当たって，例えば，「裁量労働制（○○業務型）」により，出退社の時刻は自由であり，○時間勤務したものとみなす」などと記入するよう求めること。

　㈡　裁量労働制においては，労使協定又は労使委員会の決議（以下「労使協定等」という。）を所管労働基準監督署長に届け出ることが必要とされているため，求人者より裁量労働制の求人申込みがあった場合は，求人者に対し，労使協定等の内容が申込み内容と一致していること及び労働基準監督署に届出済であることの確認を行うこと。なお，確認の方法としては，例えば，労働基準監督署に提出した労使協定等の写しの提出を依頼することや，労働基準監督署に届出済であること，届出内容と相違ないこと及び協定の届出年月日について自己申告を依頼すること等が考えられる。

　　確認の結果，労使協定等と申込み内容との間に不一致が生じている場合は，申込み内容に関する疑義や不明点等について求人者に十分に確認を行い，訂

170　第 4 章　他の法令と裁量労働制との関係

正が必要な場合には求人者に対し申込み内容の見直しを求める等適切な対応を行うこと。

(ハ)　裁量労働制を適用するに当たっては，専門業務型裁量労働制又は企画業務型裁量労働制それぞれの要件を満たしていることが必要であり，求人申込みに記載された業務が法律上の裁量労働制の対象業務として認められているものであるかどうかについても確認すること。

(二)　裁量労働制においては，時間配分決定等に関し使用者が具体的な指示をしないこととされており，始業・終業時刻を指定し，当該始業・終業時刻での労働を義務付けている場合には，労働時間の配分等を労働者に委ねているとはいえず，裁量労働制の適用として不適切であること。そのため，始業・終業時刻が記載されている場合は，求人者にその内容を確認し，募集内容の訂正，見直しを依頼する等適切な対応を行うこと。

ただし，始業・終業時刻が記載されている場合であっても，裁量労働制適用者の実態を参考として記載している場合や，出退社の時刻の目安を記載している場合等，使用者が始業・終業時刻を指定していない場合は，裁量労働制募集情報として問題がないこと。

3　労働者派遣法による派遣労働者への裁量労働制の適用

派遣労働者の派遣就業に関しては，法定労働時間（労基法32条）や時間外及び休日労働（労基法36条 1 項，6 項）などの規定[2]については，派遣先の使用者のみが使用者としての責任を負う（これらの規定に基づいて発する省令の規定及びこれらの規定に関する罰則の規定も適用される）（労働者派遣法44条 2 項）。ただし，36協定の締結及び届出は派遣元の使用者が行わなければならず，派遣先の使用者は，派遣元の使用者が締結した36協定の範囲内において時間外・休日労働をさせることができる。

その上で，専門業務型裁量労働制については，労働者派遣法44条 5 項により，労基法38条の 3 第 1 項が以下の下線のとおり読み替えられており，派遣先の使用者が派遣労働者を対象業務に従事させた場合も専門業務型裁量労働制が適用

されることとなる。

> 使用者が，当該事業場に，労働者の過半数で組織する労働組合があるときはその労働組合，労働者の過半数で組織する労働組合がないときは労働者の過半数を代表する者との書面による協定により，次に掲げる事項を定めた場合において，労働者を第1号に掲げる業務に就かせたとき（派遣先の使用者（労働者派遣法第44条第1項又は第2項の規定により同条第1項に規定する派遣先の事業の第10条に規定する使用者とみなされる者をいう。以下同じ。）が就かせたときを含む。）は，当該労働者は，厚生労働省令で定めるところにより，第2号に掲げる時間労働したものとみなす。

　他方で，企画業務型裁量労働制については，労働者派遣法44条に労基法38条の4に関する規定がない以上，派遣先において派遣労働者に企画業務型裁量労働制を適用することはできない（平成12年3月28日基発180号）。

4　育介法における各措置

(1)　子の看護休暇・介護休暇

　小学校就学の始期に達するまでの子を養育する労働者は，事業主に申し出ることにより，1年度につき，該当する子が1人の場合は5労働日，2人以上の

2　その他の規定としては，公民権行使の保障（労基法7条），1か月単位の変形労働時間制（労基法32条の2第1項），フレックスタイム制（労基法32条の3第1項），1年単位の変形労働時間制（労基法32条の4第1項から3項），災害等による臨時の必要がある場合の時間外労働等（労基法33条），休憩（労基法34条），休日（労基法35条），労働時間及び休憩の特例（労基法40条），労働時間等に関する規定の適用除外（労基法41条），年少者に係る労働時間及び休日（労基法60条），年少者に係る深夜業（労基法61条），年少者に係る危険有害業務の就業制限（労基法62条），年少者に係る坑内労働の禁止（労基法63条），女性に係る坑内労働の禁止（労基法64条の2），妊産婦等に係る危険有害業務の就業制限（労基法64条の3），妊産婦に係る時間外労働，休日労働及び深夜業（労基法66条），育児時間（労基法67条），生理日の就業が著しく困難な女性に対する措置（労基法68条）などが挙げられる（労働者派遣法44条2項）。

172 第4章 他の法令と裁量労働制との関係

場合は10労働日を限度として，「子の看護休暇」を取得することができる（育介法16条の２）。子の看護休暇は，１日単位又は時間単位で取得することができ，時間単位での取得は，始業の時刻から連続するもの，又は，終業の時刻まで連続するものとされている（育介則34条１項）。

　また，要介護状態にある対象家族の介護や世話をする労働者は，事業主に申し出ることにより，１年度につき，該当する対象家族が１人の場合は５労働日，２人以上の場合は10労働日を限度として，「介護休暇」を取得することができる（育介法16条の５）。介護休暇についても，子の看護休暇と同様，１日単位又は時間単位で取得することができ，時間単位での取得は，始業の時刻から連続するもの，又は，終業の時刻まで連続するものとされている（育介則40条１項）。

　この点，育介法及び育介則は，子の看護休暇や介護休暇の対象から裁量労働制の適用労働者を除外していないから，理論上は適用されるが[3]，**第２章の２(2)キ（103頁）**で述べた半日単位年休や時間単位年休と同様，裁量労働制の適用労働者には時間配分の決定（始業及び終業時刻の決定を含む）に関する裁量があるため，特定の時間帯に時間単位でこれら休暇を取得して労務提供義務の免除を受けずとも，適用労働者自身の判断により，特定の時間帯は労働しないという対応は可能である（その上，その日の別の時間帯に対象業務に従事すれば，実労働時間にかかわらず，みなし労働時間を労働したものとみなされる）。そのため，労務提供義務の免除という効果との関係では，裁量労働制の適用労働者にとって，時間単位でこれら休暇を取得する実益はない（単に観念的に休暇日数を消化する結果にしかならない。また，年次有給休暇の半日単位年休や時間単位年休とは異なり，子の看護休暇や介護休暇は，労使間で特に定めのない限り，無給であることから，結果的に毎月の賃金額よりも休暇取得分の賃金分多くなるといったこともない）[4]。なお，この点は，労基法上の育児時間（労

3　半日単位の子の看護休暇や介護休暇が導入された際のものであるが，厚生労働省「平成28年改正法に関するQ&A」（平成30年５月15日更新）3-10では「裁量労働制の適用される業務に従事する労働者は，子の看護休暇・介護休暇を半日単位で取得できるか」という問に対して，「取得できる。（育児・介護休業法第16条の３第２項に基づき，労使協定で除外された労働者を除く。）」，「裁量労働制の適用される業務に従事する労働者が半日単位で取得する場合の時間数は，所定労働時間（１時間に満たない端数がある場合には，端数を切り上げ）の１／２となる」としていた。

基法67条1項）についても同様である。

(2) 所定労働時間の短縮措置

事業主は，3歳に満たない子を養育する労働者で，現に育児休業をしていない者が，就業しつつ子を養育することを容易にするための措置（育児短時間勤務制度）を講じなければならない（育介法23条1項）。育児短時間勤務制度は，1日の所定労働時間を原則として6時間とする措置を含むものとしなければならない（育介則74条1項）。

また，事業主は，要介護状態にある対象家族を介護する労働者で，現に介護休業をしていない者が，就業しつつ対象家族の介護を行うことを容易にする措置を講じなければならない（育介法23条3項）。育児の場合と異なり，当該措置として，短時間勤務制度のほか，フレックスタイム制，時差出勤制度（始業又は終業の時刻を繰り上げ又は繰り下げる制度），労働者が利用する介護サービスの費用の助成その他これに準ずる制度のいずれかの措置を講じれば足りる。

この点，行政解釈においては，裁量労働制の適用労働者に所定労働時間の短縮措置を行う場合は，①労働者を裁量労働制の対象から外し，通常の労働者の労働時間管理を行うこととした上で，所定労働時間の短縮措置の対象とする，②労働者を裁量労働制の対象としつつ，所定労働時間の短縮措置の対象とする，のいずれかの方法が考えられるとした上で，上記②とする場合は「制度を設け

4　なお，厚生労働省「子の看護休暇・介護休暇の時間単位での取得に関するQ&A」（令和2年9月11日更新）2-4では，コアタイムのないフレックスタイム制度との関係で，「看護・介護休暇は，労働者の労務提供義務を消滅させる効果を有するものであり，一定期間内においてあらかじめ定めた総労働時間数の範囲内で労働者自身が柔軟に労働時間を設定することができるフレックスタイム制度とは趣旨が異なるものである。したがって，たとえフレックスタイム制度のような柔軟な労働時間制度が適用される労働者であっても，申出があった場合には，時間単位で看護・介護休暇を取得できるようにしなければならない」としており，裁量労働制についても，時間配分の決定（始業及び終業時刻の決定を含む）に関する裁量があるという点で妥当する考え方であると思われる。しかしながら，労務提供義務を消滅させる効果といったところで，裁量労働制やコアタイムのないフレックスタイム制においては，労働者自身が始業及び終業時刻を決めることができ，特定の時間帯における労務提供義務が観念されないのであるから，本Q&Aは実際上意味のない取扱いを示しているといえよう（わざわざ社内でこれら休暇の手続を取らせようとするほうがむしろ労使双方にとって煩雑であろう）。

174 第4章 他の法令と裁量労働制との関係

るだけではなく，実際に短時間勤務ができることを確保することが必要であること。このため，事業主は，必要に応じ，みなし労働時間を短縮するとともに業務内容・量の削減などを行い，実際に短時間勤務ができることを確保することが必要であり，単にみなし労働時間を短縮するだけで，常態として短時間勤務が実現されていない場合は，事業主の義務を果たしたとは評価されないこと。ただし，裁量労働制においては，時間配分の決定に関して具体的な指示をすることはできないことに留意すること」としている[5]。裁量労働制の下でも実態として短時間勤務であることを求めようとするものと解されるが，そうであれば，育介法上の措置として必要なのは「業務内容・量の削減など」の実際の労働時間の短縮につながる措置であり，「みなし労働時間を短縮する」ことまでは本来法的に不要であって，その点で違和感のある取扱いである[6]。育介法上の所定労働時間の短縮措置としては，「みなし労働時間を短縮する」ことまでは必須ではないと解すべきであろう[7]。

　なお，裁量労働制と所定労働時間の短縮措置は，互いに馴染まない制度であ

5　厚生労働省「改正育児・介護休業法に関するQ&A」（平成22年2月26日版）Q20のA，
　厚生労働省「平成28年改正法に関するQ&A」（平成30年5月15日更新）2 - 8
6　みなし労働時間はあくまでフィクションの時間であり，実態として短時間勤務であることを確保する意味では，実際の労働時間が減ることにつながる措置を講じさせることで足り，みなし労働時間の短縮をする意味はない（みなし労働時間がそのままであると，何となく今までどおりの業務量を与えてしまうというのは運用上の問題にすぎず，その場合は実態として短時間勤務であることを確保できていないと評価すればよいのであって，みなし労働時間を短縮すべき理由にはならない）。もちろん，実態として短時間勤務であるにもかかわらず，常にフルタイムを念頭に置いたみなし労働時間を適用し，それに対する賃金を支払うのは企業にとって不必要に賃金を支払うことになるため，実態に即してみなし労働時間を短縮し（実務的にはあらかじめ労使協定又は労使委員会決議において短時間勤務の場合のみなし労働時間を定めておき），短縮後のみなし労働時間にふさわしい賃金額とするということであれば理解できるが，育介法上の措置としてみなし労働時間を短縮することを求めるのは，法的には不必要であると解される（この行政解釈は，みなし労働時間と所定労働時間を混同していると思われるが，裁量労働制は労働に従事した際の労働時間の算定を実労働時間ではなくみなし労働時間により行う制度にすぎず，所定労働時間を画する概念ではない）。なお，「業務内容・量の削減などを行い」と述べつつ，「裁量労働制においては，時間配分の決定に関して具体的な指示をすることはできない」と述べているように，あくまで実際の労働時間の短縮につながる措置を講じる必要があり，例えば，「○時間しか働かないようにすること」，「○時までには帰ること」などの指示をしてしまうと，裁量労働制の適用要件を満たさないことになるため留意が必要である。

るため，実務的には，上記①で対応することが適当であると考えられる（その場合は，あらかじめ就業規則（育児介護休業規程を含む）や裁量労働制に関する労使協定，労使委員会決議において，裁量労働制の適用労働者との関係で，所定労働時間の短縮措置を講じる場合の取扱い（所定労働時間の短縮措置を講じる場合は裁量労働制の適用が解除され，通常の労働者の労働時間管理とすることなど）を定めておく必要がある）。

(3) 所定外労働の免除

　事業主は，３歳に満たない子を養育する労働者や要介護状態にある対象家族を介護する労働者が請求した場合には，事業の正常な運営を妨げる場合を除き，所定労働時間を超えて労働させてはいけない（育介法16条の８第１項，16条の９第１項）。

　この点，行政解釈においては，裁量労働制の適用労働者に所定外労働の免除を行う場合は，①労働者を裁量労働制の対象から外し，通常の労働者の労働時間管理を行うこととした上で，所定外労働の免除の対象とする，②労働者を裁量労働制の対象としたまま，所定外労働の免除の対象とする，のいずれかの方法が考えられるとした上で，上記②とする場合は「制度を設けるだけではなく，所定外労働が免除されることを実際に確保することが必要であること。このため，事業主は，必要に応じ，みなし労働時間を短縮するとともに業務内容・量の削減などを行い，労働者が所定外労働を免除されることを実際に確保することが必要であり，単にみなし労働時間を短縮するだけで，常態として所定外労

7　コナミデジタルエンタテインメント事件（東京地判平23.3.17労判1027号27頁）においては，従業員が育児休業後に復職したところ，その同意なく企画業務型裁量労働制の適用対象から外された事案について，当該会社における育児短時間勤務の措置は，小学校就学の始期に達するまでの子を養育するために，所定労働時間を短縮した一定の時間だけ勤務するというものであり，業務遂行の時間配分に関する裁量性がなく，また，労働時間が短縮されるのであるから，短縮された一定の労働時間しか労働しない者にみなし労働時間分の労働をしたものと扱うのは不合理であると述べている（控訴審（東京高判平23.12.27労判1042号15頁）も同判断を維持）。これは育介法上の所定労働時間の短縮措置でも妥当する指摘であり，そもそも裁量労働制の適用労働者をその適用のままに同措置を講じることを認めること自体が誤りであって（所定外労働の免除も同様），これを認めている現行の行政解釈は改められるべきであろう。

176　第4章　他の法令と裁量労働制との関係

働の免除が実現されていない場合は，事業主の義務を果たしたとは評価されないこと。ただし，裁量労働制においては，時間配分の決定に関して具体的な指示をすることはできないことに留意すること」としている[8]。裁量労働制の下でも実態として所定外労働が免除されることを求めようとするものと解されるが，そうであれば，所定労働時間の短縮措置と同様，育介法上の措置として必要なのは「業務内容・量の削減など」の実際に所定以外の労働の免除（労働時間の短縮）につながる措置であり，「みなし労働時間を短縮する」ことまでは本来法的に不要であり，その点で違和感のある取扱いである。育介法上の所定外労働の免除としては，「みなし労働時間を短縮する」ことまでは必須ではないと解すべきであろう。

　なお，裁量労働制と所定外労働の免除は，互いに馴染まない制度であるため，実務的には，上記①で対応することが適当であると考えられる（その場合は，あらかじめ就業規則（育児介護休業規程を含む）や裁量労働制に関する労使協定，労使委員会決議において，裁量労働制の適用労働者との関係で，所定外労働の免除を講じる場合の取扱い（所定外労働の免除を講じる場合は裁量労働制の適用が解除され，通常の労働者の労働時間管理とすることなど）を定めておく必要がある）。

(4)　出生時育児休業

　出生時育児休業（いわゆる産後パパ育休）は，出生後8週間以内の子を養育する産後休業をしていない労働者が，子の出生日から起算して8週間を経過する日の翌日までの間で，4週間（28日）以内の期間で取得できる制度である（育介法9条の2以下）。

　当該制度の下では，事業主が出生時育児休業期間中に就業させることができる労働者の範囲について，過半数組合又は過半数組合がない場合は過半数代表者との間の労使協定に定めたときは，当該範囲に該当する労働者は，出生時育児休業期間中の就業（いわゆる部分就業）を申し出ることができ，事業主は当該申し出に係る就業可能日等の範囲内で日時を提示し，当該申し出に係る出生

8　厚生労働省「平成28年改正法に関するQ&A」（平成30年5月15日更新）2－8

時育児休業開始予定日とされた日の前日までに当該労働者の同意を得た場合に限り，当該労働者を当該日時に就業させることができる（育介法9条の5第2項，4項）。

　もっとも，裁量労働制の適用労働者については，その業務の遂行を労働者の裁量に委ねることとされており，かつ，当該労働者については実際の労働時間数を把握しないこととなっているため，あらかじめ合意した就業日時の範囲内で就業することとなっている出生時育休中の部分就業を行いながら裁量労働制の適用を続けることはできないとされている（令和3年改正育児・介護休業法に関するQ&A（令和4年7月25日時点）Q6-16）。

　したがって，裁量労働制の適用労働者について，出生時育児休業中に部分就業を行わせる場合には，当該労働者を裁量労働制の対象から外し，通常の労働者の労働時間管理を行うこととした上で，通常の労働者と同様に，就業可能日等の申し出を受け，その範囲内で日時を提示し，労働者の同意を得た場合に当該日時に就業させることとなる（令和3年改正育児・介護休業法に関するQ&A（令和4年7月25日時点）Q6-16）。なお，部分就業は，就業日における労働時間の合計が出生時育児休業期間における所定労働時間の合計の2分の1以下である必要があるが（育介則21条の17），裁量労働制の対象から外した労働者については，通常の労働者に適用される所定労働時間数をもとに就業可能な時間数（所定労働時間の半分）の算出を行うこととなる（令和3年改正育児・介護休業法に関するQ&A（令和4年7月25日時点）Q6-16）。

第 *5* 章

裁量労働制に係る労働基準
監督署の監督指導への対応

1 労働基準監督署とは

労働基準監督署（以下，本章において「**労基署**」という）は，労働者の労働条件・安全衛生の確保，労働者災害補償保険の適用・給付等の事務を行うことを主たる目的として国が設置する行政機関である。

厚生労働省（本省）の地方支分部局として，都道府県労働局（以下，本章において「**労働局**」という）が各都道府県に1局ずつ置かれ（全国で47局）[1]，その下部組織として，労基署が各都道府県に3署〜17署置かれている（全国で321署）[2]。

労基署の職員は，労働基準監督官（以下，本章において「**監督官**」という），厚生労働事務官，厚生労働技官から構成され，いずれも国家公務員である[3]。労基署において，事業場に対する監督指導を担当しているのが，監督官である。

2 労基署の監督業務

労基署の監督業務には，①監督指導，②申告処理，③司法警察事務などがある[4]。以下では，これらの業務について概説する。

(1) 監督指導

監督指導は，監督官が，労基法，安衛法等の労働基準関係法令[5]により与え

---

1 厚生労働省設置法17条，21条，厚生労働省組織令156条，同別表
2 厚生労働省設置法22条，厚生労働省組織規則789条，同別表4
3 労基法97条1項
4 監督業務には，これ以外にも許認可事務（解雇予告除外認定，宿日直許可，断続的な労働に従事する者に対する適用除外許可，最低賃金減額特例，未払賃金立替払制度の認定・確認，児童の使用許可等）や集団指導（使用者向けの労務管理講習会の実施等）があるが，裁量労働制との関連性が薄いため，本書では割愛する。
5 監督官の監督指導権限が明記されている法令を総称して「労働基準関係法令」と呼称する。労基法，安衛法，最低賃金法のほかに，賃金の支払の確保等に関する法律，家内労働法，じん肺法，作業環境測定法，炭鉱災害による一酸化炭素中毒症に関する特別措置法などがある。

られた権限を行使して，事業場に立ち入り[6]，備え付けられている帳簿や機械・設備等を検査し，労働基準関係法令に違反している事項がないか，労務管理・安全衛生管理上改善を要する事項はないかといった観点から調査を行い，その結果，法令違反事項や改善事項が認められた場合は，事業主に対して是正・改善を指導する業務である。

監督指導の詳細は，後述する。

(2) 申告処理

申告処理は，労働者が行った労働基準関係法令違反の申告に関する一連の対応業務である。

労働者は，事業場に労働基準関係法令又は当該法令に基づいて発せられる命令に違反する事実[7]がある場合，その事実を監督官に申告[8]することができる（労基法104条1項，安衛法97条1項等）。申告をすることができるのは，労働者本人（退職者含む）に限られ，家族・友人・知人，近隣住民等はすることができない[9]。

労基署は，労働相談の内容から労働基準関係法令違反に該当することが疑われ，かつ，労働者が労基署による介入を希望している場合，当該法令違反の事実について申告として受理する。申告は，労働者が所属する（していた）事業場の所在地を管轄する労基署で受理して申告処理を行う[10]。

裁判例上は，労働者からの申告を受けた労基署が調査等の措置を取るべき作

---

6 事業場の担当者を労基署に出頭させる場合もある。
7 労働基準関係法令に関連する各種指針，ガイドライン，通達等に違背する事実は申告の対象にならない。また，労働者災害補償保険法，短時間労働者及び有期雇用労働者の雇用管理の改善等に関する法律，労働施策の総合的な推進並びに労働者の雇用の安定及び職業生活の充実等に関する法律，雇用の分野における男女の均等な機会及び待遇の確保等に関する法律，育介法，労契法等は，労働基準関係法令ではないため，これらの法令に違反する事実についても申告の対象にならない。
8 労働者の監督官に対する労働基準関係法令違反等の事実が存する旨の通告（東京高判昭53.7.18判時900号68頁）
9 労基署に対して労働基準関係法令違反の事実等について情報提供することはできる。
10 管轄区域外の労基署で申告を受理することも可能であるが，その場合は，申告受理後，当該労基署が管轄の労基署に事案を移送し，管轄労基署において申告処理を行うことになる。労基署の管轄区域については後述する。

182　第 5 章　裁量労働制に係る労働基準監督署の監督指導への対応

為義務までは負わないとされているものの[11], 実務上は, 労基署が申告を受理すると, 基本的にその全件について監督指導（申告監督）を実施する運用をしている。それゆえ, 就業者数が多く, 申告事案が集中する都市部の労基署においては, 申告受理に消極的な姿勢がみられることも少なくない[12]。

　労基署では, 申告事案については労働者個人の権利救済に重点を置いていることから, 申告を行った労働者から氏名及び申告事項を事業主に明かすことについて承諾を得ておき, 申告監督の際は, これらの事項を明かして行うことが多い。申告監督の実施方法も, 監督官が事業場に赴く臨検ではなく, 来署依頼書を送付して事業主に労基署への出頭を求める方法が主流であり, 調査対象を申告者の申告事項に絞ることも少なくない[13]。

　また, 労働者からの申告の多くは, 公益通報者保護法上の「行政機関等に対する公益通報」（公益通報者保護法 3 条 2 号柱書）にも該当するため[14], 申告処理の経過, 結果等（申告監督を実施したこと, 監督官が事業主に対して指導文書を交付したこと, 事業主の是正意思の有無, 是正の見通し, 是正の結果等）は労働者本人に口頭[15]で伝えることになる。

11　「申告は, 監督官の使用者に対する監督権発動の一契機をなすものであつても, 監督官に申告に対応する調査などの措置をとるべき職務上の作為義務まで負わせるものではな」い（東京高判昭53.7.18判時900号68頁）。

12　例えば, 労基署が, 労働者から定期賃金が所定支払日を過ぎても支払われないとの相談を受けた場合に, 相談を行った労働者に対して, 事業主宛てに未払賃金請求書を郵便で送付するよう助言し, 当該請求書で定めた期日を経過してもなお支払われない場合に限って申告を受理するといった取扱いが行われることがある。

13　申告者が在職中であるなど, 事業主に申告者が特定されると支障があると感じているような場合には, 当該申告者の氏名及び申告事項を事業主に明かさずに申告監督を行うことも可能である。もっとも, 申告者の特定を避ける観点からすべての労働者の全般的な労務管理状況の確認とならざるを得ず, 申告者の申告事項について詳細に確認することは難しくなるため, 申告事項に係る労働基準関係法令違反が確認できない可能性も高まることになる。

14　平成17年 7 月19日関係省庁申合せ「公益通報者保護法を踏まえた国の行政機関の通報対応に関するガイドライン（外部の労働者等からの通報）」（最終改正：令和 4 年 6 月 1 日）では, 「各行政機関が措置をとったときは, その内容を, 適切な法執行の確保及び利害関係人の営業秘密, 信用, 名誉, プライバシー等の保護に支障がない範囲において, 通報者に対し, 遅滞なく通知する」とされている。

15　労基署は, 実務上, 申告者に対して電話で処理経過を伝えるとともに, 「申告処理台帳」にその経過を記録することとしている。

2　労基署の監督業務　　183

　労働者等が労基署に監督指導の実施を求める場合，事業場の実態について情報提供を行うこともできる。申告と情報提供の違いをまとめると，【図表5－1】のとおりとなる。

【図表5－1】申告と情報提供の違い

	申告	情報提供
主体	労働者本人（退職者含む）のみ	労働者本人（退職者含む），その家族・友人・知人，近隣住民等
対象事実	労働基準関係法令に違反する事実のみ	労働基準関係法令に違反する事実，各種指針・ガイドラインに違背する事実等
匿名での申告・情報提供の可否	不可（申告監督の際に申告者の氏名を開示しないよう求めることは可）	可能
労基署の対応	労基署が申告を受理した場合，原則として全件申告監督を実施	情報提供の内容を踏まえ，監督指導の実施の有無及びその時期を判断
処理結果の開示	口頭（電話）により開示	なし（ただし，情報提供が「公益通報」に該当する場合は口頭（電話）により開示）

⑶　司法警察事務

　監督官には法令[16]によって特別司法警察職員としての地位が与えられており，労働基準関係法令違反の嫌疑がある場合，警察官と同じように司法警察員として捜査を行い，事件を検察官に送致することができる。監督官は，監督指導において度重なる行政指導を行ったにもかかわらず，事業主が労働基準関係法令違反を是正しない場合や，労働基準関係法令違反が原因で重大な労働災害を発生させた場合等については，刑事事件として捜査を行い，検察官に送致する[17]

16　刑事訴訟法190条，労基法102条，司法警察職員等指定応急措置法2条，安衛法92条等

業務を行っている。

捜査には、刑事訴訟法上に特別の定めが必要であり[18]、裁判官の発する令状を取得することが要求される[19]強制処分と、それらが必要とされない任意処分がある。労基法違反の被疑事実に関する捜査では、基本的に、任意の証拠収集手続としての（所持者が任意に提出した物に対する）領置[20]、関係機関に対する捜査関係事項照会[21]、被疑者・参考人に対する取調べ[22]によって進められることがほとんどであり[23]、捜索・差押え、逮捕等の強制処分を行うことは稀である。もっとも、近年では、関係者による証拠の隠蔽が疑われる事案や、「かとく」[24]が捜査を行う事案等については、積極的に捜索・差押えの強制処分が行われる傾向にある（被疑者の逮捕に至る事案は極めて稀である）。

労働基準関係法令には両罰規定が定められているため、自然人である実行行為者に加えて、事業主（事業主が法人であれば当該法人、個人事業主であれば当該個人）が立件の対象となる。

また、労基署では、刑事事件として捜査を行い、検察官に送致した事件について、送致の時点でその事業場の名称、違反法条項、事案の概要等をプレスリリースとして発表するとともに、厚生労働省及び労働局の公式ホームページに一定期間掲載するという運用[25]をしている。それに加えて、著名な企業が送致された事案や社会の耳目を集める事案（長時間労働を原因とする死亡事案等）

17　労基署では、このことを「司法処分」と呼んでいる。

18　強制処分法定主義（刑事訴訟法197条1項ただし書）

19　令状主義（憲法33条、35条、刑事訴訟法199条1項、218条1項等）

20　所持者が任意に提出した証拠を領置する方法（刑事訴訟法221条）や、関係機関に対する捜査関係事項照会（刑事訴訟法197条2項）が多用される。なお、領置については強制処分に該当するという学説も有力だが、そのような立場からも令状の取得は不要とされており、任意の証拠収集手続に含まれるといえよう。

21　刑事訴訟法197条2項

22　刑事訴訟法198条1項、223条1項

23　刑事手続においては任意捜査によることが原則とされている（刑事訴訟法197条1項本文、犯罪捜査規範99条）が、労基署における捜査は、かかる原則に沿うものといえよう。

24　過重労働撲滅特別対策班の略称であり、東京労働局と大阪労働局に設置され、デジタルフォレンジック技術等を駆使して広域的な過重労働事案の捜査を担う組織である。

25　「労働基準関係法令違反に係る公表事案のホームページ掲載について」（平成29年3月30日基発0330第11号）

については，遺族代理人が記者会見を行う等してテレビ，インターネットニュース等で大々的に報道されることもある。

このような事態を避けるためには，日ごろの労務管理において，労働基準関係法令違反が発生しないよう留意するとともに，労基署の監督指導において労働基準関係法令違反の指摘を受けた場合は，定められた是正期日までに確実に是正し，報告することが重要である。

3　監督指導の種類

監督指導には，定期監督，申告監督，再監督の3種類がある[26]。以下では，それぞれの内容について概説する。

(1)　定期監督

定期監督は，各労基署で定めた年間計画に基づき，監督指導の対象として選定した事業場に対して実施する監督指導である。労基署は，労働者等からの投書・情報提供，インターネット監視，自主点検[27]結果，過去の監督指導履歴，各種届出・報告の提出状況・内容，関係機関からの通報，労災保険給付の状況等，あらゆる情報ソースを活用して，行政目的を達成するために効果的と考えられる事業場を定期監督の対象として選定している[28]。

定期監督は，監督指導の中心として位置づけられ，監督官は，労基法を中心とする労働条件面の調査と，安衛法を中心とする安全衛生面の調査を総合的に行う（総合監督）。

---

[26]　これ以外にも，災害時監督（労働災害，事故等の発生を契機として行う監督指導）があるが，裁量労働制との関連性が薄いため，割愛する。

[27]　労働局や労基署が事業場に対して実施する記名式のアンケートのことを指す。

[28]　厚生労働省労働基準局「令和4年労働基準監督年報（第75回）」によれば，令和4年における定期監督等の実施事業場数は14万2,611事業場，そのうち労働基準関係法令違反が認められた事業場数は10万696事業場であり，違反率は約70.6％であった。このような高い違反率がみられることを踏まえれば，労基署が定期監督の対象事業場を選定するにあたって，行政資源を投下することにより行政効果が見込まれる事業場，言い換えれば，労働基準関係法令違反の可能性がある事業場を対象としている可能性が高い。

186　第5章　裁量労働制に係る労働基準監督署の監督指導への対応

今般の裁量労働制の制度改正についても，その施行日である令和6年4月1日から一定期間（6か月～2年程度）が経過した時点で，裁量労働制を運用している事業場[29]を対象として，裁量労働制に係る法改正の定着状況を中心に確認するための一斉監督指導を行う可能性がある。

(2)　申告監督

申告監督は，労働者が行った労働基準関係法令違反の申告に基づき，当該申告に係る事業場に対して実施する監督指導である。

申告監督においては，監督官が事業場を訪問する臨検監督よりも，事業場担当者を労基署に出頭させる呼出監督の方法により行うことが多い。この場合は，以下のような文面の書面[30]が送付されて労基署から連絡があることが多い[31]。

【来署依頼書の例】

●●基署来第●号

令和●年7月1日

●●株式会社　●●支店

代表者　　　殿

●●労働基準監督署長　公印

来署依頼書

　お尋ねしたいことがありますので，下記により来署いただきますよう通知いたします。

29　労基署は，各事業場から届出のあった専門業務型裁量労働制に関する協定届，企画業務型裁量労働制に関する決議届によって，裁量労働制を運用している事業場を把握している。

30　「来署依頼書」，「出頭要求書」等の表題の書面を用いることが多い。

31　最初は事業主に任意の協力を求める形で行われるため，応じなかったとしてもただちに罰則が科されることにはならないが，申告処理については，特に申告者に処理経過を報告することとの関係で早期の対応が要請されるため，①監督官が事業場に赴いて実施する臨検監督や，②行政処分としての出頭命令（労基法104条の2，労基則58条2号等）につながりやすい。②行政処分としての出頭命令が行われる場合には，「出頭命令書」等のタイトルの書面に，来署依頼書と同じような内容の文面が記載され，余白に行政不服審査法82条及び行政事件訴訟法46条に基づく審査請求及び取消訴訟の教示文が記載される。事業主が①又は②を拒否した場合は，いずれも罰則の対象となり得る（労基法120条4号，5号等）。

なお，やむを得ない理由により指定された日時に来署できない場合は，来署できる日時を下記担当官宛てにご連絡ください。

記

1　来署を求める理由

　　貴事業場の労働者●●から定期賃金未払の申告があり，事実関係を確認するため

2　聴取しようとする事項

　　上記労働者に対する●年●月分から●年●月分までの定期賃金の支払状況等

3　来署日時

　　令和●年 7 月10日（水曜日）　午前10時00分（所要 1 時間程度）

4　来署場所

　　東京都●●区●●●丁目●番●号

　　●●労働基準監督署（封筒裏面の地図参照）

5　担当官

　　第●方面労働基準監督官　　●●●●

　　電話番号：●●－●●●●－●●●●

6　ご持参いただく資料

　(1)　本状

　(2)　来署される方の認印

　(3)　上記労働者の雇用契約書・労働条件通知書

　(4)　上記労働者のタイムカード等の労働時間記録（過去●か月間分）

　(5)　上記労働者の賃金台帳（過去●か月間分）

　(6)　就業規則（賃金規程等の諸規程を含む）

　(7)　会社の経営状況が確認できる資料

　(8)　その他参考資料

　代表的な申告事項としては，事業主が労働者に毎月支払うべき定期賃金を支払っていないこと，労働者が時間外労働を行ったにもかかわらず割増賃金を支払っていないこと等の賃金不払に関連する事項が非常に多く，それ以外にも事業主が労働者に解雇予告手当を支払わずに即時解雇したこと，事業主が労働者に支払っている定期賃金の額が最低賃金を下回っていること等が挙げられる。

188　第5章　裁量労働制に係る労働基準監督署の監督指導への対応

(3) 再監督

　再監督は，監督官が労働基準関係法令違反に関する是正勧告書を交付した後，使用者が所定の是正期日までに是正報告書を提出しない場合，使用者が提出した是正報告書の内容から是正が確認できない場合，監督官が事業場に赴いて当該法令違反の是正を現認する必要があると判断した場合等に実施する監督指導である。

　よくある再監督としては，例えば，事業主が監督官から是正勧告書の交付を受けたにもかかわらず，所定の是正期日までに是正報告書を提出せず，監督官が事業主に督促の連絡をしても是正報告書を提出しない場合に，監督官が改めて事業場を臨検して是正状況を確認すること等が挙げられる。

4　定期監督の内容

(1) 労基署の管轄

　労基法等の労働基準関係法令は，「事業場」を単位として適用される。労基署が全国に321署設置されていることは前述したとおりであるが，各労基署にはそれぞれ管轄区域が定められており[32][33]，各労基署が，管轄区域内に所在する事業場に対して監督権限を行使して監督指導を実施する仕組みとなっている。

　したがって，監督指導の単位も○×株式会社という企業単位ではなく事業場単位で行い，東京本社については東京都品川区を管轄する品川労基署が，大阪支社については大阪市中央区を管轄する大阪中央労基署が，それぞれ監督指導を行うことになる[34]。

32　厚生労働省設置法22条2項，厚生労働省組織規則789条，同別表4
33　例えば，品川労基署の管轄区域は東京都品川区及び目黒区である。
34　同一の労基署の管轄区域内に複数の事業場が存在する場合，例えば○×株式会社に目黒支店が存在する場合，同社の東京本社と目黒支店はともに品川労基署の管轄区域内に所在するが，それぞれが別個の事業場である以上，監督指導が当然に両方の事業場に対して行われるものではない。

⑵　監督指導の手法

　監督指導の手法には，監督官が事業場に赴いて実施する方法（臨検監督）と，事業主に関係資料を持参して労基署に出頭するよう求め，労基署で行う方法（通称，呼出監督）がある。

　労基署では，監督指導の種類によらず，監督官が事業場に赴いて実施する臨検監督の方法を原則としているものの，前述のとおり，実務上，申告監督については呼出監督の方法で行うことが多い。また，それ以外にも，最低賃金の改定や重要な法改正が行われた後などについては，同一日時に複数の事業場担当者を労基署に出頭させ，労基署内の会議室に設けた複数の監督指導ブースにおいて，ブースごとに1名の監督官がつく形で，集合的な監督指導を行うことも多い。

⑶　定期監督の流れ

　定期監督は，以下の**ア〜オ**の流れで行うことが多い。

ア　初回の訪問（臨検監督）又は依頼文書による来署依頼

　労基署が定期監督を実施する場合，原則として，担当する監督官が事前の予告や連絡なく事業場を訪問する。監督官は，事業場を訪問すると，「従業員の労務管理状況や安全衛生管理状況についての調査に来ました」などと告げ，事業場の労務管理責任者との面接を要請する。事業場の労務管理責任者との面接ができれば，その場で当該労務管理責任者に対して，調査に必要な資料の名称等を伝え，すぐに資料を揃えることが可能であれば，その後監督指導を実施する。不在，多忙等のため労務管理責任者と面接できなかった場合や，面接できたとしても資料の用意に時間がかかるような場合は，その場で監督指導を実施するのではなく，後日，改めて労務管理責任者と日程調整した上で監督指導を実施することが多い[35]。

35　使用者による勤怠管理資料の隠蔽や改ざんが疑われるような事案については，監督官が事業場を訪問したときに労務管理責任者が対応できない状況であったとしても，勤怠管理資料の収集・保全のための対応をその場で行うことがある。

190　第5章　裁量労働制に係る労働基準監督署の監督指導への対応

ご用意いただきたい資料

・事業概要

・雇用契約書／労働条件通知書

・就業規則（賃金規程等の諸規程を含む。）

・労働者名簿

・タイムカード等の勤怠管理記録（直近1年間分）

・賃金台帳（タイムカードと同じ期間の賃金が記載されたもの）

・年次有給休暇管理簿

・時間外労働・休日労働に関する協定届

・賃金控除協定等の各種労使協定（最新のもの）

・総括安全衛生管理者，安全管理者，衛生管理者，産業医の選任届の控え

・職場巡視の記録

・（安全）衛生委員会の議事録

・健康診断個人票（定期健康診断，特殊健康診断等。直近2年間分）

・ストレスチェックの実施状況が明らかになる資料（直近2年間分）

・面接指導の実施記録

・作業環境測定の記録

・リスクアセスメントの記録

・安全衛生教育の記録

・作業に必要な資格の管理状況が明らかになる資料

・過去2年間の労働災害の発生状況が明らかになる資料（労働者死傷病報告等）

　※ PC画面等で確認できる場合は紙で用意していただく必要はありません。

担　当：第●方面労働基準監督官　　●●●●

連絡先：●●－●●●●－●●●●

　労基署では，アポイントメントなしに事業場を訪問しても監督指導を実施できる可能性が高くないとしても，事業場のありのままの状況を確認するために，労基署の統一的な取扱いとして，予告や連絡なしでの監督指導を原則としている。

　前述のとおり，労基署は，定期監督を行う場合，担当監督官が事前の予告や連絡を行わずに事業場を訪問することが原則であるが，監督官が事業場を訪問

しなくても確認することができる事項を集中的かつ効率的に確認するため，労務管理責任者が関係資料を持参して労基署を訪問する形で監督指導を行うことがある。その場合，労基署は，事業場宛てに，来署依頼書を送付することが多い。

イ　事業場の概要把握

監督官は，監督指導の冒頭で，事業場の概要を把握する。把握する情報は，おおむね以下のとおりである。

・事業概要（会社全体，当該事業場）
・資本金
・事業場の労働者数（内訳：男性，女性，有期，パート，外国人，障害者，派遣）
・会社全体の労働者数
・代表者の職氏名
・労働組合の有無（従業員の過半数が加入しているか）
・主要な取引先

ウ　労働条件の調査

監督官は，事業場の概要を把握した後，以下の労働条件について，必要に応じて資料を確認しながら把握する。

・採用している労働時間制度（週40時間制，変形労働時間制，フレックスタイム制，裁量労働制，事業場外労働のみなし労働時間制，高度プロフェッショナル制度）
・始業・終業時刻
・休憩時間
・所定休日，法定休日
・労働時間の把握方法
・36協定の締結及び届出の状況
・時間外・休日労働の状況
・賃金の支払状況

192　第5章　裁量労働制に係る労働基準監督署の監督指導への対応

> ・年次有給休暇の付与日数及び取得状況
> ・就業規則の整備・周知の状況

エ　安全衛生に係る書面調査

いずれの業種の事業場にも共通の確認事項として，以下の事項を確認する。また，製造業，建設業等の工業的業種の場合，使用している機械・設備の整備，点検，作業環境測定，リスクアセスメント，作業に必要な資格の管理等も確認する。

> ・総括安全衛生管理者，安全管理者，衛生管理者，産業医の選任・報告・職務遂行状況
> ・（安全）衛生委員会
> ・健康診断の実施状況
> ・健康診断実施後の事後措置の状況
> ・健康診断結果報告書の提出状況
> ・ストレスチェックの実施状況

オ　現場巡回

当該事業場に現場作業等がある場合，監督官は，上記の各調査が終了した段階で，主に安衛法の遵守状況や労働災害防止対策の実施状況を確認するために，現場の巡回確認を行う。

(4)　指導文書の交付

監督官は，前記(3)の調査の結果，当該事業場に労働基準関係法令違反があると判断した場合，当該監督官名義の「是正勧告書」を交付して当該法令違反の是正を指導する。当該事業場に労働基準関係法令に違反する事実があるとまでは判断できないものの，労働者の労働条件や安全衛生を確保する観点から一定の改善を図る必要があると判断した場合は，「指導票」，「専用指導文書」[36][37]等を交付して改善を指導する[38]。

4　定期監督の内容　　193

【是正勧告書の例】

是正勧告書

令和●年●月●日

株式会社●●
代表取締役　●●●●　殿
●●支店

●●労働基準監督署
労働基準監督官　●●●●　印

　貴事業場における下記労働基準法，労働安全衛生法，＿＿＿＿＿＿＿＿違反及び自動車運転者の労働時間等の改善のための基準違反については，それぞれ所定期日までに是正の上，遅滞なく報告するよう勧告します。

　なお，法条項にかかる法違反（罰則のないものを除く。）については，所定期日までに是正しない場合又は当該期日前であっても当該法違反を原因として労働災害が発生した場合には，事案の内容に応じ，送検手続をとることがあります。

　~~また，「法条項等」欄に□印を付した事項については，同種違反の繰り返しを防止するための点検責任者を事項ごとに指名し，確実に点検補修を行うよう措置し，当該措置を行った場合はその旨を報告してください。~~

法条項等	違反事項	是正期日
労基法第32条	法定の除外事由なく，1日8時間，週40時間を超えて労働させていること。	即・　・時
		・　　・
		・　　・
		・　　・
		・　　・

36　「専用指導文書」は，あらかじめ定型的な指導事項が印刷され，監督官が該当項目にチェックを付ける形の指導文書であり，指導票と同列に位置づけられる。例えば，「過重労働による健康障害防止について」等がある。

37　監督官が，労働基準関係法令違反を理由に行政処分を行う場合は，労基署の署長名義の「使用停止等命令書」を交付することになるが，裁量労働制に係る法改正とは関連性が薄いため，本書では割愛する。

38　なお，労基署では，監督官が指摘した労働基準関係法令違反を解消することを「是正」，労働基準関係法令違反以外の指摘事項に対応することを「改善」と呼んでおり，「是正」と「改善」という言葉を明確に使い分けている。

194 第5章 裁量労働制に係る労働基準監督署の監督指導への対応

| 受領年月日 | 令和●年●月●日 | (1)枚のうち |
| 受領者職氏名 | 人事部長　●●●● | (1)枚目 |

【指導票の例】

指導票

令和●年●月●日

株式会社●●

代表取締役　●●●●　殿

●●支店

●●労働基準監督署

労働基準監督官

厚生労働事務官　　●●●●　印

厚生労働技官

　あなたの事業場の下記事項については，改善措置を取られるようお願いします。
なお，改善の状況については　●月●日までに報告してください。

| 指導事項 |
| 1.貴事業場においては，PCログの記録と賃金計算の基礎となったタイムカードの記録に相違が生じているにもかかわらず，その相違の理由を合理的に説明できない状況にあります。つきましては，適正な労働時間の把握を行う観点から，実際の労働時間を適正に把握するための具体的方策を講じたうえで，その実施状況及び実施後の労働時間管理の状況を，●年●月●日までに，労働時間に関する記録を添えて報告してください。その後も，労働時間管理の状況について，●年●月までの間，月1回，定期的に報告してください。 |

| 受領年月日 | 令和●年●月●日 |
| 受領者職氏名 | 人事部長　●●●● |

（●枚のうち●枚目）

(5) 事後対応

　監督官は，事業主に是正勧告書，指導票等の指導文書を交付する際，当該監督官の所属する労基署の署長宛ての報告書を提出するよう求めることとなる[39]。

【是正（改善）報告書の例】

是正（改善）報告書

令和●年●月●日

●●労働基準監督署長　殿

事業の名称　　●●●●
事業の所在地　●●●●
使用者職氏名　●●●●

●年●月●日　　労働基準監督官から指摘を受けた　{ 労働基準法 / 労働安全衛生法 / 最低賃金法 }

違反及び指導事項について，下記のとおり是正（改善）したので報告いたします。

記

違反の法条項 指導事項	是正（改善）内容	是正完了 年月日
		・　・
		・　・
		・　・
		・　・
		・　・

※なお，本報告書に書ききれない場合には，適宜別紙を使用してください。

---

[39] 監督官が，労働基準関係法令違反があると判断した事項であっても，すでに事業主が法令違反状態を解消していた場合（例えば，事業場担当者が時間外労働・休日労働に関する協定届の提出を失念した状態で従業員に時間外労働を行わせていたが，監督指導が行われる前に当該協定届を所轄労基署に提出した場合等が考えられる）や，事業主が現場で是正した場合（例えば，事業主が監督指導中に未払賃金を従業員に支払った場合等が考えられる）には，是正期日を「是正済」と記載した是正勧告書を交付する。この場合，当該項目については是正報告書の提出は不要とされることが多い。

196　第5章　裁量労働制に係る労働基準監督署の監督指導への対応

5　裁量労働制について指導が想定される事項

(1)　専門業務型裁量労働制の場合

　専門業務型裁量労働制について，監督官から是正勧告書により法令違反の是正を指導されることが想定される事項は，例えば【図表5-2】のものが挙げられる。

【図表5-2】法令違反事項（専門業務型裁量労働制）

裁量労働制に係る不備		違反事項・法条項等
適用要件を満たしていないこと	労使協定が（適法に[40]）締結されていないこと（**第2章の1**(1)**ア～エ参照**）	・法定の除外事由なく，週40時間，1日8時間を超えて労働させていること／36協定により定めた時間を超えて労働させていること（労基法32条1項，2項違反）
	労働者から同意取得していないこと（**第2章の1**(4)**参照**）	※実労働時間を前提とすると時間外労働があるのに36協定が未締結の場合又は36協定に定めた時間数を超えた時間外労働がある場合
	適用労働者が従事する業務が対象業務に該当しないこと（**第2章の1**(5)**参照**）[41]	・時間外労働に対し，法定の割増率で計算した割増賃金を支払っていないこと（労基法37条1項違反）
同意の撤回に応じないこと（**第2章の3**(1)**参照**）		※実労働時間を前提とすると時間外労働があるのに，労基法37条所定の割増賃金の支払がなされていない場合

40　主に，協定事項が（法令上求められている内容で）定められていないこと，事業場ごとに締結されていないこと，過半数組合や過半数代表者に不備があることである。ただし，過半数代表者の選出不備については，個別事案によっては法違反の判断まではせず，指導票（改善の指導）にとどまることも少なくない。

41　ただし，対象業務該当性の判断は，定性的な判断を伴うことから，監督署において明確に法違反と判断することが難しい場合もあり，個別事案によっては法違反の判断まではせず，指導票（改善の指導）にとどまることも少なくない。

労使協定を所轄労基署長に届け出ていないこと（**第2章の1(2)参照**）	・専門業務型裁量労働制に関する労使協定を締結しているにもかかわらず，当該労使協定を所轄労基署長に届け出ていないこと（労基法38条の3第2項違反）
みなし労働時間が法定労働時間を超える場合に36協定を締結・届出していないこと（**第2章の2(2)ア参照**）	・法定の除外事由なく，週40時間，1日8時間を超えて労働させていること（労基法32条1項，2項違反）
みなし労働時間が法定労働時間を超える場合に時間外労働に対する割増賃金を支払っていないこと（**第2章の2(2)ア参照**）	・時間外労働に対し，法定の割増率で計算した割増賃金を支払っていないこと（労基法37条1項違反）
適用労働者が法定休日又は深夜に労働したにもかかわらず，それらに対する割増賃金を支払っていないこと（**第2章の2(2)エ参照**）	・法定休日労働／深夜労働に対し，法定の割増率で計算した割増賃金を支払っていないこと（労基法37条1項，4項違反）
適用労働者の労働時間の状況を把握していないこと（**第2章の1(1)ア④参照**）	・医師による面接指導の実施のために，タイムカードによる記録，PC等の電子計算機の使用時間の記録等の客観的な方法により，労働者の労働時間の状況を把握していないこと（安衛法66条の8の3（安衛則52条の7の3）違反）
記録の作成及び保存をしていないこと（**第2章の3(4)参照**）	・健康・福祉確保措置の実施状況，苦情処理措置の実施状況，適用労働者の同意及びその撤回について，労働者ごとの記録を作成し，専門業務型裁量労働制に関する労使協定の有効期間中及び有効期間満了後3年間保存していないこと（労基則24条の2の2違反）
労使協定を周知していないこと	・労基法38条の3第1項に規定する労使協定を常時作業場のみやすい場所に掲示し，又は備え付けること，書面を交付することその他の厚生労働省令で定める方法によって，

| | 労働者に周知していないこと（労基法106条1項） |

　なお，専門業務型裁量労働制について，監督官から指導票により一定の改善を図る必要があると指導されることが想定される事項は，例えば以下のものが挙げられる。

- ・労使協定の有効期間が３年を超えていること（**第２章の１(1)ア⑧参照**）
- ・みなし労働時間が，業務の遂行に必要とされる時間ではなく，また，当該事業場における所定労働時間である場合において，適用労働者の相応の処遇を確保していないこと（**第２章の１(1)ア②参照**）
- ・労働者からの同意取得時の明示，説明が不十分であること（**第２章の１(4)ア①参照**）
- ・労働者からの同意取得が口頭のみで，書面等による取得がなされていない（同意に関する記録の作成・保存との関係で望ましくない）こと（**第２章の１(4)ア②，第２章の３(4)参照**）
- ・健康・福祉確保措置が適切に実施されていないこと（**第２章の３(5)参照**）
- ・健康・福祉確保措置として，「長時間労働の抑制や休日確保を図るための当該事業場の適用労働者全員を対象とする措置」と「勤務状況や健康状態の改善を図るための個々の適用労働者の状況に応じて講ずる措置」からそれぞれ１つずつ以上協定していないこと（**第２章の１(1)ア④参照**）
- ・健康・福祉確保措置として，把握した適用労働者の勤務状況及びその健康状態を踏まえ，「把握した労働時間が一定時間を超えない範囲内とすること及び当該時間を超えたときは労基法38条の３第１項の規定を適用しないこととすること（適用解除）」を協定していないこと（**第２章の１(1)ア④参照**）
- ・苦情処理措置が適切に実施されていないこと（**第２章の３(5)参照**）
- ・苦情処理措置として，既存の苦情処理措置を利用する場合にその旨を周知していないこと（**第３章の１(1)ウ⑤参照**）
- ・苦情処理措置として取り扱う苦情の範囲に適用労働者に適用される評価制度及びこれに対応する賃金制度等専門業務型裁量労働制に付随する事項に関する苦情が含まれていないこと（**第３章の１(1)ウ⑤参照**）

(2)　企画業務型裁量労働制の場合

　企画業務型裁量労働制について，監督官から是正勧告書により法令違反の是正を指導されることが想定される事項は，例えば【図表 5 － 3 】のものが挙げられる。

【図表 5 － 3 】法令違反事項（企画業務型裁量労働制）

裁量労働制に係る不備		違反事項・法条項等
適用要件を満たしていないこと	労使委員会決議が（適法に[42]）なされていないこと（**第 3 章の 1 (1)ア〜エ**参照）	・法定の除外事由なく，週40時間， 1 日 8 時間を超えて労働させていること／36協定により定めた時間を超えて労働させていること（労基法32条 1 項， 2 項違反） ※実労働時間を前提とすると時間外労働があるのに36協定が未締結の場合又は36協定に定めた時間数を超えた時間外労働がある場合
	労使委員会決議を所轄労基署長に届け出ていないこと（**第 3 章の 1 (2)参照**）	
	労働者から同意取得していないこと（**第 3 章の 1 (4)参照**）	・時間外労働に対し，法定の割増率で計算した割増賃金を支払っていないこと（労基法37条 1 項違反） ※実労働時間を前提とすると時間外労働があるのに，労基法37条所定の割増賃金の支払がなされていない場合
	対象労働者が従事する業務が対象業務に該当しないこと（**第 3 章の 1 (5)ア**参照）[43]	
	対象労働者に該当しない	

42　主に，労使委員会の要件（委員要件，議事録要件，運営規程要件）を満たしていないこと，表決数要件を満たしていないこと，決議事項が（法令上求められている内容で）定められていないこと，事業場ごとに決議されていないことである。ただし，委員要件のうち労働者側委員の指名の前提となる過半数代表者の選出不備については，個別事案によっては法違反の判断まではせず，指導票（改善の指導）にとどまることも少なくない。

43　ただし，対象労働者該当性の判断は，定性的な判断を伴うことから，監督署において明確に法違反と判断することが難しい場合もあり，個別事案によっては法違反の判断まではせず，指導票（改善の指導）にとどまることも少なくない。

こと（**第3章の1(5)イ参照**）[44]	
同意の撤回に応じないこと（**第3章の3(1)参照**）	
みなし労働時間が法定労働時間を超える場合に36協定を締結・届出していないこと（**第3章の2参照**）	・法定の除外事由なく，週40時間，1日8時間を超えて労働させていること（労基法32条1項，2項違反）
みなし労働時間が法定労働時間を超える場合に時間外労働に対する割増賃金を支払っていないこと（**第3章の2参照**）	・時間外労働に対し，法定の割増率で計算した割増賃金を支払っていないこと（労基法37条1項違反）
対象労働者が法定休日又は深夜に労働したにもかかわらず，それらに対する割増賃金を支払っていないこと（**第3章の2参照**）	・法定休日労働／深夜労働に対し，法定の割増率で計算した割増賃金を支払っていないこと（労基法37条1項，4項違反）
対象労働者の労働時間の状況を把握していないこと（**第3章の1(1)ウ④参照**）	・医師による面接指導の実施のために，タイムカードによる記録，PC等の電子計算機の使用時間の記録等の客観的な方法により，労働者の労働時間の状況を把握していないこと（安衛法66条の8の3（安衛則52条の7の3）違反）
記録の作成及び保存をしていないこと（**第3章の3(4)参照**）	・健康・福祉確保措置の実施状況，苦情処理措置の実施状況，対象労働者の同意及びその撤回について，労働者ごとの記録を作成し，企画業務型裁量労働制に関する労使委員会決議の有効期間中及び有効期間満了後3年間保存していないこと（労基則24条の2の3の2違反）

---

44 ただし，対象業務該当性の判断は，定性的な判断を伴うことから，監督署において明確に法違反と判断することが難しい場合もあり，個別事案によっては法違反の判断まではせず，指導票（改善の指導）にとどまることも少なくない。

定期報告がなされていないこと（第3章の3⑸参照）	・企画業務型裁量労働制に関する労使委員会決議の有効期間の始期から起算して，6か月以内に1回及びその後1年ごとに1回，労働者の労働時間の状況，健康・福祉確保措置の実施状況，労働者の同意及び同意の撤回の状況について，所轄労基署長に報告していないこと（労基法38条の4第4項（労基則24条の2の5第2項）違反）
労使委員会決議を周知していないこと	・労基法38条の4第1項に規定する労使委員会決議を常時作業場のみやすい場所に掲示し，又は備え付けること，書面を交付することその他の厚生労働省令で定める方法によって，労働者に周知していないこと（労基法106条1項）

　なお，企画業務型裁量労働制について，監督官から指導票により一定の改善を図る必要があると指導されることが想定される事項は，例えば以下のものが挙げられる。

・労使委員会の労働者側委員の任期が過度に長いこと（**第3章の1⑴ア①参照**）
・労使委員会の労働者側委員が任期途中で管理監督者に該当するに至ったこと（**第3章の1⑴ア①参照**）
・労使委員会決議に先立ち，対象労働者に適用される評価制度及びこれに対応する賃金制度の内容について，労使委員会に対し，十分に説明していないこと（**第3章の1⑴オ②参照**）
・労使委員会に対し，労使委員会が労基法38条の4第1項の決議のための調査審議をする場合には，対象労働者に適用される評価制度及びこれに対応する賃金制度の内容に加え，企画業務型裁量労働制が適用されることとなった場合における対象業務の具体的内容を開示していないこと（**第3章の1⑴オ②参照**）
・労使委員会決議の有効期間が3年を超えていること（**第3章の1⑴ウ⑨参照**）
・みなし労働時間が，業務の遂行に必要とされる時間ではなく，また，当該事業場における所定労働時間である場合において，適用労働者の相応の処遇を確保していないこと（**第3章の1⑴ウ③参照**）

202　第5章　裁量労働制に係る労働基準監督署の監督指導への対応

- ・労働者からの同意取得時の明示，説明が不十分であること（**第3章の1⑷イ参照**）
- ・労働者からの同意取得が口頭のみで，書面等による取得がなされていない（同意に関する記録の作成・保存との関係で望ましくない）こと（**第3章の1⑷イ，第3章の3⑷参照**）
- ・健康・福祉確保措置が適切に実施されていないこと（**第3章の3⑹参照**）
- ・健康・福祉確保措置として，「長時間労働の抑制や休日確保を図るための当該事業場の適用労働者全員を対象とする措置」と「勤務状況や健康状態の改善を図るための個々の適用労働者の状況に応じて講ずる措置」からそれぞれ1つずつ以上決議していないこと（**第3章の1⑴ウ④参照**）
- ・健康・福祉確保措置として，把握した適用労働者の勤務状況及びその健康状態を踏まえ，「把握した労働時間が一定時間を超えない範囲内とすること及び当該時間を超えたときは労基法38条の4第1項の規定を適用しないこととすること（適用解除）」を決議していないこと（**第3章の1⑴ウ④参照**）
- ・苦情処理措置が適切に実施されていないこと（**第3章の3⑹参照**）
- ・苦情処理措置として，既存の苦情処理措置を利用する場合にその旨を周知していないこと（**第3章の1⑴ウ⑤参照**）
- ・苦情処理措置として取り扱う苦情の範囲に対象労働者に適用される評価制度及びこれに対応する賃金制度等企画業務型裁量労働制に付随する事項に関する苦情が含まれていないこと（**第3章の1⑴ウ⑤参照**）
- ・労使委員会が6か月以内ごとに1回以上の頻度で開催されていないこと（**第3章の3⑶参照**）
- ・労使委員会において定期的に制度の実施状況に関する情報を把握し，対象労働者の働き方や処遇が制度の趣旨に沿ったものとなっているかを調査審議していないこと（**第3章の3⑶参照**）
- ・労使委員会に対し，把握した対象労働者の勤務状況及びこれに応じて講じた対象労働者の健康・福祉確保措置の実施状況，対象労働者からの苦情の内容及びその処理状況等の苦情処理措置の実施状況，対象労働者に適用される評価制度及びこれに対応する賃金制度の運用状況（対象労働者への賃金・手当の支給状況や評価結果等をいう）並びに労使委員会の開催状況を開示していないこと（**第3章の3⑶参照**）
- ・対象労働者に適用される評価制度及びこれに対応する賃金制度を変更しようとする場合，労使委員会に対し，事前又は変更後遅滞なく，その内容について説明を行っていないこと（**第3章の3⑶参照**）

6　裁量労働制の不適正な運用が認められた企業への指導及び公表

　複数の事業場を有する社会的に影響力の大きい企業（中小企業に該当しない企業）において，裁量労働制の不適正な運用が認められた場合，本社を管轄する労働局長（以下，本章において「**局長**」という）から，当該企業の経営トップに対して，早期に全社的な是正を図るよう指導を行うとともに，指導を行った事実を公表することとされている[45]。具体的には以下のとおりである。

(1)　裁量労働制の運用実態の確認のための監督指導

　複数の事業場を有する社会的に影響力の大きい企業に対する監督指導において，下記①から③の実態（以下，本章において「**不適正な運用実態**」という）が認められた場合，当該企業の本社及び支社等に対する全社的な監督指導を実施し，裁量労働制の運用状況を確認する。なお，支社等については，主要な支社等であって，企業規模及び事案の悪質性等を勘案し，全社的な是正・改善状況を確認するために必要な範囲で決定される。

---

①　裁量労働制の対象労働者のおおむね 3 分の 2 以上について，対象業務に該当しない業務に従事していること

②　上記①に該当する労働者のおおむね半数以上について，労基法32条，40条（労働時間），労基法35条（休日労働）又は労基法37条（割増賃金）の違反（労働時間関係違反）が認められること

③　上記③に該当する労働者の 1 人以上について， 1 か月当たり100時間以上の時間外・休日労働が認められること

---

[45]　「裁量労働制の不適正な運用が複数の事業場で認められた企業の経営トップに対する都道府県労働局長による指導の実施及び企業名の公表について」（平成31年 1 月25日基発0125第 1 号）

204　第5章　裁量労働制に係る労働基準監督署の監督指導への対応

⑵　局長による企業の経営トップに対する指導及び企業名の公表

ア　本社管轄の局長による指導

　前記⑴の監督指導において，不適正な運用実態が組織的に複数の事業場で認められる場合であって，当該企業が裁量労働制を相当数の労働者に適用しているときは，当該企業の代表取締役等経営トップを本社管轄の労働局へ呼び出した上で，局長より早期に法違反の是正に向けた全社的な取組みを実施することを求める指導書を交付することにより指導する。

イ　企業名の公表

　前記⑵の指導を実施した際に，以下について公表する。

・企業名
・裁量労働制の不適正な運用，それに伴う労働時間関係違反等の実態
・局長から指導書を交付したこと
・当該企業の早期是正に向けた取組方針

7　裁量労働制と労災認定

　労働者災害補償保険法に基づく労災保険給付は，業務上の疾病等に対してなされるものであり，労働者による労災保険給付の申請について，労基署が業務上の疾病等であると認定（労災認定）した場合には，各種労災保険給付の決定がなされる。

　脳・心臓疾患[46]については，「血管病変等を著しく増悪させる業務による脳血管疾患及び虚血性心疾患等の認定基準について」（令和3年9月14日付基発0914第1号）が示されており，①発症前の長期間にわたって，著しい疲労の蓄積をもたらす特に過重な業務（長期間の過重業務）に就労したこと，②発症に近接し

---

[46]　労働者が精神障害を発症した場合は，業務上の疾病か否かについては「心理的負荷による精神障害の認定基準について」（令和5年9月1日付け基発0901第2号）が示されており，労働者の時間外労働時間数が業務起因性を判断する上での重要な指標とされている。

た時期において，特に過重な業務（短期間の過重業務）に就労したこと，又は
③発症直前から前日までの間において，発生状態を時間的及び場所的に明確に
し得る異常な出来事（異常な出来事）に遭遇したことにより，明らかな過重負
荷を受けたことにより発症した脳・心臓疾患は，業務に起因する疾病として取
り扱うこととされている。

　その上で，上記①における業務の過重性の判断にあたっては，負荷要因の1
つとして労働時間数を考慮することになり，具体的には，「発症前1か月間ない
いし6か月間にわたって，1か月当たりおおむね45時間を超える時間外労働が
認められない場合は，業務と発症との関連性が弱いが，おおむね45時間を超え
て時間外労働時間が長くなるほど，業務と発症との関連性が徐々に強まると評
価できる」，「発症前1か月間におおむね100時間又は発症前2か月間ないし6
か月間にわたって，1か月当たりおおむね80時間を超える時間外労働が認めら
れる場合は，業務と発症との関連性が強いと評価できる」とされている。そし
て，ここでいう時間外労働時間数は，実際の労働時間をベースに，1週間当た
り40時間を超えて労働した時間数とされている。

　そのため，裁量労働制適用者であっても，実際の労働時間をベースに，1週
間当たり40時間を超えて労働した時間数が上記のような時間外労働時間数であ
る場合には，監督署より，業務と発症との関連性が強いと判断され，業務上の
疾病と判断される可能性がある。そして，仮に労働者（又はその遺族）から使
用者に対し，安全配慮義務違反に基づく損害賠償請求訴訟が提起された場合，
裁判実務上，監督署に業務上の疾病と判断されていることは，裁判所による安
全配慮義務違反の認定に事実上影響する（安全配慮義務違反が認められる可能
性が高まる）ことも少なくない。

　そのため，企業としては，安全配慮義務の履行の観点から，裁量労働制適用
者であるとしても，通常の労働者と同様に，実際の労働時間をベースに，長時
間労働となっていないか否かは常にチェックし，長時間労働の疑いがある場合
には，健康・福祉確保措置を含む長時間労働の是正に向けた対応を行う必要が
ある[47]。

206 第5章 裁量労働制に係る労働基準監督署の監督指導への対応

---

47 当然ながら，労働者の生命・健康は何よりも大事なものである。企業においては，安全
配慮義務の履行以前の問題として，決して労働者やその家族の幸せを奪ってはいけないこ
とを自覚し，そのためにも労働者の健康確保を図るという意識で労務管理を行うことが重
要であろう。

第 **6** 章

裁量労働制の導入例

208　第6章　裁量労働制の導入例

　令和6年4月1日施行の裁量労働制の制度改正の基盤となった，厚生労働省「これからの労働時間制度に関する検討会」においては，実際に裁量労働制を導入している企業や，導入企業の労働組合，労働者等からヒアリングを行い，それを踏まえて議論を行っている。

　企業による裁量労働制の導入例は，新しく裁量労働制を導入しようとする企業や裁量労働制の運用を見直したいと考えている企業にとって有用な情報であることから，以下のとおり，各導入例（個別事例）を紹介することとする[1]。あくまで各企業の理念や実態に沿った実例であるため，これら事例を参考にしつつも，各々の企業において実態に即した体制・運用を整備する必要があることには留意されたい。

1　いずれも厚生労働省ホームページ「これからの労働時間制度に関する検討会」において掲載されている情報である。なお，いずれも令和6年4月施行の裁量労働制の制度改正前の情報であることには留意されたい。

電気機械器具製造業／従業員数 10,000名以上／裁量労働制適用者の割合：全体の約30%強（専門業務型：約9割，企画業務型：約1割）　※企業ヒアリング	
導入目的	従業員が自らの知識・技術や創造的な能力を活かせるよう，仕事の進め方や時間配分に関する主体性を尊重し，対象者の働き方に対する意思をより重視することで，多様な人財が多様な働き方を実現し，生産性の向上・イノベーション創出につなげていくことが目的。
適用対象	職能等級は，従来の価値観や手法にとらわれることなく自主的に業務を遂行する者と定義づけており，対象労働者の意思を踏まえた上で，裁量労働制を適用することにより従来以上に業務効率の向上が期待できる者と会社が認定した者を適用者としている。裁量労働制の適用は半年に一度本人に確認を行う。
みなし労働時間	1日7時間45分（所定労働時間）
時間把握	始業・終業時刻は，パソコンの起動終了時刻をもとに客観的に把握しており，法定休日と深夜労働については，実働時間の管理を実施。
健康確保	・所定労働時間を超えた時間が月80時間以上又は3か月連続で月60時間以上となった場合等に，健康管理措置として産業医等による健康診断や面接指導を実施。 ・また，上記水準に達した場合又は上記水準に達する前に一定時間に達した場合に，勤怠管理システムを通じて，本人又は上長に対して，長時間労働の可能性があるとアラートを発信するという機械的な運用も並行して実施。
処遇	各人の基本給の3割程度を毎月の裁量労働勤務手当として支給。この水準は，制度導入にあたり，フレックスタイム制の適用者の平均的な残業時間も参考にして労働組合と議論し，合意に至った内容。
労使コミュニケーション	・労使委員会は半年に一度実施し，各事業場単位で，適用状況，苦情の有無とその対応内容，所定労働時間を超えた時間の平均の推移，健康管理措置の実施状況，業務内容を踏まえた適用の妥当性を労使で議論している。 ・労使委員会において，全体・個別の議論（個別の対象者の現状の業務における裁量性の有無）に加えて，労働組合による調査結果を踏まえた議論（裁量労働制によって成果が出ているのか，制度の目的に沿った働き方ができているのか）も行っている。

210　第6章　裁量労働制の導入例

適用解除等	・適用除外は月単位で可能。 ・適用除外の基準については，①本人から適用除外の申し出があった場合，②業務の遂行手段及び時間配分の決定に関して具体的な指示を受けることが見込まれる場合のほか，③所定労働時間を超えた時間が月80時間を超えた場合は自動的に翌月から適用除外。
その他	・日々の労働状況のみえる化ツールを利用し，上長は部下の労務状況を確認して業務配分の見直し等を行っている。 ・裁量労働制の目的や，適用できる場合，適用除外すべき場合，Q&A（裁量労働制とフレックスの違い等）について，ハンドブックを作成して従業員に周知。 ・企業としては，裁量労働制は本人が生産性を高めるための仕組みとしてより柔軟で使いやすいものとなればさらなる活用につながると考えるが，反対に，対象者が制度をよく理解していない状況がある場合，又は制度としては理解されているものの対象部署の人たちの業務が忙し過ぎて結果として裁量労働制にそぐわない状況となることが見込まれているのであれば，無理強いはしないことが必要と認識。

※ 厚生労働省「第3回 これからの労働時間制度に関する検討会」（令和3年9月7日）議事概要をもとに編著者において作成。

その他金融業／従業員数 約3,000名／裁量労働制適用者の割合：全体の約1％（専門業務型：2割，企画業務型：8割） ※企業ヒアリング

導入目的	企画業務型裁量労働制を導入した目的としては，成果主義の徹底促進を図るため，報酬自体を時間の長い・短いではなくて，成果に応じて支払うというコンセプトを明確にするための制度として導入した。
適用対象	・対象部署は基本的に業務部門全体又は会社全体に影響を与えるような業務を所管している部署。対象者は，当該対象部署に所属する，職能資格でいうと総合職，いわゆる全国転勤型の者を対象に適用。ただし，管理監督者や新規学卒から7年目までなどの階層や事務作業が中心の職種は対象外。 ・適切に本人の裁量の有無を確認する観点から，制度適用の入口は厳しく運用している。まず，人事部から対象部署の部長に適用候補者リストを送り，適用候補者本人と部長で話をした上で，本人が裁量労働制の適用を希望する場合は，本人の業務内容や上司の指示の有無・程度について，本人と上司の認識が合っていれば，部長から人事部に適用の申請をする。人事部でも問題無しとの確認ができれば，適用を承認し，適用者を確定するというステップにしている。また，適用開始以降も，問題があれば適用を解除する可能性があることを明らかにしている。
みなし労働時間	1日9時間
時間把握	労働時間管理については，働く時間配分は適用者の裁量に任せるが，実際の始業終業時刻や中抜け時間を適用者自身が勤務表に入力することとしている（健康管理の必要性から，勤怠管理システムへの入力を求めている）。
健康確保	・人事部から疲労蓄積度自己診断チェックシートをメールで送付して，産業医が健康診断結果や人間ドックの結果と照らし合わせて，健康指導や面談が必要だと判断した場合には，面談等を勧奨。 ・チェックをする基準値は，安衛法に基づく長時間労働者の面談基準と合わせ，法定時間外労働が単月で80時間超えの者又は3か月平均で70時間を超える者を対象。

212　第6章　裁量労働制の導入例

	・上記のような状態が続き，産業医と話をした結果，当該者に裁量労働制を適用し続けるのは健康上問題ありとの指摘や懸念がある場合には，適用解除。
処遇	所定時間外労働の45時間相当を裁量労働手当として設定
労使コミュニケーション	・労使委員会は1年に1回，年度末付近に開催し，来年度の適用部署，適用業務，健康確保措置の見直しや，当該年度の4月から2月までの適用者と非適用者の部署ごとの労働時間について議論している。 ・労使委員会としては年1回だが，別途，労働組合と定期的に情報交換をしており，組合で独自に毎年実施する働き方に関するアンケートについての報告と会社への意見書を組合から出してもらい議論している。兼務で非専従の労働組合のため，組合の負担も考慮し，無理のない範囲で，かつ漏れがなくということを目指して行っている。
適用解除等	・対象部署であっても，本人の意思により適用しないことも，適用後に解除することも可能。解除したい場合，同意撤回書を提出すると，翌月から解除される。 ・不同意者については，通常の時間外勤務対象者として取り扱う。 ・本人が同意を撤回しても，評価上の不利益な取扱いなどはない。
その他	・苦情処理は，人事部と労働組合側の労使委員をそれぞれ窓口としているが，今のところ，苦情が寄せられたことはない。 ・裁量労働制の適用者の上司に対しては，上司として認識・配慮すべき点を周知。

※　厚生労働省「第3回 これからの労働時間制度に関する検討会」（令和3年9月7日）議事概要をもとに編著者において作成。

電気機械器具製造業／従業員数 約3,000名／裁量労働制適用者の割合：全体の約50%（専門業務型：約３割，企画業務型：約７割）　※企業ヒアリング	
導入目的	・時代の変化に伴い多様な制度をいち早く取り入れ，裁量労働制については，専門業務型は制度創設数年後に導入し，研究開発や設計業務を中心に適用。企画業務型は平成15年改正を受けて導入。 ・制度導入時の労使協議の結果，主体的に業務を進める，ゆとりや健康管理との調和，成果重視の報酬に移行の３点とされ，これは今も変わらない。約30年前から時間ではなく成果との考え方の下，制度を導入しているため，社内では制度が定着し活用されている。管理職においても，自分自身も裁量労働制を適用されていたことがあるため，制度について十分理解しており，そのことも社内で制度がうまく運用されている要因。また，コロナ禍での在宅勤務においても，裁量労働制を活用していたこともあり，非常にスムーズに社員が順応できた。
適用対象	裁量労働制は，管理監督者等級の手前２つの役割等級の労働者に適用される。役割等級は所定要素（専門知識，事業の知見，リーダーシップ，対人スキル等）の所定水準をクリアできれば入社年次に関係なく認定できる。
みなし労働時間	１日７時間45分（所定労働時間）
時間把握	適用労働者の在社時間（在宅勤務時間・休憩時間を含む）は，労働者が始業・終業時にPCで行うWeb打刻で把握。実態の労働時間としては，時間管理対象者（裁量労働制が適用されておらず実労働時間を管理されている労働者）との大きな乖離は生じていない。
健康確保	・平日１日当たり７時間45分及び法定休憩時間を除いた在社時間が，直近１か月で80時間以上の場合，一律にWebによる健康調査を実施し，必要に応じて産業医等面談の実施。直近１か月で100時間以上の場合は，健康調査の結果にかかわらず，必ず産業医等面談を実施。在社時間が単月100時間又は３か月平均80時間以上の場合，業務実態の確認等を行い，長時間労働が慢性化している場合等には裁量労働制の適用を解除。解除後は月間フレックスタイム制で数か月様子をみて，きちんと業務量が戻っていたら，裁量

214　第6章　裁量労働制の導入例

	労働制に戻すプロセスに入る。 ・勤務間インターバル制度は導入していないが，自ら働く時間をコントロールできる社員に裁量労働制を適用しているため，インターバルについても，自らの裁量の中で実施している。
処遇	・処遇制度（全社員統一）は，人ではなく現在の役割に格付けするとの考え方の下，役割等級制度を適用。 ・月額の給与は，市場水準に基づき一定の幅を設けた上で等級ごとに設定。 ・評価方法（全社員統一）は，年度毎に上司部下で話し合いの上で個人目標を設定し，1年の実績は，当該目標の高さとその達成度（実績評価），会社が求める行動基準の実践度（行動評価），この2評価を組み合わせたもの（役割遂行度評価）の3つの基準で評価され，月額給与，賞与及び等級改定に反映されていく。 ・等級に応じて月額10〜12万円の手当があるほか，年1回（夏の賞与時），通常の賞与に加えて裁量労働制成果加算（最高200万円程度）がある。
労使コミュニケーション	・労使委員会は年に2回開催し，決議内容は議事録と併せて全社員が閲覧可能な社内ポータルサイト上で公開。なお，労使委員会の各回終了後に，裁量労働制その他働き方全般に関する意見交換を実施し，労使双方でより良い働き方を実現していくための建設的な対話の機会を設けている。別途，労働組合とも労使委員会開催時期に合わせて労使協議を行っており，裁量労働制については，労使ともに，会社の中でも非常に重要，かつ会社のパーパスの実現に不可欠な働き方の根幹をなす制度であることを共有している。 ・労使委員会決議の有効期間は1年で，毎年決議更新前に一斉に裁量労働制適用に係る同意確認のプロセスを丁寧に実施。具体的には，管理職に同意確認用マニュアルを配付し，部下の対象労働者との間で同意確認のコミュニケーションを必ず図らせている。その際，裁量労働制の理解を促すためのeラーニングを実施の上で同意確認を行っている。実態として適用可能対象者のほぼすべての労働者が同意している状況で，運用上いつでも同意撤回は可能だが，現時点で同意撤回を希望する者はいない。むしろ適用対象前の若手社員から適用を望む声が人事に届いている。

| その他 | 裁量労働制の魅力の１つは，社員個人が自分の自由な時間をフル活用でき，男女問わずワーク・ライフ・バランスの観点で非常に有効であること，また，グローバルに事業展開している中で，海外との時差関係なく時間に縛られずビジネスができることと考えている。 |

※ 厚生労働省「第５回 これからの労働時間制度に関する検討会」（令和３年11月11日）議事概要をもとに編著者において作成。

216　第6章　裁量労働制の導入例

電気機械器具製造業／従業員数 約30,000名／裁量労働制適用者の割合：全体の約17%　※企業ヒアリング	
導入目的	成果主義を推進するため，労働時間の多寡にかかわらず，成果をより報酬に反映させる仕組みとして，約20年前に専門型裁量労働制を導入。現在は専門業務型（研究開発職，SE，システムコンサル担当等）と企画業務型（マーケティング職，事業スタッフ（戦略企画，人事等））のいずれも導入。
適用対象	・等級（グレード）制度をとっており，等級毎に求められる能力や業務内容を定めている。一般社員の最高位の等級（定員制／昇格後4年経過以降，毎年当該等級としての資質を業務内容やコンピテンシー評価で確認して価値を維持）及びその直下の等級に該当する者が裁量労働制の適用対象。対象者については，裁量労働制の適用基準（労働時間を報酬の基礎とすることがふさわしくない職務についていること，所属長の推薦があること，本人に本制度により勤務する意思があること）を確認した上で適用。 ・適用にあたっては，対象労働者本人に対し，成果主義に賛同し，制度の趣旨と仕組みをよく理解した上で，裁量労働制により勤務する意思を持っていることの確認を実施。
みなし労働時間	1日7時間45分（所定労働時間）
時間把握	・休日及び深夜時間はWebの勤怠管理システムで打刻させ，これ以外の時間帯はPCのログイン・ログオフ時間により把握している。 ・裁量労働制の適用労働者における1か月当たりの時間外勤務時間（法定労働時間の総枠を超えた時間）数は，非適用労働者に比べて数時間長い程度。
健康確保	・本人が希望する場合，1か月の所定外労働時間が100時間を超過した場合，2か月～6か月で月平均の所定外労働時間が80時間を超過した場合，のいずれかに該当した際に，産業医等の面接を実施。 ・本人が希望する場合，1か月の所定外労働時間が40時間を超過した場合，2か月～6か月で月平均の所定外労働時間が60時間を超

	過した場合，のいずれかに該当した際に，システム上で問診票を提出することとしている。さらに，1か月の所定外労働時間が45時間を超過することが見込まれる者に対しては，個別に所属長に勤務実態のヒアリングを実施した上で，裁量労働制の適用可否を検討。
処遇	・業務手当（基本給の約35%相当）を毎月支給。なお，休日・深夜（労働に対する割増賃金）が業務手当を超えた場合，超過分を時間外勤務手当として支給。そのほか，通常賞与に加え，年2回，評価に連動して業績賞与を支給。 ・評価方法は，裁量労働制の適用者・非適用者ともに，半期ごとに成果の大きさで評価。
労使コミュニケーション	・労使委員会は年1回開催し，その際に裁量労働制の適用の定期見直し（適用者の継続可否，新規対象者の適用要件該当の確認）を実施。そのほか，必要に応じて随時開催。議題は，制度の適用状況，適用休止者の時間外労働状況，年間休日や休暇取得促進に向けた取組みなど。 ・労使委員会だけでなく，毎月労使で労働時間に関する協議会を実施しており，その中で，長時間労働が見込まれる者の状況確認等を行っている。
その他	当社における裁量労働制の魅力は，特別の報酬（業務手当，成果に応じた業績賞与）があること，裁量を持って業務を実施でき，自分がやりたい仕事でパフォーマンスをしっかり発揮できること，と認識している。社員のマインドが成果主義に対して非常に理解があり，これを具現化しているのが当社の裁量労働制であるため，社員は非常に魅力的に感じていると考えている。

※ 厚生労働省「第5回 これからの労働時間制度に関する検討会」（令和3年11月11日）議事概要をもとに編著者において作成。

218　第6章　裁量労働制の導入例

情報・通信業／従業員数 300名以下／裁量労働制適用者の割合：全体の19％（専門業務型：約6割，企画業務型：約4割）　※企業ヒアリング	
導入目的	専門職が6割程度を占める構成の会社であり，専門業務型裁量労働制での働き方が好まれる傾向があって裁量労働制を導入。2020年から企画業務型裁量労働制も導入。発展途中の会社であり，役割や職能に見合った労働制度を適用できるように社内制度のアップデートも続けて，現状としては，働き方や生産性は徐々に最適化してきている。
適用対象	・専門職とマネジメント職を裁量労働制の適用対象者としている。導入している等級制度によって労働制度の適用が異なり，一定以上の等級の者に裁量労働制を適用。 ・裁量労働制適用者については，雇用契約時，また途中で労働条件を変更する際に必ず本人に制度についての説明を実施するようにしており，裁量労働制の適用を望まない場合は適用しない。説明の内容は，勤怠管理の取扱い，有休，賃金面等。 ・本人の同意については，企画型も専門型もともに本人の同意が得られなければ適用せず，同意の撤回があれば制度適用を外すという運用にしているが，これまでの実態として適用の拒否をする者や同意を撤回したいという意見が出たことはない。このほか，労働時間が長い者は適用を外す運用も行っている。
みなし労働時間	1日9時間（前年度の1年間，裁量労働制の適用者の実労働時間の平均値）
時間把握	Webの勤怠管理システムを導入しており，業務開始時と終了時に打刻してもらう。裁量労働制の適用者も非適用者も同じ方法。裁量労働制適用対象者でも特に大きく労働時間が増えていることはない。
健康確保	前月の総労働時間が法定労働時間を60時間以上超過した者については，人事から産業医面談，保健師面談の受診を勧奨し，本人から申し出があれば面談を受けさせるようにしている。また，この超過時間につき45時間を超える回数が3回以上になった者については，人事から本人との面談や上長に対する業務調整などの対応，改善指導などをしている。また，必要に応じて年次有給休暇の取得促進，特別休暇の付与，特別健康診断の実施などを行っている。

処遇	裁量労働制適用者は，職能等級が高い者であるため，裁量が大きく，ベースの賃金が高い者が多い。人事評価に関しては，裁量労働制適用者は，過程や行動よりも，成果のほうが重視される傾向。
労使コミュニケーション	労使委員会は，年に1度の定期開催とし，あとは必要に応じて開催することとしている。企画業務型裁量労働制に関すること，裁量労働制適用対象者の勤務状況や賃金等の労働条件に関すること，裁量労働制適用対象者の健康・福祉確保措置，苦情受付状況等，その他，その都度必要な内容を議題としている。
その他	・健康面での対応を除き，細かな業務量コントロールなどはしていないが，顧客事情や不測の事態による稼働については，相談や依頼を主としたコミュニケーションをしており，大きな問題にはなっていない。 ・社内で裁量労働制に関する苦情受付の窓口を設置しているほか，その他上司を通して相談することも可能。苦情を受け付けた場合に労使委員会で内容を共有することも想定しているが苦情が出たことはない。

※ 厚生労働省「第11回 これからの労働時間制度に関する検討会」（令和4年3月29日）議事概要をもとに編著者において作成。

220　第６章　裁量労働制の導入例

情報・通信業／所属企業の従業員 10,000名以上／裁量労働制適用者の割合：全体の約２％（専門業務型：約７割，企画業務型：約３割）　※組合ヒアリング	
適用対象	・適用業務は，専門型の一例では通信インフラに係る開発・設計・分析業務が挙げられ，昨今ではアジャイル開発（計画→設計→実装→テスト）が入ってきている。企画型の一例では通信及び関連事業に対する市場等の調査分析企画業務。 ・適用対象者は，管理職一歩手前の者や，新卒入社で４年経過した者など，自律的・主体的に業務を遂行できる労働者に限り対象としている。一部の組合員の中には，働き方改革による時間外労働の削減や育児・介護を理由に裁量労働制を希望する者も出てきているが，会社と労働組合で，制度趣旨等を説明し，適用するべき者を確認している。
みなし労働時間	・１日7.5時間 ・関係するメンバーやチーム内の協調の趣旨で，標準労働時間（９時～17時半）を設定しているが，拘束力は設けておらず，実態として10時から始業しているケースもある。 ・適用労働者の標準労働時間以降の労働時間（17時半～翌９時）は，通常勤務者（時間管理されている労働者）と比較して月23時間程度長い。深夜勤務や休日労働も一定程度発生しているが，裁量労働制は業務遂行や時間配分を自律的に行えるため，働き方の自由度が高まっていると考える。
時間把握	PCのログ管理及び自己申告で行っているが，始業終業間の中抜けや休憩時間も含めてカウントしている労働者もおり，「PCログ＝実労働時間」とは言い切れず，完全な形で実労働時間を把握できていないため，適用労働者が長時間労働とは断定できない状況。
健康確保	・健康・福祉確保措置としては，長時間労働者への産業医の面談のほか，勤務間インターバル（１日の労働時間が13時間半を超えた場合に，翌日勤務まで９時間を確保）を義務づけている。 ・勤務間インターバルは裁量労働制導入時に労働組合から強く求めて長時間労働回避のために入れたもので，毎月，労使間でその確保状況や労働時間をチェックし，会社側も力をいれている点のため，業務量や分担，マネジメントの是正は非常に力を入れて取り

	組んでいる。
	・その他，みなし労働時間を超える労働時間が月間75時間を３か月連続で超過した場合，上長と面談の上でその後の制度適用を判断することとしているが，実態として長時間労働が恒常的に生じている労働者はおらず，制度適用したまま職場内での業務配分等による改善・調整が行われ，課題解決が図られている。
処遇	・適用労働者の給与体系については，評価と発揮した成果を給与に反映することが望ましいと考えており，制度趣旨から時給制の考え方は持っていない。
	・適用労働者に対し，月例賃金の中で基本給に加えて裁量労働手当を支給されているほか，賞与の中で個人評価結果に応じた賞与インセンティブを支給。手当は割増賃金相当の補塡の趣旨ではなく，自己裁量を発揮して働くことに対する手当と考えている。年収で比較すると，適用労働者と通常勤務者間で大きな差があり，適用労働者のほうが高い。
	・評価方法については，適用労働者と通常勤務者は同一。
労使コミュニケーション	・新たに適用部門を増やす場合，２段階にわたり労使協議を行っている。初めに，新規の適用部門・人事部門・労組本部の間で適用可否（法的合致，適用予定者の精査，長時間労働対策）を通常２か月超協議し，場合によっては適用見送りのケースもある。その後，会社側・労組側，双方から適用予定者に制度説明や制度適用に係る意見確認を必ず行った上で，２段階目の労使協議として労使委員会で決議を行うが，最初の協議で確認した点と異なることがあれば，この段階で適用見送りとなるケースもある。その後，最後に本人同意を経た上で，制度の適用開始となる。
	・労使委員会の議題についての希望や改善要望としては，まず，新規適用に際しては，みなし労働にせざるを得ない背景・理由を明確に議論することが必要。また，一部の適用労働者からは，業務を効率良く自主的に進めても上長から次々と業務が追加されるとの意見も出ており，本当にこの業務追加は適正か，長時間労働となっていないかについての議論や，勤務間インターバル等の対応など健康面のチェックが必要。
	・裁量労働制の本旨に沿った運用のための労働組合と労働者間のコ

ミュニケーションについては，適用前は，組合から適用予定者に対して適用希望の有無や懸念点等を事前確認する。適用後は，労使委員会（半年毎）前に職場での実態調査を実施し，制度の継続可否や業務の進め方の課題，長時間労働の実態等について調査を行っている。

・適用労働者の制度適用に対する反応としては，前述の実態調査によれば，恒常的に，適用労働者の約9割が制度を肯定的に捉えているとの結果（制度継続を希望，裁量をもって主体的に働いていると回答）が出ている。また，働き方改革による長時間労働の改善や，時間をある程度気にせず最後まで業務をやりきれるため，制度への満足度は高い傾向。適用労働者からの苦情は労働組合ではほぼ認識していない。

・労使コミュニケーションに関しては，一部の適用部門の管理職や人事担当における裁量労働制の内容の認識が乏しく，組織改編による業務移管や担務変更等の際に，これに合わせた裁量労働制の適用継続又は除外の対応を適切にできていないケースもみられることから，管理職等の制度認識向上を常に図っていくとともに，課題が生じた時にいつでも柔軟に労使協議できる仕組みを整えておく必要がある。

※ 厚生労働省「第4回 これからの労働時間制度に関する検討会」（令和3年10月15日）議事概要をもとに編著者において作成。

機械関連製造業／専門業務型裁量労働制／業務内容：研究開発	
※労働者ヒアリング（勤続年数：約３年，適用年数：約２年）	
適用対象	労働者個人の意思で毎年申請する仕組み。その際，上司と労働時間等を相談するなど，しっかり内容を理解した上で適用となる。労働者からの適用除外の申し出も可能。
みなし労働時間	・１日９時間 ・労働時間の状況は，１日当たり９～10時間程度で，時季による変動あり。深夜・休日労働はほぼ無い。
裁量	業務の遂行方法や時間配分，出退勤時間の裁量はある。業務量については，元々過大な設定はされておらず，上司と毎週面談して進捗等共有しているが，過重になることが予測される場合には上司とコミュニケーションをとり調整している。
時間把握	勤務時間は，PCの起動・停止時間や，カードリーダーでの入退場時間により管理されている。
健康確保	みなし労働時間を超過する時間が，単月で80時間を超える場合，２か月連続で45時間を超える場合，６か月で合計270時間を超える場合に，強制的に健康診断を受診することになっており，また，こうした状態が続くと裁量労働制が適用除外される。
処遇	裁量労働手当は，基準賃金の25%を毎月支給されている。
労使コミュニケーション	業務負荷に関しては上司に相談している。労組においては，定期的に全体の負荷や裁量労働制適用者の状況を確認しており，社内に労務ニュースとして展開されている。
その他	・製造ラインとは異なる技術者であり，一般的な時間管理では仕事の進め方が少し難しくなるため，時間配分等に裁量があることをポジティブに捉えており，また，自社ではしっかり健康管理がなされているので，安心して働けている。 ・裁量労働制のメリットは，時間で成果を測るものではない点，業務状況等によりメリハリをつけて働いたり，取引先に時間を合わせて働くことが可能な点。デメリットは，設計や製造現場など他の業務との兼務ができず，自分自身の経験や成長につながらない点。

※　厚生労働省「第６回 これからの労働時間制度に関する検討会」（令和３年11月29日）議事概要をもとに編著者において作成。

224　第6章　裁量労働制の導入例

輸送用機械等製造業／企画業務型裁量労働制 ※労働者ヒアリング（勤続年数：10〜15年，適用年数：約3年）	
みなし労働時間	・1日8時間 ・労働時間の状況は，みなし労働時間を超える時間は1日当たり長いときで4時間程度。時季による変動あり。深夜・休日労働はほぼ無い。有給休暇も取得できている。
裁量	業務の遂行方法や時間配分，出退勤時間の裁量はある。業務量が過大な場合には，課内で業務配分を見直したり，上司が他部門と調整し，業務配分の見直しや人員補充を行っている。
健康確保	1日8時間を超えた勤務時間が1か月で60時間以上又は2か月連続で45時間以上の場合，健診票が発行される。また，半年の在場（勤務）時間が月平均220時間以上の場合，原則，次の半年は裁量労働制が解除される。
処遇	裁量労働制に伴う特別の処遇としては，手当が月額で基準賃金の16％支給されるほか，賞与でも成果に応じた加算がある。
労使コミュニケーション	業務等について困難を感じた際には上司や人事部門（所定の相談窓口）に相談。労組は，労使委員会を通じて関与していると感じている。
その他	・裁量労働制の適用にあたり，パンフレットや労使委員会の議事録にて詳細説明があった。適用前に不同意とすることはできる。 ・自由度の高い働き方の中で，成果で評価されること自体は納得感が高い。ただ，最近社内でコア無しフレックス制度が導入されたため，時間配分の裁量という点ではメリットは減少しているのではないかと思う。 ・裁量労働制のメリットは，時間にとらわれず質や成果を追求できる点であり，能力発揮・向上や生産性向上につながっていると感じている。また，企画のフェーズに応じて労働時間を自分自身で決定できる点。デメリットは，恒常的に忙しい職場の場合，過重労働が懸念されること。上司の仕事の与え方やマネジメントが重要。

※　厚生労働省「第6回 これからの労働時間制度に関する検討会」（令和3年11月29日）議事概要をもとに編著者において作成。

化学工業／専門業務型裁量労働制／業務内容：研究開発 ※労働者ヒアリング（勤続年数：5～10年，適用年数：約4年）	
みなし労働時間	・1日9時間程度 ・労働時間の状況は，所定労働時間を超えた時間では，1日当たり30分～1時間程度。時季による変動はあまり無いが，業務状況により突発的に業務量が増えることはある。深夜・休日労働はほぼ無い。有給休暇も取得できている。
裁量	・業務の遂行方法や時間配分，出退勤時間の裁量はある。自分は他の労働者の定時に合わせて，基本的に定時出社している。 ・業務量が過大な場合には上司に相談するほか，労組で労働時間の状況を把握しているので，多い月が続く場合には，労組から会社側に要望することもある。
健康確保	所定労働時間を超えた労働時間の状況が月80時間以上の場合に上司からの産業医面談の促進等のほか，努力義務だが勤務間インターバル（退社時刻と出社時刻の間を11時間空ける）がある。
処遇	裁量労働手当としては，みなし労働時間のうち所定労働時間を超えた時間分程度が毎月支給される。
労使コミュニケーション	業務上困難を感じた場合，まずは上司に相談するが，改善されない場合には裁量労働制に関する苦情相談窓口がある。また，労組は，毎月30時間以上の残業をしている者のリストを取得・確認しており，以前は，みなし労働時間のうち所定労働時間を超える時間は月15時間に設定されていたが，実労働時間との乖離が非常に大きかったため，労組から企業に働きかけて，数年前に月30時間に変わった経緯もあり，労組は裁量労働制の運用にしっかり関与している。
その他	・裁量労働制の適用前には事前説明があったほか，制度運用の手引（社内ネットワーク上に掲載）を併せて確認し，十分に理解できた。同意の撤回も可能。 ・裁量労働制のメリットは，みなし労働時間内で効率良く仕事しようと色々考えて進める意識が働くこと，業務状況により没頭するところは没頭し，しないところはしない，とメリハリをつけて働けること，裁量労働手当があり収入が安定して入ること。率直なデメリットは，働く時間が多いと労働単価が下がり損をした気分

226　第 6 章　裁量労働制の導入例

	になること。

※　厚生労働省「第 6 回 これからの労働時間制度に関する検討会」（令和 3 年11月29日）議事概要を
　もとに編著者において作成。

	電気機械器具製造業／企画業務型裁量労働制
	※労働者ヒアリング（勤続年数：15～20年，適用年数：10年以上）
みなし労働時間	・1日7時間45分（所定労働時間） ・実労働時間は，1日当たり9時間程度。労働時間の状況は，みなし労働時間を超えた時間としては，月平均で20～30時間程度。時季による変動はないが，業務状況により繁忙感に少し波はある。深夜・休日労働はない。有給休暇も取得できている。
裁量	・業務の遂行方法や時間配分，出退勤時間の裁量はある。 ・業務が忙しくなってきた場合には，上司に相談し，業務配分の見直しや進め方の助言を得て一緒に検討し，スケジュール調整等を行いながら進めている。過去，繁忙期で月の所定外勤務時間が60～70時間となり，自身の裁量がなくなったと感じた際，上司と相談し，一時的に裁量労働制を2～3か月離脱してフレックスに切り替えたことがある。
時間把握	PCの起動・終了時に自動的に時刻が記録されるシステムとなっており，22時以降の深夜労働禁止ルールもある。時間管理についてはここ数年でツールが整備されて「見える化」され，上司だけでなくチーム間でもどのくらい仕事をしているか相互に確認でき，仕事の調整がしやすくなった。
健康確保	所定労働時間を超える勤務時間が月80時間を超える場合，産業医の面談が必須になる。
処遇	裁量労働手当はある。
労使コミュニケーション	業務上困難を感じた場合には上司に相談しており，もし話が進まない場合には，さらに上の職制に相談することも可能。また，労働組合役員に相談できる仕組みもある。労組では定期的に組合員向けのアンケートを実施しており，勤務実態の確認や，課題等があれば労使委員会に提起している。
その他	・裁量労働制の適用にあたっては，まず，入社時の社員研修で裁量労働制に関する説明があり，その後，適用対象となった際に，上司から改めて制度の詳細や処遇について，制度マニュアルを使って説明を受け，十分に理解できた。また，適用後，業務を遂行する上で，自身の今の働き方に裁量が無いと感じた場合には，労働

228　第 6 章　裁量労働制の導入例

	者から上司に適用除外の申し出を行い，承認されれば適用除外となる仕組みがある。 ・時間というよりは，どれだけ成果を効率良く出せるかという気持ちを持って勤めている。 ・裁量労働制のメリットは，自分の裁量で業務ができ，プライベートとのスケジュール調整にも裁量があること。また，裁量労働制で働くことで，成果の出し方や段取り，プロセスについても自分で考えながら取り組めるため，このような業務知識以外の能力開発にもつながると感じている。デメリットは特に感じていない。

※　厚生労働省「第 6 回　これからの労働時間制度に関する検討会」（令和 3 年11月29日）議事概要をもとに編著者において作成。

巻末資料

230　巻末資料

（巻末資料1の1：専門業務型裁量労働制に関する労使協定）

専門業務型裁量労働制に関する労使協定

　○○○○株式会社と過半数代表者○○○○は，○○○○株式会社○○支店（以下「**本事業場**」という。）において，労働基準法38条の3第1項に基づく専門業務型裁量労働制（以下「**本制度**」という。）に関し，次のとおり協定する（以下「**本協定**」という。）。

（対象業務）
第1条　本制度は，本事業場における次に掲げる業務（以下「**対象業務**」という。）に従事する労働者（以下「**適用労働者**」という。）に適用する。
（1）情報処理システムの分析又は設計の業務
（2）事業運営において情報処理システムを活用するための問題点の把握又はそれを活用するための方法に関する考案若しくは助言の業務
2　使用者は適用労働者に対し，対象業務について，業務遂行の手段及び時間配分の決定等（始業及び終業の時刻の決定を含む。）に関する具体的な指示をしないものとする。

（本人同意）
第2条　本制度を適用するに当たっては，使用者は，事前に労働者本人から同意（以下「**本人同意**」という。）を得なければならない。本人同意を得るに当たっては，使用者は，本制度の概要，制度の適用を受けることに同意した場合に適用される賃金・評価制度の内容並びに同意しなかった場合の配置及び処遇について，労働者に対し，明示した上で説明するものとする。
2　使用者は，本人同意をしなかった者に対して，同意をしなかったことを理由として，解雇その他不利益な取り扱いをしてはならない。

（同意の撤回）
第3条　適用労働者は，本制度の適用解除日の1か月前までに，会社所定の撤回申出書に必要事項を記入の上，本事業場の○○部○○課に当該撤回申出書を提出することで，同意の撤回を申し出ることができる。この場合，同意の撤回を申し出た日から1か月が経過した日において，適用労働者への本制度の適用は解除される。
2　適用労働者が同意を撤回した場合における処遇及び配置については，本人同意が行われる前の部署における同職種の労働者に適用される人事制度及び賃金制度を基準に決定するものとする。

（みなし労働時間）
第4条　適用労働者が，所定労働日において対象業務に従事した場合は，就業規則第

○条に定める所定労働時間及び実労働時間にかかわらず，1日8時間労働したものとみなす。

（休憩，休日等）
第5条　適用労働者の休憩，所定休日は就業規則の定めるところによる。
2　適用労働者が所定休日に労働する場合は，事前に所属長に申請し，許可を得なければならない。所属長の許可を得た上で所定休日に労働した場合は，賃金規程第○条に基づき，法定休日労働であるときは休日労働に対する割増賃金，それ以外の所定休日労働であって法定労働時間を超えるときは時間外労働に対する割増賃金をそれぞれ支払う。
3　適用労働者が深夜帯（午後10時から翌日午前5時）に労働する場合は，事前に所属長に申請し，許可を得なければならない。所属長の許可を得た上で深夜帯に労働した場合は，賃金規程第○条に基づき，深夜労働に対する割増賃金を支払う。
4　適用労働者は，テレワークを希望する場合は，テレワーク規程第○条に従い，事前に所属長に申請し，許可を得なければならない。

（健康・福祉確保措置）
第6条　適用労働者は，出勤した際（テレワークの場合は勤務開始の際），入退室時に会社が貸与するパソコン内の勤怠管理システムにおいて打刻することにより，出退勤時刻（以下「**労働時間の状況**」という。）を記録，把握しなければならない。
2　使用者は，前項により把握した適用労働者の労働時間の状況に応じて，適用労働者の健康・福祉確保措置として次の措置を講じるものとする。
（1）労働時間の状況を前提とすると時間外・休日労働が月60時間を超える適用労働者に対して，本制度の適用を解除すること
（2）労働時間の状況を前提とすると週40時間を超えた時間が月60時間を超える対象労働者に対して，産業医の面談を実施すること

（苦情処理措置）
第7条　適用労働者は使用者に対し，次の各号に従い，苦情を申し出ることができる。使用者は，当該適用労働者の秘密を厳守し，プライバシーの保護に努めるとともに，必要に応じて実態調査を行い，解決策等を当該適用労働者に報告する。
（1）苦情の申出方法
　　本事業場の○○部○○課に対し，メールにより，①所属先，役職及び氏名（匿名を希望する場合はその旨），②苦情の具体的内容，③それに対する適用労働者の希望等を記入の上，送信する。
（2）苦情の申出時間
　　メールにより随時，申出可能。
（3）苦情の取扱対象範囲

①本制度の運用に関する事項
②適用労働者に適用している賃金・評価制度等の処遇に関する事項

（記録の作成及び保存）
第8条　使用者は，適用労働者の労働時間の状況，健康・福祉確保措置の実施状況，苦情処理措置の実施状況，同意及び同意の撤回の労働者ごとの記録を作成し，本協定の有効期間中及び有効期間満了後3年間保存することとする。

（有効期間）
第9条　本協定の有効期間は令和○年○月○日から令和○年○月○日までの○年間とする。

令和○年○月○日

○○○○株式会社　代表取締役社長　　○○○○　㊞

過半数代表者　○○支店○○部○○課　○○○○　㊞

(巻末資料1の2：専門業務型裁量労働制に関する協定届（様式13号））

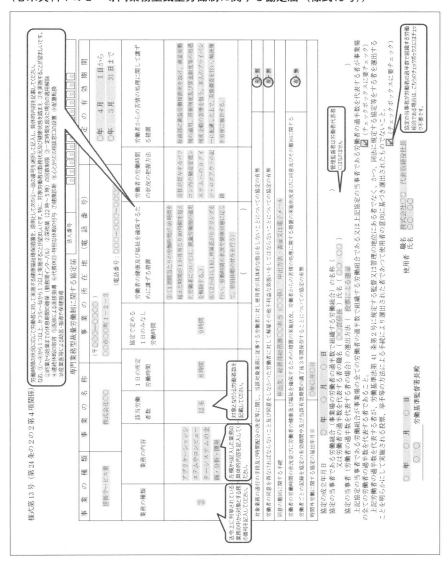

様式第13号（第24条の2の2第4項関係）（裏面）

記載心得

1 「業務の種類」の欄には、以下の番号から選択して記入すること。同一労働者に記入させることが業務に適さない場合は、1つの業務について、複数の番号を記入すること。
　① 新商品若しくは新技術の研究開発又は人文科学若しくは自然科学に関する研究の業務
　② 情報処理システム（電子計算機を使用して行う情報処理を目的として複数の要素が組み合わされた体系であってプログラムの設計の基本となるものをいう）の分析又は設計の業務
　③ 新聞若しくは出版の事業における記事の取材若しくは編集の業務又は放送法第2条第28号に規定する放送番組（以下「放送番組」という）の制作のための取材若しくは編集の業務
　④ 衣服、室内装飾、工業製品、広告等の新たなデザインの考案の業務
　⑤ 放送番組、映画等の制作の事業におけるプロデューサー又はディレクターの業務
　⑥ 広告、宣伝等における商品等の内容、特長等に係る文章の考案の業務（いわゆるコピーライターの業務）
　⑦ 事業運営において情報処理システム（労働基準法施行規則第24条の2の2第2項第2号に規定する情報処理システムをいう）を活用するための問題点の把握又はそれを活用するためのシステムの分析若しくは設計の業務（いわゆるシステムコンサルタントの業務）
　⑧ 建築物内における照明器具、家具等の配置に関する考案、表現又は助言の業務（いわゆるインテリアコーディネーターの業務）
　⑨ ゲーム用ソフトウェアの創作の業務
　⑩ 有価証券市場における相場等の動向又は有価証券の価値等の分析、評価又はこれに基づく投資に関する助言の業務（いわゆる証券アナリストの業務）
　⑪ 金融工学等の知識を用いて行う金融商品の開発の業務
　⑫ 学校教育法に規定する大学における教授研究の業務（主として研究に従事するものに限る。）
　⑬ 銀行又は証券会社における顧客の合併及び買収に関する調査又は分析及びこれに基づく合併及び買収に関する助言の業務
　⑭ 公認会計士の業務
　⑮ 弁護士の業務
　⑯ 建築士の業務
　⑰ 不動産鑑定士の業務
　⑱ 弁理士の業務
　⑲ 税理士の業務
　⑳ 中小企業診断士の業務

2 「業務の内容」の欄には、労働基準法第38条の3第1項に規定する業務として協定する業務の内容を具体的に記入すること。当該業務については、その遂行の手段及び時間配分の決定等に関し使用者が具体的な指示をすることが困難な業務である必要があること。

3 「労働者の健康及び福祉を確保するために講ずる措置」の欄には、労働基準法第38条の3第1項第4号に規定する措置について、原則として以下の番号から選択して記入し、その内容を具体的に（　）内に記入すること。なお、いずれの番号にも該当しない措置を講ずる場合には、番号記入せずに、（　）内に具体的な内容を記入すること。また、①～⑤の中から1つ以上を実施することとすることが望ましいことに留意すること。複数の措置を実施した場合にはいずれの措置についても記入すること。
　① 終業から始業までに一定時間以上の継続した休息時間を確保すること
　② 労働基準法第37条第4項に規定する時刻の間において労働をさせる回数を1箇月について一定回数以内とすること
　③ 把握した労働時間が一定の時間を超えた労働者に対し、労働基準法第38条の3第1項の規定を適用しないこととすること
　④ 働き過ぎの防止の観点から、年次有給休暇についてまとまった日数連続して取得することを含めてその取得を促進すること
　⑤ 把握した労働時間が一定の時間を超える労働者に対し、医師による面接指導（問診その他の方法により心身の状況を把握し、これに応じて面接により必要な指導を行うことをいう。労働安全衛生法第66条の8第1項の規定による面接指導を除く。）を行うこと
　⑥ 把握した対象労働者の勤務状況及びその健康状態に応じて、労働基準法第38条の3第1項第4号に規定する特別な休暇を付与すること
　⑦ 把握した対象労働者の勤務状況及びその健康状態に応じて、健康診断を実施すること
　⑧ 心とからだの健康問題についての相談窓口を設置すること
　⑨ 把握した対象労働者の勤務状況及びその健康状態に配慮し、必要な場合には適切な部署に配置転換・指導を実施すること
　⑩ 働き過ぎにより健康障害の発生を防止する観点から、必要に応じて、産業医等による助言・指導を受け、又は対象労働者に産業医等による保健指導を受けさせること

4 「労働者の労働時間の状況の把握方法」の欄には、労働時間の状況の把握方法を具体的に記入すること。

5 「⑨を扱う苦情の処理に関して講ずる措置」の欄には、その措置、処理の手順・方法等を具体的に記入すること。

6 「同意の撤回に関する手続」の欄には、撤回の範囲、処理の手順・方法等を具体的に記入すること。

7 「時間外労働に関する協定の届出年月日」の欄には、当該事業場における時間外労働に関する協定の届出年月日（届出をしていない場合はその予定年月日）を記入すること。ただし、労使委員会の決議の届出の1日のみが労働時間等に関する労働基準法第32条又は第40条の労働時間を超えない場合には記入する必要はない。

8 協定については、労働者の過半数で組織する労働組合がある場合にはその労働組合、労働者の過半数で組織する労働組合がない場合には労働者の過半数を代表する者と協定すること。なお、この労働者の過半数を代表する者は、労働基準法施行規則第6条の2第1項の規定により、労働基準法第41条第2号に規定する監督又は管理の地位にある者でなく、かつ、同法に規定する協定等をする者を選出することを明らかにして実施される投票、挙手等の方法による手続により選出された者であって、使用者の意向に基づき選出されたものでないことのいずれにも該当する者とすること。これらの要件を満たさない場合には、有効な協定とはならないことに留意すること。また、これらの手続は民主的に適正に行われることが必要であり、当該要件を満たさない場合には、届出の形式上の要件に適合しているとはいえないことに留意すること。

9 本様式をもって協定とする場合においても、協定の当事者の双方が署名又は記名押印するなどにより、協定の当事者の双方の合意があることが明らかとなるような方法とすることが望ましいことに留意すること。

（出典）厚生労働省ホームページ「裁量労働制の概要」の「各種様式記載例」の「様式第13号」

（巻末資料2の1：企画業務型裁量労働制に関する労使委員会決議）

企画業務型裁量労働制に関する労使委員会決議

　〇〇〇〇株式会社〇〇支店労使委員会は，〇〇〇〇株式会社〇〇支店（以下「**本事業場**」という。）において，労働基準法38条の4第1項に基づく企画業務型裁量労働制（以下「**本制度**」という。）に関し，労使委員会に出席した委員全員の5分の4以上の多数による議決に基づき，次のとおり決議する（以下「**本決議**」という。)。

（対象業務）

第1条　本制度の対象となる業務（以下「**対象業務**」という。）は，本事業場における次に掲げる業務であって，使用者が業務遂行の手段及び時間配分の決定等（始業及び終業の時刻の決定を含む。）に関する具体的な指示をしないものとする。

（1）経営企画部において経営企画に係る企画，立案，調査及び分析を行う業務

（2）人事部において人事計画に係る企画，立案，調査及び分析を行う業務

（対象労働者）

第2条　本制度の対象となる労働者（以下「**対象労働者**」という。）は，対象業務に常態として従事する者のうち，入社して3年目以上でかつ等級が〇級以上である者（就業規則第〇条で定める管理監督者を除く。）とする。

（本人同意）

第3条　本制度を適用するに当たっては，使用者は，事前に労働者本人から同意（以下「**本人同意**」という。）を得なければならない。本人同意を得るに当たっては，使用者は，本制度の概要，制度の適用を受けることに同意した場合に適用される賃金・評価制度の内容並びに同意しなかった場合の配置及び処遇について，労働者に対し，明示した上で説明するものとする。

2　使用者は，本人同意をしなかった者に対して，同意をしなかったことを理由として，解雇その他不利益な取り扱いをしてはならない。

（同意の撤回）

第4条　対象労働者は，本制度の適用解除日の1か月前までに，会社所定の撤回申出書に必要事項を記入の上，本事業場の〇〇部〇〇課に当該撤回申出書を提出することで，同意の撤回を申し出ることができる。この場合，同意の撤回を申し出た日から1か月が経過した時点で，対象労働者への本制度の適用は解除される。

2　対象労働者が同意を撤回した場合における処遇及び配置については，本人同意が行われる前の部署における同職種の労働者に適用される人事制度及び賃金制度を基準に決定するものとする。

236　　巻末資料

（みなし労働時間）
第5条　対象労働者が，所定労働日において対象業務に従事した場合は，就業規則第
　　○条に定める所定労働時間及び実労働時間にかかわらず，1日8時間労働したもの
　　とみなす。

（休憩，休日等）
第6条　対象労働者の休憩，所定休日は就業規則の定めるところによる。
2　　対象労働者が所定休日に労働する場合は，事前に所属長に申請し，許可を得なけ
　　ればならない。所属長の許可を得た上で所定休日に労働した場合は，賃金規程第○
　　条に基づき，法定休日労働であるときは休日労働に対する割増賃金，それ以外の所
　　定休日労働であって法定労働時間を超えるときは時間外労働に対する割増賃金をそ
　　れぞれ支払う。
3　　対象労働者が深夜帯（午後10時から翌日午前5時）に労働する場合は，事前に所
　　属長に申請し，許可を得なければならない。所属長の許可を得た上で深夜帯に労働
　　した場合は，賃金規程第○条に基づき，深夜労働に対する割増賃金を支払う。
4　　対象労働者は，テレワークを希望する場合は，テレワーク規程第○条に従い，事
　　前に所属長に申請し，許可を得なければならない。

（健康・福祉確保措置）
第7条　対象労働者は，出勤した際（テレワークの場合は勤務開始の際），入退室時
　　に会社が貸与するパソコン内の勤怠管理システムにおいて打刻することにより，出
　　退勤時刻（以下「**労働時間の状況**」という。）を記録，把握しなければならない。
2　　使用者は，前項により把握した対象労働者の労働時間の状況に応じて，対象労働
　　者の健康・福祉確保措置として次の措置を講じるものとする。
（1）労働時間の状況を前提とすると時間外・休日労働が月60時間を超える対象労働
　　　者に対して，本制度の適用を解除すること
（2）労働時間の状況を前提とすると週40時間を超えた時間が月60時間を超える対象
　　　労働者に対して，産業医の面談を実施すること

（苦情処理措置）
第8条　対象労働者は使用者に対し，次の各号に従い，苦情を申し出ることができる。
　　使用者は，当該対象労働者の秘密を厳守し，プライバシーの保護に努めるとともに，
　　必要に応じて実態調査を行い，解決策等を当該対象労働者に報告する。
（1）苦情の申出方法
　　　本事業場の○○部○○課に対し，メールにより，①所属先，役職及び氏名（匿
　　　名を希望する場合はその旨），②苦情の具体的内容，③それに対する対象労働
　　　者の希望等を記入の上，送信する。
（2）苦情の申出時間

メールにより随時，申出可能。
（3）苦情の取扱対象範囲
　　　①本制度の運用に関する事項
　　　②対象労働者に適用している賃金・評価制度等の処遇に関する事項

（記録の作成及び保存等）
第9条　使用者は，対象労働者の労働時間の状況，健康・福祉確保措置の実施状況，苦情処理措置の実施状況，同意及び同意の撤回の労働者ごとの記録を作成し，本協定の有効期間中及び有効期間満了後3年間保存することとする。
2　使用者は，労使委員会に対し，対象労働者の労働時間の状況，健康・福祉確保措置の実施状況，苦情処理措置の実施状況及び賃金・評価制度の運用状況の情報を開示するものとする。

（賃金・評価制度を変更する場合の労使委員会への説明）
第10条　使用者は，対象労働者に適用されている賃金・評価制度を変更する場合，事前にその内容について委員に対し説明をするものとする。

（有効期間）
第11条　本決議の有効期間は令和○年○月○日から令和○年○月○日までの○年間とする。
2　本決議をした時点では予見することができない事情の変化が生じ，委員の半数以上から労使委員会の開催の申出があった場合には，有効期間の途中であっても，決議した内容を変更する等のための労使委員会を開催するものとする。

　令和○年○月○日

　　　　　　　　　　　　　　○○○○株式会社○○支店労使委員会　出席委員

　　　　　　　　　　　　　　使用者側委員　　○○支店人事部長　　　○○○○　㊞

　　　　　　　　　　　　　　使用者側委員　　○○支店人事部　　　　○○○○　㊞

　　　　　　　　　　　　　　使用者側委員　　○○支店人事部　　　　○○○○　㊞

　　　　　　　　　　　　　　使用者側委員　　○○支店人事部　　　　○○○○　㊞

　　　　　　　　　　　　　　労働者側委員　　○○支店○○部○○課　○○○○　㊞

　　　　　　　　　　　　　　労働者側委員　　○○支店○○部○○課　○○○○　㊞

　　　　　　　　　　　　　　労働者側委員　　○○支店○○部○○課　○○○○　㊞

　　　　　　　　　　　　　　労働者側委員　　○○支店○○部○○課　○○○○　㊞

（巻末資料2の2：企画業務型裁量労働制に関する決議届（様式13号の2））

様式第13号の2（第24条の2の3第1項関係）

企画業務型裁量労働制に関する決議届

様式第13号の2（第24条の2の3第1項関係）（裏面）

記載心得

1 「業務の内容」の欄には、労働基準法第38条の4第1項第1号に規定する業務として決議した業務の内容を具体的に記入すること。当該業務については、使用者が具体的な指示をしないこととする業務であって、事業の運営に関する事項についての企画、立案、調査及び分析の業務であること。

2 「労働者の範囲（職務経験年数、職位資格等）」の欄には、労働基準法第38条の4第1項第2号に規定する労働者の範囲について、必要な職務経験年数、職位資格等を、「業務の内容」に記入した業務の内容ごとに具体的に記入すること。

3 「決議で定める1日のみなし労働時間」の欄には、労働基準法第38条の3第3号に規定する対象業務の労働時間として算定される時間数を記入すること。

4 「労働者の健康及び福祉を確保するために講ずる措置」の欄には、労働基準法第38条の4第1項第4号に規定する措置について、原則として以下の番号から選択して記入した上で、その内容を具体的に記入すること。また、健康・福祉確保措置を決議するに当たっては、（　）内に記入すること。
記入すること。なお、いずれの番号にも該当しない措置については、番号は記入せずに（　）内に具体的な措置について記入すること。（①～⑩の中から複数を実施することとすることが望ましい措置である場合には当該措置の番号について（　）内に記入し、かつ⑤
～⑩の中から1つ以上を実施することとすることが望ましい休息時間の確保すること。）

① 終業から始業までに一定時間以上の継続した休息時間を確保すること。
② 労働基準法第37条第4項に規定する時刻の間において労働をさせる回数を1箇月について一定回数以内とすること。
③ 把握した対象労働者の勤務状況及びその健康状態に応じて、代償休日又は特別な休暇を付与すること。
④ 働き過ぎの防止の観点から、年次有給休暇について一定連続日数取得することを含めてその取得を促進すること。
⑤ 把握した対象労働者の勤務状況及びその健康状態を把握し、これに応じて医師による面接指導又は心身の状況を把握し必要な指導を行うこと。これに応じて必要な指導を行うこと。労働安全衛生法第66条の8
第1項の規定による指導を実施すること。
⑥ 把握した対象労働者の勤務状況及びその健康状態に配慮し、必要な場合には適切な部署に配置転換をさせること。
⑦ 把握した対象労働者の健康状態に応じて、必要に応じて、産業医等による助言・指導を受け、又は対象労働者に産業医等による保健指導を受けさせること。
⑧ 心とからだの健康問題についての相談窓口を設置すること。
⑨ 把握した対象労働者の勤務状況及びその健康状態に応じて、必要に応じて、労働時間の状況や健康状態に応じて、取扱う者、取扱う手続・方法等を具体的に記入すること。
⑩ 把握した対象労働者の労働時間の状況（同条に規定する労働時間の状況をいう。以下同じ。）及びその健康状態を把握し、これに応じて必要な指導を行うこと。

5 「労働者からの苦情の処理に関して講ずる措置」の欄には、苦情の申出の窓口及び担当者、取扱う苦情の範囲、処理の手順・方法等を具体的に記入すること。

6 「労働者からの支障の処理に関して講ずる措置」の欄には、支障の申出及び取扱う者、取扱う苦情の範囲、処理の手順・方法等を具体的に記入すること。

7 「同意の撤回に関する手続」の欄には、撤回の申出先となる部署及び担当者、撤回の申出の方法等その具体的内容を記入すること。

8 「時間外労働に関する協定の届出年月日」の欄には、当該事業場における労働基準法第32条又は第40条の労働時間を超えて労働させ、又は休日において労働させる場合の協定の届出年月日（届出済の場合に限る。）を記入すること。ただし、協議で定める1日のみなし労働時間」が労働基準法第32条又は第40条の労働時間を超えない場合には記入を要しない。

9 「労働者代表の選出方法等を定める労使委員会の運営規程に関する事項」の欄には、招集に関する事項、定足数に関する事項、議事に関する事項その他委員会の運営について必要な事項に関する規程を定めること及び当該規程の作成又は変更については当該委員会の同意を得ることとし、同条に規定する労使委員会の委員の半数について任期を定めて指名された者であって、労働者の過半数で組織する労働組合
がない場合においては労働者の過半数を代表する者に任免を委ねることとし、かつ、これにより選任された者であることを確認した上で、使用者の意向に基づき指名されたものでないこと、それぞれ規定すること、これらの要件を満たしていること。
る労働基準法第41条第2号に規定する監督又は管理の地位にある者を除く。）が、労使委員会の委員の半数について任期を定めて指名していること、当該指名に係る手続に則り行われていること、かつ、使用者の意向に基づき指名されたものでないこと、これらの要件を満たしていること。
なお、使用者が指名に係るチェックボックスにチェックがない場合には、届出の形式上の要件に適合していないことに留意すること。

10 「任期を定めて指名された労使委員会の委員の数」の欄には、労働基準法第38条の4第1項第1号に規定する労使委員会の委員の過半数を代表する者であって、労働者の過半数で組織する労働組合
がない場合においては労働者の過半数を代表する者であることを明らかにして、労使委員会の運営規程に関する事項に記入された使用者の意向に基づき選出された手続により選出された者であって、使用者の意向に基づき指名されたものでないこと、当該要件を満たしていることについて、当該要件に係るチェックボックスにチェックがない場合には、届出の形式上の要件に適合していないことに留意すること。

（出典）厚生労働省ホームページ「裁量労働制の概要」の「各種様式記載例」の「様式第13号の2」

240 巻末資料

（巻末資料3：労使委員会運営規程）

労使委員会運営規程

（労使委員会の名称等）

第1条 本労使委員会は，○○株式会社○○事業場労使委員会と称する。

2 労使委員会は，○○株式会社○○事業場（以下「**本事業場**」という。）に設置するものとする。

（労使委員会の調査審議事項）

第2条 労使委員会において調査審議する事項は，次の各号に掲げる事項とする。ただし，労使委員会による調査審議は，労働組合の有する団体交渉権を制約するものではない。

（1）企画業務型裁量労働制に関する事項

（2）フレックスタイム制に関する事項

（3）○○○○に関する事項

（4）本運営規定の変更に関する事項

（5）前各号に掲げるほか，賃金，労働時間等労働条件に関する事項

2 前項第2号に掲げる事項については，労使委員会が労使協定に代えて決議を行うこととする。

3 労使委員会が労使協定に代えて決議を行う範囲を変更する場合は，本委員会と本事業場に属する全労働者の50％以上の労働者が加入する労働組合（以下「**過半数組合**」という。）と協議の上で行うものとする。

（労使委員会の委員）

第3条 労使委員会の委員は，使用者側委員5名，労働者側委員5名の合計10名により構成するものとする。

2 使用者側委員は，使用者から指名された者とする。使用者は，その指名した使用者側委員が欠けた場合には，速やかに新たな使用者側委員を補充しなければならない。

3 労働者側委員は，過半数組合又は過半数組合がない場合は本事業場に属する全労働者の50％以上の労働者の代表者として選出された者（以下「**過半数代表者**」といい，併せて「**労働者代表**」という。）によって指名された者（この者の任期は1年間とし，管理監督者以外の者から指名する。）とする。労働者代表は，その指名した労働者側委員が欠けた場合には，速やかに新たな労働者側委員を補充しなければならない。

4 前2項に基づき選任された委員は，欠けた委員の残りの任期を引き継ぐこととする。

5 使用者は，労働者が労使委員会の委員であること，労使委員会の委員になろうと

したこと，労使委員会の委員として正当な行為をしたことを理由として不利益な取扱いをしてはならない。

（労使委員会の開催）
第4条　労使委員会は，次の各号に掲げる場合に開催するものとする。
（1）毎年3月，6月，9月，12月
（2）労使委員会の委員の半数以上の要請があった場合
（3）企画業務型裁量労働制の実施状況等について定期的に調査審議するために必要がある場合

（労使委員会の議長）
第5条　労使委員会の議事の進行に当たり，次の各号に従い，議長を置くものとする。
（1）3月，6月の労使委員会：使用者が使用者側委員の中から指名した者
（2）9月，12月の労使委員会：労働者代表が労働者側委員の中から指名した者
（3）前各号に掲げるもの以外の労使委員会：出席した委員に互選された者

（労使委員会の定足数及び決議方法）
第6条　労使委員会は，委員の8名以上，かつ労働者側委員の4名以上の出席がなければ成立せず，決議を行うことができない。
2　労使委員会の議事は，第2条第1号及び第2号に係る決議については，出席した委員の5分の4以上の多数による決議で決定し，同条第3号から第5号に関する事項については，出席した委員の過半数による決議で決定するものとする。
3　前項の決議は，書面により行い，出席した委員全員の記名及び押印により行うものとする。

（決議に際しての使用者の説明）
第7条　使用者は，企画業務型裁量労働制が適用される労働者（以下「**対象労働者**」という。）に適用される賃金・評価制度のうち，人事評価の決定方法及び評価と連動した裁量労働制の特別手当や基本給等の設置について，決議を行うための初回の調査審議において労使委員会に対して説明を行うこととする。

（労使委員会によるモニタリング）
第8条　企画業務型裁量労働制の対象労働者に対して人事部が実施する社内サーベイにおいて業務量や業務における裁量の程度等を調査した結果などを労使委員会が参照し，その内容を調査審議するための労使委員会を6か月ごとに1回（6月・12月）開催することとする。

（議事録の作成及び保存）
第9条　労使委員会の議事録については，人事部担当者が議事録を作成し，労使委員
　会に出席した委員2名（うち労働者側委員1名）が署名するものとする。
2　前項の議事録は，人事部で委員会開催後（決議の有効期間満了後）3年間保存す
　るとともに，議事録の作成の都度，速やかに，その内容を社内システムの「掲示
　板」に掲示することにより，労働者に周知するものとする。

（労使委員会への情報開示）
第10条　使用者は，労使委員会に対し，次の情報を開示しなければならない。
（1）企画業務型裁量労働制の対象労働者に適用される賃金・評価制度の内容，企画
　　業務型裁量労働制が適用されることとなった場合における対象業務の具体的内
　　容，企業内の労働者の賃金水準（賃金・手当の支給状況を含む。）
（2）企画業務型裁量労働制の対象労働者の勤務状況及びこれに応じて講じた対象労
　　働者の健康・福祉確保措置の実施状況，苦情処理措置の実施状況，対象労働者
　　に適用される賃金・評価制度の運用状況，労使委員会の開催状況
（3）3月の労使委員会においては，所轄労働基準監督署長への報告内容
2　使用者は，前項第1号のうち，企画業務型裁量労働制の対象労働者に適用される
　賃金・評価制度の内容について，実際に支給されている平均賃金を示した資料のほ
　か，賃金水準や制度適用に係る特別手当の実際の支給状況や評価結果等について，
　その分布をまとめた概要資料を作成するなどして，当該対象労働者の個別の状況を
　明らかにしなければならない。なお，開示にあたっては，当該対象労働者のプライ
　バシーの保護に配慮しなければならない。
3　使用者は，第1項第2号のうち，苦情処理措置の実施状況について，苦情の内容，
　その処理の状況を開示するに当たっては，企画業務型裁量労働制の対象労働者のプ
　ライバシーの保護に配慮しなければならない。

（附則）
　本運営規程は，令和○年○月○日から施行する。

（巻末資料4の1：就業規則（専門業務型裁量労働制））

（専門業務型裁量労働制）
第○条　会社は，就業規則に附属させた専門業務型裁量労働制に関する労使協定（以下，本条において「**本協定**」という。）及び本条に定めるところにより，専門業務型裁量労働制を適用する。
2　専門業務型裁量労働制を適用するに当たっては，使用者は，本協定に従い，事前に労働者本人から同意（以下，本条において「**本人同意**」という。）を得ることとする。
3　労働者が本人同意をした場合であって，所定労働日において本協定に定める対象業務に従事したときは，就業規則第○条に定める所定労働時間及び実労働時間にかかわらず，本協定で定める時間労働したものとみなす。
4　専門業務型裁量労働制の適用を受けた者（以下，本条において「**適用労働者**」という。）に係る始業・終業時刻は，第○条で定める所定時刻を基本とするが，適用労働者の裁量により具体的な時間配分を決定するものとする。休憩時間は第○条，休日は第○条で定めるところによる。
5　適用労働者が所定休日に労働する場合は，事前に所属長に申請し，許可を得なければならない。所属長の許可を得た上で所定休日に労働した場合は，賃金規程第○条に基づき，法定休日労働であるときは休日労働に対する割増賃金，それ以外の所定休日労働であって法定労働時間を超えるときは時間外労働に対する割増賃金をそれぞれ支払う。
6　適用労働者が深夜帯（午後10時から翌日午前5時）に労働する場合は，事前に所属長に申請し，許可を得なければならない。所属長の許可を得た上で深夜帯に労働した場合は，賃金規程第○条に基づき，深夜労働に対する割増賃金を支払う。
7　適用労働者は，テレワークを希望する場合は，テレワーク規程第○条に従い，事前に所属長に申請し，許可を得なければならない。
8　適用労働者は，本協定に従い，本人同意を撤回することができる。この場合，本協定に定めた日に専門業務型裁量労働制の適用が解除されることとする。
9　会社は，本協定に基づく場合のほか，適用労働者の健康状態，勤務実績，勤務成績その他事情を踏まえ，当該適用労働者に対する専門業務型裁量労働制の適用が適当ではないと会社が判断した場合は，適用解除日を指定して適用労働者に対する専門業務型裁量労働制の適用を解除することができる。
10　その他専門業務型裁量労働制について就業規則に定めのない事項については，本協定に定めるところによる。

244　巻末資料

（巻末資料4の2：就業規則（企画業務型裁量労働制））

（企画業務型裁量労働制）

第○条　会社は，就業規則に附属させた企画業務型裁量労働制に関する労使委員会決議（以下，本条において「**本決議**」という。）及び本条に定めるところにより，企画業務型裁量労働制を適用する。

2　企画業務型裁量労働制を適用するに当たっては，使用者は，本決議に従い，事前に労働者本人から同意（以下，本条において「**本人同意**」という。）を得ることとする。

3　本決議に定める企画業務型裁量労働制の対象となる労働者（以下，本条において「**対象労働者**」という。）が本人同意をした場合であって，当該対象労働者が所定労働日において本決議に定める対象業務に従事したときは，就業規則第○条に定める所定労働時間及び実労働時間にかかわらず，本決議で定める時間労働したものとみなす。

4　対象労働者に係る始業・終業時刻は，第○条で定める所定時刻を基本とするが，対象労働者の裁量により具体的な時間配分を決定するものとする。休憩時間は第○条，休日は第○条で定めるところによる。

5　対象労働者が所定休日に労働する場合は，事前に所属長に申請し，許可を得なければならない。所属長の許可を得た上で所定休日に労働した場合は，賃金規程第○条に基づき，法定休日労働であるときは休日労働に対する割増賃金，それ以外の所定休日労働であって法定労働時間を超えるときは時間外労働に対する割増賃金をそれぞれ支払う。

6　対象労働者が深夜帯（午後10時から翌日午前5時）に労働する場合は，事前に所属長に申請し，許可を得なければならない。所属長の許可を得た上で深夜帯に労働した場合は，賃金規程第○条に基づき，深夜労働に対する割増賃金を支払う。

7　対象労働者は，テレワークを希望する場合は，テレワーク規程第○条に従い，事前に所属長に申請し，許可を得なければならない。

8　対象労働者は，本決議に従い，本人同意を撤回することができる。この場合，本決議に定めた日に企画業務型裁量労働制の適用が解除されることとする。

9　会社は，本決議に基づく場合のほか，対象労働者の健康状態，勤務実績，勤務成績その他事情を踏まえ，当該対象労働者に対する企画業務型裁量労働制の適用が適当ではないと会社が判断した場合は，適用解除日を指定して対象労働者に対する企画業務型裁量労働制の適用を解除することができる。

10　その他企画業務型裁量労働制について就業規則に定めのない事項については，本決議に定めるところによる。

（巻末資料5の1：説明書兼同意書（専門業務型裁量労働制））

専門業務型裁量労働制に関する説明書兼同意書

　私は，専門業務型裁量労働制について，○○○○株式会社より下記の事項を明示された上で説明を受け，下記の事項について理解しましたので，同制度の適用を受けることに同意します（以下「**本人同意**」といいます。）。

記

1　専門業務型裁量労働制の概要は，別添1の厚生労働省リーフレットのとおりです。
2　専門業務型裁量労働制の内容等については，別添2の「専門業務型裁量労働制に関する労使協定」のとおりです。
3　本人同意をした場合及び本人同意をしなかった場合の評価制度及び賃金制度は以下のとおりです。

	評価制度	賃金制度
本人同意をした場合	○○○○。	○○○○。
本人同意をしなかった場合	○○○○。	○○○○。

4　労働者は，本人同意をしなかった場合に，配置及び処遇並びに本人同意をしなかったことについて不利益取扱いを使用者から受けることはありません。
5　労働者は，本人同意をした場合であっても，その後これを撤回することができます。また，労働者は，本人同意を撤回した場合に，そのことについて不利益取扱いを使用者から受けることはありません。撤回後の配置，処遇等の労働条件については，別添2の「専門業務型裁量労働制に関する労使協定」のとおりです。
6　同意の対象となる期間は，別添2の「専門業務型裁量労働制に関する労使協定」の有効期間です。

以上

令和○年○月○日

○○○○株式会社○○支店
○○部○○課　○○○○　㊞

（巻末資料5の2：説明書兼同意書（企画業務型裁量労働制））

企画業務型裁量労働制に関する説明書兼同意書

　私は，企画業務型裁量労働制について，○○○○株式会社より下記の事項を明示された上で説明を受け，下記の事項について理解しましたので，同制度の適用を受けることに同意します（以下「**本人同意**」といいます。）。

記

1　企画業務型裁量労働制の概要は，別添1の厚生労働省リーフレットのとおりです。
2　企画業務型裁量労働制の内容等については，別添2の「企画業務型裁量労働制に関する労使委員会決議」のとおりです。
3　本人同意をした場合及び本人同意をしなかった場合の評価制度及び賃金制度は以下のとおりです。

	評価制度	賃金制度
本人同意をした場合	○○○○。	○○○○。
本人同意をしなかった場合	○○○○。	○○○○。

4　労働者は，本人同意をしなかった場合に，配置及び処遇並びに本人同意をしなかったことについて不利益取扱いを使用者から受けることはありません。
5　労働者は，本人同意をした場合であっても，その後これを撤回することができます。また，労働者は，本人同意を撤回した場合に，そのことについて不利益取扱いを使用者から受けることはありません。撤回後の配置，処遇等の労働条件については，別添2の「企画業務型裁量労働制に関する労使委員会決議」のとおりです。
6　同意の対象となる期間は，別添2の「企画業務型裁量労働制に関する労使委員会決議」の有効期間です。
7　○○○○株式会社は，評価制度及び賃金制度の運用状況や苦情の内容及びその処理の状況等について，別添2の「企画業務型裁量労働制に関する労使委員会決議」を行った労使委員会に対して開示することがありますが，その場合は企画業務型裁量労働制が適用されている労働者のプライバシーの保護に配慮した上で実施します。

以上

令和○年○月○日

○○○○株式会社○○支店
○○部○○課　○○○○　㊞

（巻末資料 6 ：同意撤回書）

○○業務型裁量労働制に関する同意の撤回申出書

　○○○○は，○○業務型裁量労働制の適用を受けることに同意しましたが，その同意を撤回します。

　令和○年○月○日

○○○○株式会社○○支店
○○部○○課　○○○○　㊞

(巻末資料7：企画業務型裁量労働制に関する報告（様式13号の4））

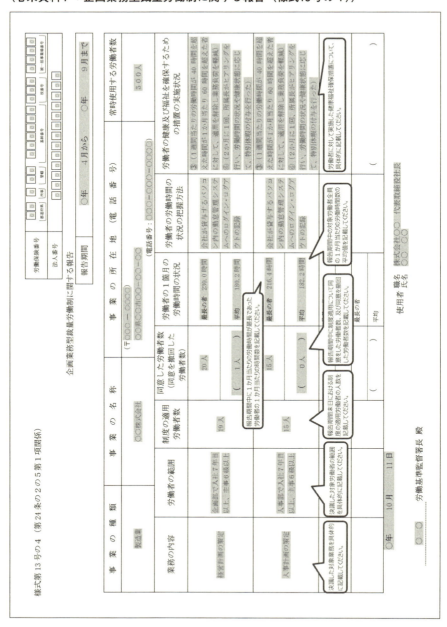

様式第13号の4（第24条の2の5第1項関係）（裏面）

記載心得

1　「業務の内容」の欄には、労働基準法第38条の4第1項第1号に規定する業務として決議した業務の内容を具体的に記入すること。

2　「労働者の範囲」の欄には、労働基準法第38条の4第1項第2号に規定する労働者の範囲を、「業務の内容」の欄に記入した業務の内容ごとに具体的に記入すること。

3　「制度の適用労働者数」の欄には、報告期間末日における制度の適用対象者の人数を、「業務の内容」の欄に記入した業務の内容ごとに記入すること。

4　「同意した労働者数（同意を撤回した労働者数）」の欄には、当該報告期間中に制度適用の同意を撤回した労働者数及び当該同意を撤回した労働者数を、「業務の内容」の欄に記入した業務の内容ごとに記入すること。

5　「労働者の1箇月の労働時間の状況」の欄には、労働基準法第38条の4第1項第4号に規定する労働時間の状況（以下「労働時間の状況」という。）として把握した時間のうち、当該報告期間中対象業務に従事した労働者全員の1箇月当たりの労働時間の状況の平均値を、「業務の内容」の欄に記入した業務の内容ごとに把握すること。なお、時間数については、小数第一位を四捨五入して記入すること。

6　「労働時間の状況の把握方法」の欄には、把握した状況を実際に把握した方法を具体的に記入すること。

7　「労働者の健康及び福祉を確保するための措置の実施状況」の欄には、労働基準法第38条の4第1項第4号に規定する措置として講じた措置について、原則として以下の番号から選択して記入すること。また、複数の措置を講じた場合には、（　）内に具体的内容を記入すること。なお、いずれの番号にも該当しない措置については、（　）内に具体的内容を記入せずに、番号は記入せずに、その実施状況を具体的に記入すること。いずれの措置の実施状況についても記入すること。

① 終業から翌日の始業までに一定時間以上の継続した休息時間を確保すること。

② 労働基準法第37条第4項に規定する時刻の間において労働させる回数を1箇月について一定回数以内とすること。

③ 把握した労働時間が一定時間を超えない範囲内とすること及び当該労働時間を超えた場合は労働基準法第38条の4第1項の規定を適用しないこととすること。

④ 働き過ぎの防止の観点から、年次有給休暇についてまとまった日数連続して取得することを含めその取得を促進すること。

⑤ 把握した労働時間が一定時間を超える対象労働者に、医師による面接指導（問診その他の方法により心身の状況を把握し、これに応じて面接により必要な指導を行うことをいい、労働安全衛生法第66条の8第1項の規定による面接指導を除く。）を行うこと。

⑥ 把握した対象労働者の勤務状況（労働時間の状況を含む。以下同じ。）及びその健康状態に応じて、代償休日又は特別な休暇を付与すること。

⑦ 把握した対象労働者の勤務状況及びその健康状態に応じて、健康診断を実施すること。

⑧ 心とからだの健康問題についての相談窓口を設置すること。

⑨ 把握した対象労働者の勤務状況及びその健康状態に配慮し、必要な場合には適切な部署に配置転換をすること。

⑩ 働き過ぎによる健康障害防止の観点から、必要に応じて、産業医等による助言・指導を受け、又は対象労働者に産業医等による保健指導を受けさせること。

（出典）厚生労働省ホームページ「裁量労働制の概要」の「各種様式記載例」の「様式第13号の4」

〈参照条文〉
■労働基準法（昭和22年法律第49号）

（労働時間）
第三十二条　使用者は，労働者に，休憩時間を除き一週間について四十時間を超えて，労働させてはならない。
②　使用者は，一週間の各日については，労働者に，休憩時間を除き一日について八時間を超えて，労働させてはならない。

（休憩）
第三十四条　使用者は，労働時間が六時間を超える場合においては少くとも四十五分，八時間を超える場合においては少くとも一時間の休憩時間を労働時間の途中に与えなければならない。
②　前項の休憩時間は，一斉に与えなければならない。ただし，当該事業場に，労働者の過半数で組織する労働組合がある場合においてはその労働組合，労働者の過半数で組織する労働組合がない場合においては労働者の過半数を代表する者との書面による協定があるときは，この限りでない。
③　使用者は，第一項の休憩時間を自由に利用させなければならない。

（休日）
第三十五条　使用者は，労働者に対して，毎週少くとも一回の休日を与えなければならない。
②　前項の規定は，四週間を通じ四日以上の休日を与える使用者については適用しない。

（時間外及び休日の労働）
第三十六条　使用者は，当該事業場に，労働者の過半数で組織する労働組合がある場合においてはその労働組合，労働者の過半数で組織する労働組合がない場合においては労働者の過半数を代表する者との書面による協定をし，厚生労働省令で定めるところによりこれを行政官庁に届け出た場合においては，第三十二条から第三十二条の五まで若しくは第四十条の労働時間（以下この条において「労働時間」という。）又は前条の休日（以下この条において「休日」という。）に関する規定にかかわらず，その協定で定めるところによつて労働時間を延長し，又は休日に労働させることができる。
②　前項の協定においては，次に掲げる事項を定めるものとする。
　　一　この条の規定により労働時間を延長し，又は休日に労働させることができることとされる労働者の範囲
　　二　対象期間（この条の規定により労働時間を延長し，又は休日に労働させること

ができる期間をいい，一年間に限るものとする。第四号及び第六項第三号におい
て同じ。）

三　労働時間を延長し，又は休日に労働させることができる場合

四　対象期間における一日，一箇月及び一年のそれぞれの期間について労働時間を
延長して労働させることができる時間又は労働させることができる休日の日数

五　労働時間の延長及び休日の労働を適正なものとするために必要な事項として厚
生労働省令で定める事項

③　前項第四号の労働時間を延長して労働させることができる時間は，当該事業場の
業務量，時間外労働の動向その他の事情を考慮して通常予見される時間外労働の範
囲内において，限度時間を超えない時間に限る。

④　前項の限度時間は，一箇月について四十五時間及び一年について三百六十時間
（第三十二条の四第一項第二号の対象期間として三箇月を超える期間を定めて同条
の規定により労働させる場合にあつては，一箇月について四十二時間及び一年につ
いて三百二十時間）とする。

⑤　第一項の協定においては，第二項各号に掲げるもののほか，当該事業場における
通常予見することのできない業務量の大幅な増加等に伴い臨時的に第三項の限度時
間を超えて労働させる必要がある場合において，一箇月について労働時間を延長し
て労働させ，及び休日において労働させることができる時間（第二項第四号に関し
て協定した時間を含め百時間未満の範囲内に限る。）並びに一年について労働時間
を延長して労働させることができる時間（同号に関して協定した時間を含め
七百二十時間を超えない範囲内に限る。）を定めることができる。この場合におい
て，第一項の協定に，併せて第二項第二号の対象期間において労働時間を延長して
労働させる時間が一箇月について四十五時間（第三十二条の四第一項第二号の対象
期間として三箇月を超える期間を定めて同条の規定により労働させる場合にあつて
は，一箇月について四十二時間）を超えることができる月数（一年について六箇月
以内に限る。）を定めなければならない。

⑥　使用者は，第一項の協定で定めるところによつて労働時間を延長して労働させ，
又は休日において労働させる場合であつても，次の各号に掲げる時間について，当
該各号に定める要件を満たすものとしなければならない。

一　坑内労働その他厚生労働省令で定める健康上特に有害な業務について，一日に
ついて労働時間を延長して労働させた時間　二時間を超えないこと。

二　一箇月について労働時間を延長して労働させ，及び休日において労働させた時
間　百時間未満であること。

三　対象期間の初日から一箇月ごとに区分した各期間に当該各期間の直前の一箇月，
二箇月，三箇月，四箇月及び五箇月の期間を加えたそれぞれの期間における労働
時間を延長して労働させ，及び休日において労働させた時間の一箇月当たりの平
均時間　八十時間を超えないこと。

⑦　厚生労働大臣は，労働時間の延長及び休日の労働を適正なものとするため，第一

項の協定で定める労働時間の延長及び休日の労働について留意すべき事項，当該労働時間の延長に係る割増賃金の率その他の必要な事項について，労働者の健康，福祉，時間外労働の動向その他の事情を考慮して指針を定めることができる。

⑧　第一項の協定をする使用者及び労働組合又は労働者の過半数を代表する者は，当該協定で労働時間の延長及び休日の労働を定めるに当たり，当該協定の内容が前項の指針に適合したものとなるようにしなければならない。

⑨　行政官庁は，第七項の指針に関し，第一項の協定をする使用者及び労働組合又は労働者の過半数を代表する者に対し，必要な助言及び指導を行うことができる。

⑩　前項の助言及び指導を行うに当つては，労働者の健康が確保されるよう特に配慮しなければならない。

⑪　第三項から第五項まで及び第六項（第二号及び第三号に係る部分に限る。）の規定は，新たな技術，商品又は役務の研究開発に係る業務については適用しない。

（時間外，休日及び深夜の割増賃金）

第三十七条　使用者が，第三十三条又は前条第一項の規定により労働時間を延長し，又は休日に労働させた場合においては，その時間又はその日の労働については，通常の労働時間又は労働日の賃金の計算額の二割五分以上五割以下の範囲内でそれぞれ政令で定める率以上の率で計算した割増賃金を支払わなければならない。ただし，当該延長して労働させた時間が一箇月について六十時間を超えた場合においては，その超えた時間の労働については，通常の労働時間の賃金の計算額の五割以上の率で計算した割増賃金を支払わなければならない。

②　前項の政令は，労働者の福祉，時間外又は休日の労働の動向その他の事情を考慮して定めるものとする。

③　使用者が，当該事業場に，労働者の過半数で組織する労働組合があるときはその労働組合，労働者の過半数で組織する労働組合がないときは労働者の過半数を代表する者との書面による協定により，第一項ただし書の規定により割増賃金を支払うべき労働者に対して，当該割増賃金の支払に代えて，通常の労働時間の賃金が支払われる休暇（第三十九条の規定による有給休暇を除く。）を厚生労働省令で定めるところにより与えることを定めた場合において，当該労働者が当該休暇を取得したときは，当該労働者の同項ただし書に規定する時間を超えた時間の労働のうち当該取得した休暇に対応するものとして厚生労働省令で定める時間の労働については，同項ただし書の規定による割増賃金を支払うことを要しない。

④　使用者が，午後十時から午前五時まで（厚生労働大臣が必要であると認める場合においては，その定める地域又は期間については午後十一時から午前六時まで）の間において労働させた場合においては，その時間の労働については，通常の労働時間の賃金の計算額の二割五分以上の率で計算した割増賃金を支払わなければならない。

⑤　第一項及び前項の割増賃金の基礎となる賃金には，家族手当，通勤手当その他厚

生労働省令で定める賃金は算入しない。

（時間計算）

第三十八条　労働時間は，事業場を異にする場合においても，労働時間に関する規定の適用については通算する。

②　坑内労働については，労働者が坑口に入つた時刻から坑口を出た時刻までの時間を，休憩時間を含め労働時間とみなす。但し，この場合においては，第三十四条第二項及び第三項の休憩に関する規定は適用しない。

第三十八条の二　労働者が労働時間の全部又は一部について事業場外で業務に従事した場合において，労働時間を算定し難いときは，所定労働時間労働したものとみなす。ただし，当該業務を遂行するためには通常所定労働時間を超えて労働することが必要となる場合においては，当該業務に関しては，厚生労働省令で定めるところにより，当該業務の遂行に通常必要とされる時間労働したものとみなす。

②　前項ただし書の場合において，当該業務に関し，当該事業場に，労働者の過半数で組織する労働組合があるときはその労働組合，労働者の過半数で組織する労働組合がないときは労働者の過半数を代表する者との書面による協定があるときは，その協定で定める時間を同項ただし書の当該業務の遂行に通常必要とされる時間とする。

③　使用者は，厚生労働省令で定めるところにより，前項の協定を行政官庁に届け出なければならない。

第三十八条の三　使用者が，当該事業場に，労働者の過半数で組織する労働組合があるときはその労働組合，労働者の過半数で組織する労働組合がないときは労働者の過半数を代表する者との書面による協定により，次に掲げる事項を定めた場合において，労働者を第一号に掲げる業務に就かせたときは，当該労働者は，厚生労働省令で定めるところにより，第二号に掲げる時間労働したものとみなす。

一　業務の性質上その遂行の方法を大幅に当該業務に従事する労働者の裁量にゆだねる必要があるため，当該業務の遂行の手段及び時間配分の決定等に関し使用者が具体的な指示をすることが困難なものとして厚生労働省令で定める業務のうち，労働者に就かせることとする業務（以下この条において「対象業務」という。）

二　対象業務に従事する労働者の労働時間として算定される時間

三　対象業務の遂行の手段及び時間配分の決定等に関し，当該対象業務に従事する労働者に対し使用者が具体的な指示をしないこと。

四　対象業務に従事する労働者の労働時間の状況に応じた当該労働者の健康及び福祉を確保するための措置を当該協定で定めるところにより使用者が講ずること。

五　対象業務に従事する労働者からの苦情の処理に関する措置を当該協定で定めるところにより使用者が講ずること。

六　前各号に掲げるもののほか，厚生労働省令で定める事項
②　前条第三項の規定は，前項の協定について準用する。

第三十八条の四　賃金，労働時間その他の当該事業場における労働条件に関する事項
　を調査審議し，事業主に対し当該事項について意見を述べることを目的とする委員
　会（使用者及び当該事業場の労働者を代表する者を構成員とするものに限る。）が
　設置された事業場において，当該委員会がその委員の五分の四以上の多数による議
　決により次に掲げる事項に関する決議をし，かつ，使用者が，厚生労働省令で定め
　るところにより当該決議を行政官庁に届け出た場合において，第二号に掲げる労働
　者の範囲に属する労働者を当該事業場における第一号に掲げる業務に就かせたとき
　は，当該労働者は，厚生労働省令で定めるところにより，第三号に掲げる時間労働
　したものとみなす。
　一　事業の運営に関する事項についての企画，立案，調査及び分析の業務であつて，
　　当該業務の性質上これを適切に遂行するにはその遂行の方法を大幅に労働者の裁
　　量に委ねる必要があるため，当該業務の遂行の手段及び時間配分の決定等に関し
　　使用者が具体的な指示をしないこととする業務（以下この条において「対象業
　　務」という。）
　二　対象業務を適切に遂行するための知識，経験等を有する労働者であつて，当該
　　対象業務に就かせたときは当該決議で定める時間労働したものとみなされること
　　となるものの範囲
　三　対象業務に従事する前号に掲げる労働者の範囲に属する労働者の労働時間とし
　　て算定される時間
　四　対象業務に従事する第二号に掲げる労働者の範囲に属する労働者の労働時間の
　　状況に応じた当該労働者の健康及び福祉を確保するための措置を当該決議で定め
　　るところにより使用者が講ずること。
　五　対象業務に従事する第二号に掲げる労働者の範囲に属する労働者からの苦情の
　　処理に関する措置を当該決議で定めるところにより使用者が講ずること。
　六　使用者は，この項の規定により第二号に掲げる労働者の範囲に属する労働者を
　　対象業務に就かせたときは第三号に掲げる時間労働したものとみなすことについ
　　て当該労働者の同意を得なければならないこと及び当該同意をしなかつた当該労
　　働者に対して解雇その他不利益な取扱いをしてはならないこと。
　七　前各号に掲げるもののほか，厚生労働省令で定める事項
②　前項の委員会は，次の各号に適合するものでなければならない。
　一　当該委員会の委員の半数については，当該事業場に，労働者の過半数で組織す
　　る労働組合がある場合においてはその労働組合，労働者の過半数で組織する労働
　　組合がない場合においては労働者の過半数を代表する者に厚生労働省令で定める
　　ところにより任期を定めて指名されていること。
　二　当該委員会の議事について，厚生労働省令で定めるところにより，議事録が作

成され，かつ，保存されるとともに，当該事業場の労働者に対する周知が図られ
ていること。
　　三　前二号に掲げるもののほか，厚生労働省令で定める要件
③　厚生労働大臣は，対象業務に従事する労働者の適正な労働条件の確保を図るため
に，労働政策審議会の意見を聴いて，第一項各号に掲げる事項その他同項の委員会
が決議する事項について指針を定め，これを公表するものとする。
④　第一項の規定による届出をした使用者は，厚生労働省令で定めるところにより，
定期的に，同項第四号に規定する措置の実施状況を行政官庁に報告しなければなら
ない。
⑤　第一項の委員会においてその委員の五分の四以上の多数による議決により第
三十二条の二第一項，第三十二条の三第一項，第三十二条の四第一項及び第二項，
第三十二条の五第一項，第三十四条第二項ただし書，第三十六条第一項，第二項及
び第五項，第三十七条第三項，第三十八条の二第二項，前条第一項並びに次条第四
項，第六項及び第九項ただし書に規定する事項について決議が行われた場合におけ
る第三十二条の二第一項，第三十二条の三第一項，第三十二条の四第一項から第三
項まで，第三十二条の五第一項，第三十四条第二項ただし書，第三十六条，第
三十七条第三項，第三十八条の二第二項，前条第一項並びに次条第四項，第六項及
び第九項ただし書の規定の適用については，第三十二条の二第一項中「協定」とあ
るのは「協定若しくは第三十八条の四第一項に規定する委員会の決議（第百六条第
一項を除き，以下「決議」という。）」と，第三十二条の三第一項，第三十二条の四
第一項から第三項まで，第三十二条の五第一項，第三十四条第二項ただし書，第
三十六条第二項及び第五項から第七項まで，第三十七条第三項，第三十八条の二第
二項，前条第一項並びに次条第四項，第六項及び第九項ただし書中「協定」とある
のは「協定又は決議」と，第三十二条の四第二項中「同意を得て」とあるのは「同
意を得て，又は決議に基づき」と，第三十六条第一項中「届け出た場合」とあるの
は「届け出た場合又は決議を行政官庁に届け出た場合」と，「その協定」とあるの
は「その協定又は決議」と，同条第八項中「又は労働者の過半数を代表する者」と
あるのは「若しくは労働者の過半数を代表する者又は同項の決議をする委員」と，
「当該協定」とあるのは「当該協定又は当該決議」と，同条第九項中「又は労働者
の過半数を代表する者」とあるのは「若しくは労働者の過半数を代表する者又は同
項の決議をする委員」とする。

（法令等の周知義務）
第百六条　使用者は，この法律及びこれに基づく命令の要旨，就業規則，第十八条第
二項，第二十四条第一項ただし書，第三十二条の二第一項，第三十二条の三第一項，
第三十二条の四第一項，第三十二条の五第一項，第三十四条第二項ただし書，第
三十六条第一項，第三十七条第三項，第三十八条の二第二項，第三十八条の三第一
項並びに第三十九条第四項，第六項及び第九項ただし書に規定する協定並びに第

三十八条の四第一項及び同条第五項（第四十一条の二第三項において準用する場合を含む。）並びに第四十一条の二第一項に規定する決議を，常時各作業場の見やすい場所へ掲示し，又は備え付けること，書面を交付することその他の厚生労働省令で定める方法によつて，労働者に周知させなければならない。

② 使用者は，この法律及びこの法律に基いて発する命令のうち，寄宿舎に関する規定及び寄宿舎規則を，寄宿舎の見易い場所に掲示し，又は備え付ける等の方法によつて，寄宿舎に寄宿する労働者に周知させなければならない。

（記録の保存）

第百九条 使用者は，労働者名簿，賃金台帳及び雇入れ，解雇，災害補償，賃金その他労働関係に関する重要な書類を五年間保存しなければならない。

（時効）

第百十五条 この法律の規定による賃金の請求権はこれを行使することができる時から五年間，この法律の規定による災害補償その他の請求権（賃金の請求権を除く。）はこれを行使することができる時から二年間行わない場合においては，時効によつて消滅する。

第百十九条 次の各号のいずれかに該当する者は，六箇月以下の懲役又は三十万円以下の罰金に処する。

　一　第三条，第四条，第七条，第十六条，第十七条，第十八条第一項，第十九条，第二十条，第二十二条第四項，第三十二条，第三十四条，第三十五条，第三十六条第六項，第三十七条，第三十九条（第七項を除く。），第六十一条，第六十二条，第六十四条の三から第六十七条まで，第七十二条，第七十五条から第七十七条まで，第七十九条，第八十条，第九十四条第二項，第九十六条又は第百四条第二項の規定に違反した者

　二　第三十三条第二項，第九十六条の二第二項又は第九十六条の三第一項の規定による命令に違反した者

　三　第四十条の規定に基づいて発する厚生労働省令に違反した者

　四　第七十条の規定に基づいて発する厚生労働省令（第六十二条又は第六十四条の三の規定に係る部分に限る。）に違反した者

第百二十条 次の各号のいずれかに該当する者は，三十万円以下の罰金に処する。

　一　第十四条，第十五条第一項若しくは第三項，第十八条第七項，第二十二条第一項から第三項まで，第二十三条から第二十七条まで，第三十二条の二第二項（第三十二条の三第四項，第三十二条の四第四項及び第三十二条の五第三項において準用する場合を含む。），第三十二条の五第二項，第三十三条第一項ただし書，第三十八条の二第三項（第三十八条の三第二項において準用する場合を含む。），第

三十九条第七項，第五十七条から第五十九条まで，第六十四条，第六十八条，第八十九条，第九十条第一項，第九十一条，第九十五条第一項若しくは第二項，第九十六条の二第一項，第百五条（第百五条第三項において準用する場合を含む。）又は第百六条から第百九条までの規定に違反した者

二　第七十条の規定に基づいて発する厚生労働省令（第十四条の規定に係る部分に限る。）に違反した者

三　第九十二条第二項又は第九十六条の三第二項の規定による命令に違反した者

四　第百一条（第百条第三項において準用する場合を含む。）の規定による労働基準監督官又は女性主管局長若しくはその指定する所属官吏の臨検を拒み，妨げ，若しくは忌避し，その尋問に対して陳述をせず，若しくは虚偽の陳述をし，帳簿書類の提出をせず，又は虚偽の記載をした帳簿書類の提出をした者

五　第百四条の二の規定による報告をせず，若しくは虚偽の報告をし，又は出頭しなかつた者

第百二十一条　この法律の違反行為をした者が，当該事業の労働者に関する事項について，事業主のために行為した代理人，使用人その他の従業者である場合においては，事業主に対しても各本条の罰金刑を科する。ただし，事業主（事業主が法人である場合においてはその代表者，事業主が営業に関し成年者と同一の行為能力を有しない未成年者又は成年被後見人である場合においてはその法定代理人（法定代理人が法人であるときは，その代表者）を事業主とする。次項において同じ。）が違反の防止に必要な措置をした場合においては，この限りでない。

②　事業主が違反の計画を知りその防止に必要な措置を講じなかつた場合，違反行為を知り，その是正に必要な措置を講じなかつた場合又は違反を教唆した場合においては，事業主も行為者として罰する。

第百四十三条　第百九条の規定の適用については，当分の間，同条中「五年間」とあるのは，「三年間」とする。

②　第百十四条の規定の適用については，当分の間，同条ただし書中「五年」とあるのは，「三年」とする。

③　第百十五条の規定の適用については，当分の間，同条中「賃金の請求権はこれを行使することができる時から五年間」とあるのは，「退職手当の請求権はこれを行使することができる時から五年間，この法律の規定による賃金（退職手当を除く。）の請求権はこれを行使することができる時から三年間」とする。

258 巻末資料

■労働基準法施行規則（昭和22年厚生省令第23号）

第六条の二　法第十八条第二項，法第二十四条第一項ただし書，法第三十二条の二第一項，法第三十二条の三第一項，法第三十二条の四第一項及び第二項，法第三十二条の五第一項，法第三十四条第二項ただし書，法第三十六条第一項，第八項及び第九項，法第三十七条第三項，法第三十八条の二第二項，法第三十八条の三第一項，法第三十八条の四第二項第一号（法第四十一条の二第三項において準用する場合を含む。），法第三十九条第四項，第六項及び第九項ただし書並びに法第九十条第一項に規定する労働者の過半数を代表する者（以下この条において「過半数代表者」という。）は，次の各号のいずれにも該当する者とする。
　一　法第四十一条第二号に規定する監督又は管理の地位にある者でないこと。
　二　法に規定する協定等をする者を選出することを明らかにして実施される投票，挙手等の方法による手続により選出された者であつて，使用者の意向に基づき選出されたものでないこと。
②　前項第一号に該当する者がいない事業場にあつては，法第十八条第二項，法第二十四条第一項ただし書，法第三十九条第四項，第六項及び第九項ただし書並びに法第九十条第一項に規定する労働者の過半数を代表する者は，前項第二号に該当する者とする。
③　使用者は，労働者が過半数代表者であること若しくは過半数代表者になろうとしたこと又は過半数代表者として正当な行為をしたことを理由として不利益な取扱いをしないようにしなければならない。
④　使用者は，過半数代表者が法に規定する協定等に関する事務を円滑に遂行することができるよう必要な配慮を行わなければならない。

第十七条　法第三十六条第二項第五号の厚生労働省令で定める事項は，次に掲げるものとする。ただし，第四号から第七号までの事項については，同条第一項の協定に同条第五項に規定する事項に関する定めをしない場合においては，この限りでない。
　一　法第三十六条第一項の協定（労働協約による場合を除く。）の有効期間の定め
　二　法第三十六条第二項第四号の一年の起算日
　三　法第三十六条第六項第二号及び第三号に定める要件を満たすこと。
　四　法第三十六条第三項の限度時間（以下この項において「限度時間」という。）を超えて労働させることができる場合
　五　限度時間を超えて労働させる労働者に対する健康及び福祉を確保するための措置
　六　限度時間を超えた労働に係る割増賃金の率
　七　限度時間を超えて労働させる場合における手続
②　使用者は，前項第五号に掲げる措置の実施状況に関する記録を同項第一号の有効期間中及び当該有効期間の満了後五年間保存しなければならない。

③　前項の規定は，労使委員会の決議及び労働時間等設定改善委員会の決議について準用する。

第十九条　法第三十七条第一項の規定による通常の労働時間又は通常の労働日の賃金の計算額は，次の各号の金額に法第三十三条若しくは法第三十六条第一項の規定によつて延長した労働時間数若しくは休日の労働時間数又は午後十時から午前五時（厚生労働大臣が必要であると認める場合には，その定める地域又は期間については午後十一時から午前六時）までの労働時間数を乗じた金額とする。
一　時間によつて定められた賃金については，その金額
二　日によつて定められた賃金については，その金額を一日の所定労働時間数（日によつて所定労働時間数が異る場合には，一週間における一日平均所定労働時間数）で除した金額
三　週によつて定められた賃金については，その金額を週における所定労働時間数（週によつて所定労働時間数が異る場合には，四週間における一週平均所定労働時間数）で除した金額
四　月によつて定められた賃金については，その金額を月における所定労働時間数（月によつて所定労働時間数が異る場合には，一年間における一月平均所定労働時間数）で除した金額
五　月，週以外の一定の期間によつて定められた賃金については，前各号に準じて算定した金額
六　出来高払制その他の請負制によつて定められた賃金については，その賃金算定期間（賃金締切日がある場合には，賃金締切期間，以下同じ）において出来高払制その他の請負制によつて計算された賃金の総額を当該賃金算定期間における，総労働時間数で除した金額
七　労働者の受ける賃金が前各号の二以上の賃金よりなる場合には，その部分について各号によつてそれぞれ算定した金額の合計額
②　休日手当その他前項各号に含まれない賃金は，前項の計算においては，これを月によつて定められた賃金とみなす。

第二十四条の二の二　法第三十八条の三第一項の規定は，法第四章の労働時間に関する規定の適用に係る労働時間の算定について適用する。
②　法第三十八条の三第一項第一号の厚生労働省令で定める業務は，次のとおりとする。
一　新商品若しくは新技術の研究開発又は人文科学若しくは自然科学に関する研究の業務
二　情報処理システム（電子計算機を使用して行う情報処理を目的として複数の要素が組み合わされた体系であつてプログラムの設計の基本となるものをいう。）の分析又は設計の業務

三　新聞若しくは出版の事業における記事の取材若しくは編集の業務又は放送法
　　　（昭和二十五年法律第百三十二号）第二条第二十八号に規定する放送番組（以下
　　　「放送番組」という。）の制作のための取材若しくは編集の業務
　　四　衣服，室内装飾，工業製品，広告等の新たなデザインの考案の業務
　　五　放送番組，映画等の制作の事業におけるプロデューサー又はディレクターの業
　　　務
　　六　前各号のほか，厚生労働大臣の指定する業務
③　法第三十八条の三第一項第六号の厚生労働省令で定める事項は，次に掲げるもの
　とする。
　　一　使用者は，法第三十八条の三第一項の規定により労働者を同項第一号に掲げる
　　　業務に就かせたときは同項第二号に掲げる時間労働したものとみなすことについ
　　　て当該労働者の同意を得なければならないこと及び当該同意をしなかつた当該労
　　　働者に対して解雇その他不利益な取扱いをしてはならないこと。
　　二　前号の同意の撤回に関する手続
　　三　法第三十八条の三第一項に規定する協定（労働協約による場合を除き，労使委
　　　員会の決議及び労働時間等設定改善委員会の決議を含む。）の有効期間の定め
　　四　使用者は，次に掲げる事項に関する労働者ごとの記録を前号の有効期間中及び
　　　当該有効期間の満了後五年間保存すること。
　　　イ　法第三十八条の三第一項第四号に規定する労働者の労働時間の状況並びに当
　　　　該労働者の健康及び福祉を確保するための措置の実施状況
　　　ロ　法第三十八条の三第一項第五号に規定する労働者からの苦情の処理に関する
　　　　措置の実施状況
　　　ハ　第一号の同意及びその撤回
④　法第三十八条の三第二項において準用する法第三十八条の二第三項の規定による
　届出は，様式第十三号により，所轄労働基準監督署長にしなければならない。

第二十四条の二の二の二　使用者は，前条第三項第四号イからハまでに掲げる事項に
　関する労働者ごとの記録を作成し，同項第三号の有効期間中及び当該有効期間の満
　了後五年間保存しなければならない。

第二十四条の二の三　法第三十八条の四第一項の規定による届出は，様式第十三号の
　二により，所轄労働基準監督署長にしなければならない。
②　法第三十八条の四第一項の規定は，法第四章の労働時間に関する規定の適用に係
　る労働時間の算定について適用する。
③　法第三十八条の四第一項第七号の厚生労働省令で定める事項は，次に掲げるもの
　とする。
　　一　法第三十八条の四第一項第一号に掲げる業務に従事する同項第二号に掲げる労
　　　働者の範囲に属する労働者（次号及び第二十四条の二の四第四項において「対象

労働基準法施行規則　261

労働者」という。）の法第三十八条の四第一項第六号の同意の撤回に関する手続

二　使用者は，対象労働者に適用される評価制度及びこれに対応する賃金制度を変更する場合にあつては，労使委員会に対し，当該変更の内容について説明を行うこと。

三　法第三十八条の四第一項に規定する決議の有効期間の定め

四　使用者は，次に掲げる事項に関する労働者ごとの記録を前号の有効期間中及び当該有効期間の満了後五年間保存すること。

　イ　法第三十八条の四第一項第四号に規定する労働者の労働時間の状況並びに当該労働者の健康及び福祉を確保するための措置の実施状況

　ロ　法第三十八条の四第一項第五号に規定する労働者からの苦情の処理に関する措置の実施状況

　ハ　法第三十八条の四第一項第六号の同意及びその撤回

第二十四条の二の三の二　使用者は，前条第三項第四号イからハまでに掲げる事項に関する労働者ごとの記録を作成し，同項第三号の有効期間中及び当該有効期間の満了後五年間保存しなければならない。

第二十四条の二の四　法第三十八条の四第二項第一号の規定による指名は，法第四十一条第二号に規定する監督又は管理の地位にある者以外の者について行わなければならず，また，使用者の意向に基づくものであつてはならない。

②　法第三十八条の四第二項第二号の規定による議事録の作成及び保存については，使用者は，労使委員会の開催の都度その議事録を作成して，これをその開催の日（法第三十八条の四第一項に規定する決議及び労使委員会の決議並びに第二十五条の二に規定する労使委員会における委員の五分の四以上の多数による議決による決議（第七項において「労使委員会の決議等」という。）が行われた会議の議事録にあつては，当該決議に係る書面の完結の日（第五十六条第一項第五号の完結の日をいう。））から起算して五年間保存しなければならない。

③　法第三十八条の四第二項第二号の規定による議事録の周知については，使用者は，労使委員会の議事録を，次に掲げるいずれかの方法によつて，当該事業場の労働者に周知させなければならない。

一　常時各作業場の見やすい場所へ掲示し，又は備え付けること。

二　書面を労働者に交付すること。

三　使用者の使用に係る電子計算機に備えられたファイル又は電磁的記録媒体（電磁的記録（電子的方式，磁気的方式その他人の知覚によつては認識することができない方式で作られる記録であつて，電子計算機による情報処理の用に供されるものをいう。以下同じ。）に係る記録媒体をいう。）をもつて調製するファイルに記録し，かつ，各作業場に労働者が当該記録の内容を常時確認できる機器を設置すること。

④ 法第三十八条の四第二項第三号の厚生労働省令で定める要件は，労使委員会の運営に関する事項として次に掲げるものに関する規程が定められていることとする。
　　イ　労使委員会の招集，定足数及び議事に関する事項
　　ロ　対象労働者に適用される評価制度及びこれに対応する賃金制度の内容の使用者からの説明に関する事項
　　ハ　制度の趣旨に沿つた適正な運用の確保に関する事項
　　ニ　開催頻度を六箇月以内ごとに一回とすること。
　　ホ　イからニまでに掲げるもののほか，労使委員会の運営について必要な事項
⑤ 使用者は，前項の規程の作成又は変更については，労使委員会の同意を得なければならない。
⑥ 使用者は，労働者が労使委員会の委員であること若しくは労使委員会の委員になろうとしたこと又は労使委員会の委員として正当な行為をしたことを理由として不利益な取扱いをしないようにしなければならない。
⑦ 使用者は，法第三十八条の四第二項第一号の規定により指名された委員が労使委員会の決議等に関する事務を円滑に遂行することができるよう必要な配慮を行わなければならない。

第二十四条の二の五　法第三十八条の四第四項の規定による報告は，同条第一項に規定する決議の有効期間の始期から起算して六箇月以内に一回，及びその後一年以内ごとに一回，様式第十三号の四により，所轄労働基準監督署長にしなければならない。
② 法第三十八条の四第四項の規定による報告は，同条第一項第四号に規定する労働者の労働時間の状況並びに当該労働者の健康及び福祉を確保するための措置の実施状況並びに同項第六号の同意及びその撤回の実施状況について行うものとする。

第七十一条　第十七条第二項，第二十四条の二の二第三項第四号，第二十四条の二の二，第二十四条の二の三第三項第四号，第二十四条の二の三の二，第二十四条の二の四第二項（第三十四条の二の三において準用する場合を含む。），第二十四条の七及び第三十四条の二第十五項第四号の規定の適用については，当分の間，これらの規定中「五年間」とあるのは，「三年間」とする。

■労働基準法施行規則第二十四条の二の二第二項第六号の規定に基づき厚生労働大臣の指定する業務（平成9年労働省告示第7号）

一　広告，宣伝等における商品等の内容，特長等に係る文章の案の考案の業務
二　事業運営において情報処理システム（労働基準法施行規則第二十四条の二の二第二項第二号に規定する情報処理システムをいう。）を活用するための問題点の把握又はそれを活用するための方法に関する考案若しくは助言の業務
三　建築物内における照明器具，家具等の配置に関する考案，表現又は助言の業務
四　ゲーム用ソフトウェアの創作の業務
五　有価証券市場における相場等の動向又は有価証券の価値等の分析，評価又はこれに基づく投資に関する助言の業務
六　金融工学等の知識を用いて行う金融商品の開発の業務
七　学校教育法（昭和二十二年法律第二十六号）に規定する大学における教授研究の業務（主として研究に従事するものに限る。）
八　銀行又は証券会社における顧客の合併及び買収に関する調査又は分析及びこれに基づく合併及び買収に関する考案及び助言の業務
九　公認会計士の業務
十　弁護士の業務
十一　建築士の業務
十二　不動産鑑定士の業務
十三　弁理士の業務
十四　税理士の業務
十五　中小企業診断士の業務

264　　巻末資料

■労働基準法第三十八条の四第一項の規定により同項第一号の業務に従事する労働者
　の適正な労働条件の確保を図るための指針

第1　趣旨
　　この指針は，労働基準法（以下「法」という。）第38条の4第1項の規定により同
　項第1号に規定する対象業務（以下「対象業務」という。）に従事する労働者の適正
　な労働条件の確保を図るため，同項に規定する委員会（以下「労使委員会」という。）
　が決議する同項各号に掲げる事項について具体的に明らかにする必要があると認めら
　れる事項を規定するとともに，対象業務に従事する労働者については同項第3号に掲
　げる時間労働したものとみなす法の制度（以下「企画業務型裁量労働制」という。）
　の実施に関し，同項に規定する事業場の使用者及び当該事業場の労働者等並びに労使
　委員会の委員が留意すべき事項を定めたものである。

第2　企画業務型裁量労働制の対象事業場
　　企画業務型裁量労働制の対象事業場に関し法第38条の4第1項に規定する事業場の
　使用者及び当該事業場の労働者並びに労使委員会の委員が留意すべき事項等は，次の
　とおりである。

1　労働基準法の一部を改正する法律（平成15年法律第104号）により，企画業務型
　裁量労働制を実施することができる事業場は，事業運営上の重要な決定が行われる
　事業場に限定されないこととなったところであるが，いかなる事業場においても企
　画業務型裁量労働制を実施することができるということではなく，対象業務が存在
　する事業場（以下「対象事業場」という。）においてのみ企画業務型裁量労働制を
　実施することができるものであることに留意する必要がある。

2　この場合において，対象事業場とは，第3の1の（1）のイ及びロに掲げる対象
　業務の要件に照らして，具体的には，次に掲げる事業場である。
（1）　本社・本店である事業場
（2）　（1）に掲げる事業場以外の事業場であって次に掲げるもの
　　　イ　当該事業場の属する企業等に係る事業の運営に大きな影響を及ぼす決定が行
　　　　われる事業場であり，例えば，次に掲げる事業場であること。
　　　（イ）　当該事業場の属する企業等が取り扱う主要な製品・サービス等について
　　　　の事業計画の決定等を行っている事業本部である事業場
　　　（ロ）　当該事業場の属する企業等が事業活動の対象としている主要な地域にお
　　　　ける生産，販売等についての事業計画や営業計画の決定等を行っている地域本
　　　　社や地域を統轄する支社・支店等である事業場
　　　（ハ）　本社・本店である事業場の具体的な指示を受けることなく独自に，当該
　　　　事業場の属する企業等が取り扱う主要な製品・サービス等についての事業計画

の決定等を行っている工場等である事業場

　　　なお，個別の製造等の作業や当該作業に係る工程管理のみを行っている場合は，対象事業場ではないこと。

　ロ　本社・本店である事業場の具体的な指示を受けることなく独自に，当該事業場に係る事業の運営に大きな影響を及ぼす事業計画や営業計画の決定を行っている支社・支店等である事業場であり，例えば，次に掲げる事業場であること。

　（イ）　本社・本店である事業場の具体的な指示を受けることなく独自に，当該事業場を含む複数の支社・支店等である事業場に係る事業活動の対象となる地域における生産，販売等についての事業計画や営業計画の決定等を行っている支社・支店等である事業場

　（ロ）　本社・本店である事業場の具体的な指示を受けることなく独自に，当該事業場のみに係る事業活動の対象となる地域における生産，販売等についての事業計画や営業計画の決定等を行っている支社・支店等である事業場

　　　なお，本社・本店又は支社・支店等である事業場の具体的な指示を受けて，個別の営業活動のみを行っている事業場は，対象事業場ではないこと。

第3　労使委員会が決議する法第38条の4第1項各号に掲げる事項

1　法第38条の4第1項第1号に規定する事項関係

（1）当該事項に関し具体的に明らかにする事項

　　対象業務は，次のイからニまでに掲げる要件のいずれにも該当するものである。

　イ　事業の運営に関する事項についての業務であること

　　法第38条の4第1項第1号の「事業の運営に関する事項」とは，対象事業場の属する企業等に係る事業の運営に影響を及ぼす事項又は当該事業場に係る事業の運営に影響を及ぼす独自の事業計画や営業計画をいい，対象事業場における事業の実施に関する事項が直ちにこれに該当するものではなく，例えば，次のように考えられること。

　（イ）　本社・本店である事業場においてその属する企業全体に係る管理・運営とあわせて対顧客営業を行っている場合，当該本社・本店である事業場の管理・運営を担当する部署において策定される当該事業場の属する企業全体の営業方針については「事業の運営に関する事項」に該当する。

　　　なお，当該本社・本店である事業場の対顧客営業を担当する部署に所属する個々の営業担当者が担当する営業については「事業の運営に関する事項」に該当しない。

　（ロ）　事業本部である事業場における当該事業場の属する企業等が取り扱う主要な製品・サービス等についての事業計画については「事業の運営に関する事項」に該当する。

　（ハ）　地域本社や地域を統轄する支社・支店等である事業場における，当該事

業場の属する企業等が事業活動の対象としている主要な地域における生産，販売等についての事業計画や営業計画については「事業の運営に関する事項」に該当する。

（ニ）　工場等である事業場において，本社・本店である事業場の具体的な指示を受けることなく独自に策定する，当該事業場の属する企業等が取り扱う主要な製品・サービス等についての事業計画については「事業の運営に関する事項」に該当する。

　　なお，個別の製造等の作業や当該作業に係る工程管理は「事業の運営に関する事項」に該当しない。

（ホ）　支社・支店等である事業場において，本社・本店である事業場の具体的な指示を受けることなく独自に策定する，当該事業場を含む複数の支社・支店等である事業場に係る事業活動の対象となる地域における生産，販売等についての事業計画や営業計画については「事業の運営に関する事項」に該当する。

（ヘ）　支社・支店等である事業場において，本社・本店である事業場の具体的な指示を受けることなく独自に策定する，当該事業場のみに係る事業活動の対象となる地域における生産，販売等についての事業計画や営業計画については「事業の運営に関する事項」に該当する。

　　なお，本社・本店又は支社・支店等である事業場の具体的な指示を受けて行う個別の営業活動は「事業の運営に関する事項」に該当しない。

ロ　企画，立案，調査及び分析の業務であること

　　法第38条の４第１項第１号の「企画，立案，調査及び分析の業務」とは，「企画」，「立案」，「調査」及び「分析」という相互に関連し合う作業を組み合わせて行うことを内容とする業務をいう。ここでいう「業務」とは，部署が所掌する業務ではなく，個々の労働者が使用者に遂行を命じられた業務をいう。

　　したがって，対象事業場に設けられた企画部，調査課等の「企画」，「立案」，「調査」又は「分析」に対応する語句をその名称に含む部署において行われる業務の全てが直ちに「企画，立案，調査及び分析の業務」に該当するものではない。

ハ　当該業務の性質上これを適切に遂行するにはその遂行の方法を大幅に労働者の裁量にゆだねる必要がある業務であること

　　法第38条の４第１項第１号の「当該業務の性質上これを適切に遂行するにはその遂行の方法を大幅に労働者の裁量にゆだねる必要がある」業務とは，使用者が主観的にその必要があると判断しその遂行の方法を大幅に労働者にゆだねている業務をいうものではなく，当該業務の性質に照らし客観的にその必要性が存するものであることが必要である。

ニ　当該業務の遂行の手段及び時間配分の決定等に関し使用者が具体的な指示をしないこととする業務であること

　　法第38条の４第１項第１号の「当該業務の遂行の手段及び時間配分の決定等

に関し使用者が具体的な指示をしないこととする業務」とは，当該業務の遂行に当たり，その内容である「企画」，「立案」，「調査」及び「分析」という相互に関連し合う作業をいつ，どのように行うか等についての広範な裁量が，労働者に認められている業務をいう。

したがって，日常的に使用者の具体的な指示の下に行われる業務や，あらかじめ使用者が示す業務の遂行方法等についての詳細な手順に即して遂行することを指示されている業務は，これに該当しない。

また，「時間配分の決定」には始業及び終業の時刻の決定も含まれるため，使用者から始業又は終業の時刻を指示されている業務も，これに該当しない。

（2） 留意事項

イ　対象業務は，（1）イからニまでのいずれにも該当するものであることが必要であり，その全部又は一部に該当しない業務を労使委員会において対象業務として決議したとしても，当該業務に従事する労働者に関し，企画業務型裁量労働制の法第4章の労働時間に関する規定の適用に当たっての労働時間のみなしの効果は生じないものであることに，労使委員会の委員（以下「委員」という。）は留意することが必要である。

ロ　労使委員会において，対象業務について決議するに当たり，委員は，（イ）に掲げる対象業務となり得る業務の例及び（ロ）に掲げる対象業務となり得ない業務の例について留意することが必要である。

なお，（イ）に掲げる対象業務となり得る業務の例は，これに該当するもの以外は労使委員会において対象業務として決議し得ないものとして掲げるものではなく，また，（ロ）に掲げる対象業務となり得ない業務の例は，これに該当するもの以外は労使委員会において対象業務として決議し得るものとして掲げるものではないことに留意することが必要である。

（イ）　対象業務となり得る業務の例

①　経営企画を担当する部署における業務のうち，経営状態・経営環境等について調査及び分析を行い，経営に関する計画を策定する業務

②　経営企画を担当する部署における業務のうち，現行の社内組織の問題点やその在り方等について調査及び分析を行い，新たな社内組織を編成する業務

③　人事・労務を担当する部署における業務のうち，現行の人事制度の問題点やその在り方等について調査及び分析を行い，新たな人事制度を策定する業務

④　人事・労務を担当する部署における業務のうち，業務の内容やその遂行のために必要とされる能力等について調査及び分析を行い，社員の教育・研修計画を策定する業務

⑤　財務・経理を担当する部署における業務のうち，財務状態等について調査及び分析を行い，財務に関する計画を策定する業務

⑥　広報を担当する部署における業務のうち，効果的な広報手法等について調査及び分析を行い，広報を企画・立案する業務

⑦　営業に関する企画を担当する部署における業務のうち，営業成績や営業活動上の問題点等について調査及び分析を行い，企業全体の営業方針や取り扱う商品ごとの全社的な営業に関する計画を策定する業務

⑧　生産に関する企画を担当する部署における業務のうち，生産効率や原材料等に係る市場の動向等について調査及び分析を行い，原材料等の調達計画も含め全社的な生産計画を策定する業務

（ロ）　対象業務となり得ない業務の例

①　経営に関する会議の庶務等の業務

②　人事記録の作成及び保管，給与の計算及び支払，各種保険の加入及び脱退，採用・研修の実施等の業務

③　金銭の出納，財務諸表・会計帳簿の作成及び保管，租税の申告及び納付，予算・決算に係る計算等の業務

④　広報誌の原稿の校正等の業務

⑤　個別の営業活動の業務

⑥　個別の製造等の作業，物品の買い付け等の業務

ハ　対象業務について（1）ニにおいて「使用者が具体的な指示をしない」とされることに関し，企画業務型裁量労働制が適用されている場合であっても，業務の遂行の手段及び時間配分の決定等以外については，使用者は，労働者に対し必要な指示をすることについて制限を受けないものである。したがって，委員は，対象業務について決議するに当たり，使用者が労働者に対し業務の開始時に当該業務の目的，目標，期限等の基本的事項を指示することや，中途において経過の報告を受けつつこれらの基本的事項について所要の変更の指示をすることは可能であることに留意することが必要である。

また，企画業務型裁量労働制の実施に当たっては，これらの指示が的確になされることが重要である。このため，使用者は，業務量が過大である場合や期限の設定が不適切である場合には，労働者から時間配分の決定に関する裁量が事実上失われることがあることに留意するとともに，労働者の上司に対し，これらの基本的事項を適正に設定し，指示を的確に行うよう必要な管理者教育を行うことが適当であることに留意することが必要である。

なお，使用者及び委員は，労働者から時間配分の決定等に関する裁量が失われたと認められる場合には，企画業務型裁量労働制の法第4章の労働時間に関する規定の適用に当たっての労働時間のみなしの効果は生じないものであることに留意することが必要である。

2　法第38条の4第1項第2号に規定する事項関係

（1）　当該事項に関し具体的に明らかにする事項

法第38条の４第１項第２号の「対象業務を適切に遂行するための知識，経験等を有する労働者」であって使用者が対象業務に就かせる者（以下「対象労働者」という。）は，対象業務に常態として従事していることが原則である。
「対象業務を適切に遂行するために必要となる具体的な知識，経験等を有する労働者」の範囲については，対象業務ごとに異なり得るものであり，このため，対象労働者となり得る者の範囲を特定するために必要な職務経験年数，職能資格等の具体的な基準を明らかにすることが必要である。
（２）　留意事項
　　イ　労使委員会において，対象労働者となり得る者の範囲について決議するに当たっては，委員は，客観的にみて対象業務を適切に遂行するための知識，経験等を有しない労働者を含めて決議した場合，使用者が当該知識，経験等を有しない労働者を対象業務に就かせても企画業務型裁量労働制の法第４章の労働時間に関する規定の適用に当たっての労働時間のみなしの効果は生じないものであることに留意することが必要である。例えば，大学の学部を卒業した労働者であって全く職務経験がないものは，客観的にみて対象労働者に該当し得ず，少なくとも３年ないし５年程度の職務経験を経た上で，対象業務を適切に遂行するための知識，経験等を有する労働者であるかどうかの判断の対象となり得るものであることに留意することが必要である。
　　ロ　労使委員会において，対象労働者となり得る者の範囲について決議するに当たっては，当該者が対象業務を適切に遂行するための知識，経験等を有する労働者であるかの判断に資するよう，使用者は，労使委員会に対し，当該事業場の属する企業等における労働者の賃金水準（労働者への賃金・手当の支給状況を含む。）を示すことが望ましいことに留意することが必要である。

３　法第38条の４第１項第３号に規定する事項関係
（１）　当該事項に関し具体的に明らかにする事項
　　イ　法第38条の４第１項第３号の「対象業務に従事する前号に掲げる労働者の範囲に属する労働者の労働時間として算定される時間」（以下「みなし労働時間」という。）については，法第４章の規定の適用に係る１日についての対象労働者の労働時間数として，具体的に定められたものであることが必要である。
　　ロ　労使委員会において，みなし労働時間について決議するに当たっては，委員は，対象業務の内容並びに対象労働者に適用される評価制度及びこれに対応する賃金制度を考慮して適切な水準のものとなるよう決議することとし，対象労働者の相応の処遇を確保することが必要である。
（２）　留意事項
　　イ　労使委員会においては，みなし労働時間について決議するに当たっては，委員は，対象業務の内容を十分検討するとともに，対象労働者に適用される評価制度及びこれに対応する賃金制度について使用者から十分な説明を受け，それ

らの内容を十分理解した上で決議することが必要であることに留意することが
必要である。

ロ　当該事業場における所定労働時間をみなし労働時間として決議するような場
合において，使用者及び委員は，所定労働時間相当働いたとしても明らかに処
理できない分量の業務を与えながら相応の処遇を確保しないといったことは，
制度の趣旨を没却するものであり，不適当であることに留意することが必要で
ある。

4　法第38条の4第1項第4号に規定する事項関係
（1）　当該事項に関し具体的に明らかにする事項
イ　法第38条の4第1項第4号の対象労働者の「労働時間の状況に応じた当該労
働者の健康及び福祉を確保するための措置」（以下「健康・福祉確保措置」と
いう。）を当該決議で定めるところにより使用者が講ずることについては，次
のいずれにも該当する内容のものであることが必要である。

（イ）　使用者による対象労働者の労働時間の状況の把握は，いかなる時間帯に
どの程度の時間，労務を提供し得る状態にあったかを把握するものであること。
その方法は，タイムカードによる記録，パーソナルコンピュータ等の電子計算
機の使用時間の記録等の客観的な方法その他の適切なものであることが必要で
あり，当該対象事業場の実態に応じて適当な当該方法を具体的に明らかにして
いることが必要であること。

（ロ）　（イ）により把握した労働時間の状況に基づいて，対象労働者の勤務状況
（労働時間の状況を含む。以下同じ。）に応じ，使用者がいかなる健康・福祉確
保措置をどのように講ずるかを明確にするものであること。

ロ　労使委員会において決議し，使用者が講ずる健康・福祉確保措置としては次
のものが適切である。

（イ）　終業から始業までに一定時間以上の継続した休息時間を確保すること。

（ロ）　法第37条第4項に規定する時刻の間において労働させる回数を1箇月に
ついて一定回数以内とすること。

（ハ）　把握した労働時間が一定時間を超えない範囲内とすること及び当該時間
を超えたときは法第38条の4第1項の規定を適用しないこととすること。

（ニ）　働き過ぎの防止の観点から，年次有給休暇についてまとまった日数連続
して取得することを含めてその取得を促進すること。

（ホ）　把握した労働時間が一定時間を超える対象労働者に対し，医師による面
接指導（問診その他の方法により心身の状況を把握し，これに応じて面接によ
り必要な指導を行うことをいい，労働安全衛生法（昭和47年法律第57号）第66
条の8第1項の規定による面接指導を除く。）を行うこと。

（ヘ）　把握した対象労働者の勤務状況及びその健康状態に応じて，代償休日又
は特別な休暇を付与すること。

（ト）　把握した対象労働者の勤務状況及びその健康状態に応じて，健康診断を実施すること。

（チ）　心とからだの健康問題についての相談窓口を設置すること。

（リ）　把握した対象労働者の勤務状況及びその健康状態に配慮し，必要な場合には適切な部署に配置転換をすること。

（ヌ）　働き過ぎによる健康障害防止の観点から，必要に応じて，産業医等による助言・指導を受け，又は対象労働者に産業医等による保健指導を受けさせること。

（2）　留意事項

イ　対象労働者については，業務の遂行の方法を大幅に労働者の裁量にゆだね，使用者が具体的な指示をしないこととなるが，使用者は，このために当該対象労働者について，労働者の生命，身体及び健康を危険から保護すべき義務（いわゆる安全配慮義務）を免れるものではないことに留意することが必要である。

ロ　使用者は，対象労働者の勤務状況を把握する際，対象労働者からの健康状態についての申告，健康状態についての上司による定期的なヒアリング等に基づき，対象労働者の健康状態を把握することが望ましい。このため，委員は，健康・福祉確保措置を講ずる前提として，使用者が対象労働者の勤務状況と併せてその健康状態を把握することを決議に含めることが望ましいことに留意することが必要である。

ハ　労使委員会において，健康・福祉確保措置を決議するに当たっては，委員は，長時間労働の抑制や休日確保を図るための当該事業場の対象労働者全員を対象とする措置として（1）ロ（イ）から（ニ）までに掲げる措置の中から一つ以上を実施することとし，かつ，勤務状況や健康状態の改善を図るための個々の対象労働者の状況に応じて講ずる措置として（1）ロ（ホ）から（ヌ）までに掲げる措置の中から一つ以上を実施することとすることが望ましいことに留意することが必要である。

ニ　使用者及び委員は，把握した対象労働者の勤務状況及びその健康状態を踏まえ，（1）ロ（ハ）の措置を決議することが望ましいことに留意することが必要である。

ホ　使用者が健康・福祉確保措置を実施した結果を踏まえ，特定の対象労働者には法第38条の4第1項の規定を適用しないこととする場合における，当該規定を適用しないこととした後の配置及び処遇又はその決定方法について，委員は，あらかじめ決議で定めておくことが望ましいことに留意することが必要である。

ヘ　使用者は，（1）ロに例示した措置のほかに，対象労働者が創造的な能力を継続的に発揮し得る環境を整備する観点から，例えば，自己啓発のための特別な休暇の付与等対象労働者の能力開発を促進する措置を講ずることが望ましいものである。このため，委員は，使用者が対象労働者の能力開発を促進する措置を講ずることを決議に含めることが望ましいことに留意することが必要であ

る。

5 法第38条の４第１項第５号に規定する事項関係
（１）　当該事項に関し具体的に明らかにする事項
　　　法第38条の４第１項第５号の対象業務に従事する対象労働者からの「苦情の処理に関する措置」（以下「苦情処理措置」という。）については，苦情の申出の窓口及び担当者，取り扱う苦情の範囲，処理の手順・方法等その具体的内容を明らかにするものであることが必要である。
（２）　留意事項
　　イ　労使委員会において，苦情処理措置について決議するに当たり，委員は，使用者や人事担当者以外の者を申出の窓口とすること等の工夫により，対象労働者が苦情を申し出やすい仕組みとすることが適当であることに留意することが必要である。
　　　　また，取り扱う苦情の範囲については，委員は，企画業務型裁量労働制の実施に関する苦情のみならず，対象労働者に適用される評価制度及びこれに対応する賃金制度等企画業務型裁量労働制に付随する事項に関する苦情も含むものとすることが適当であることに留意することが必要である。
　　ロ　苦情処理措置として，労使委員会が対象事業場において実施されている苦情処理制度を利用することを決議した場合には，使用者は，対象労働者にその旨を周知するとともに，当該実施されている苦情処理制度が企画業務型裁量労働制の運用の実態に応じて機能するよう配慮することが適当であることに留意することが必要である。
　　ハ　使用者及び委員は，労使委員会が苦情の申出の窓口としての役割を担うこと等により，委員が苦情の内容を確実に把握できるようにすることや，苦情には至らない運用上の問題点についても幅広く相談できる体制を整備することが望ましいことに留意することが必要である。

6 法第38条の４第１項第６号に規定する事項関係
（１）　当該事項に関し具体的に明らかにする事項
　　　法第38条の４第１項第６号により，使用者が同項の規定により労働者を対象業務に就かせたときは同項第３号に掲げる時間労働したものとみなすことについての当該労働者の同意は，当該労働者ごとに，かつ，同項第７号に規定する決議事項として定められる決議の有効期間ごとに得られるものであることが必要である。
（２）　留意事項
　　イ　法第38条の４第１項第６号に規定する事項に関し決議するに当たり，委員は，対象業務の内容を始めとする決議の内容等当該事業場における企画業務型裁量労働制の制度の概要，企画業務型裁量労働制の適用を受けることに同意した場合に適用される評価制度及びこれに対応する賃金制度の内容並びに同意しな

かった場合の配置及び処遇について，使用者が労働者に対し，明示した上で説明して当該労働者の同意を得ることとすることを決議で定めることが適当であることに留意することが必要である。また，十分な説明がなされなかったこと等により，当該同意が労働者の自由な意思に基づいてされたものとは認められない場合には，企画業務型裁量労働制の法第4章の労働時間に関する規定の適用に当たっての労働時間のみなしの効果は生じないこととなる場合があることに留意することが必要である。

　　　なお，使用者は，企画業務型裁量労働制の適用を受けることに同意しなかった場合の配置及び処遇は，同意をしなかった労働者をそのことを理由として不利益に取り扱うものであってはならないものであることに留意することが必要である。

　ロ　委員は，企画業務型裁量労働制の適用を受けることについての労働者の同意については，書面によること等その手続を決議において具体的に定めることが適当であることに留意することが必要である。

　ハ　使用者は，企画業務型裁量労働制の適用を受けることについての労働者の同意を得るに当たって，苦情の申出先，申出方法等を書面で明示する等，5（1）の苦情処理措置の具体的内容を対象労働者に説明することが適当であることに留意することが必要である。

7　法第38条の4第1項第7号に規定する事項関係
（1）　当該事項に関し具体的に明らかにする事項
　　法第38条の4第1項第7号に規定する「前各号に掲げるもののほか，厚生労働省令で定める事項」として，次の事項が同項の労使委員会の決議事項として定められている。
　　イ　企画業務型裁量労働制の適用を受けることについての労働者の同意の撤回に関する手続を定めること。
　（イ）　決議に際し，撤回の申出先となる部署及び担当者，撤回の申出の方法等その具体的内容を明らかにすることが必要である。
　（ロ）　使用者は，同意を撤回した場合の配置及び処遇について，同意を撤回した労働者をそのことを理由として不利益に取り扱うものであってはならないものである。
　　ロ　使用者は，対象労働者に適用される評価制度及びこれに対応する賃金制度を変更する場合にあっては，労使委員会に対し，当該変更の内容について説明を行うこと。
　　ハ　法第38条の4第1項の決議には，有効期間を定めること。
　　ニ　使用者は，対象労働者の労働時間の状況並びに当該労働者の健康・福祉確保措置の実施状況，対象労働者からの苦情の処理に関する措置の実施状況並びに企画業務型裁量労働制の適用に関し対象労働者から得た同意及びその撤回に関

274　巻末資料

する労働者ごとの記録を，ハの有効期間中及びその満了後３年間保存すること
（労働基準法施行規則（昭和22年厚生省令第23号。以下「則」という。）第24条
の２の３第３項第４号及び第71条）。
（２）　留意事項
　　イ　委員は，対象労働者が同意を撤回した場合の撤回後の配置及び処遇又はその
　　　　決定方法について，あらかじめ決議で定めておくことが望ましいことに留意す
　　　　ることが必要である。
　　ロ　（１）ロの事項について，使用者は，対象労働者に適用される評価制度及び
　　　　これに対応する賃金制度を変更しようとする場合，労使委員会に対し，事前に
　　　　当該変更の内容について説明を行うことが適当であることに留意することが必
　　　　要である。事前に説明を行うことが困難な場合であっても，変更後遅滞なく，
　　　　その内容について説明を行うことが適当であることに留意することが必要であ
　　　　る。
　　ハ　（１）ハの事項に関連し，委員は，法第38条の４第１項の決議を行った後に
　　　　当該決議の内容に関連して生じた当該決議の時点では予見し得なかった事情の
　　　　変化に対応するため，委員の半数以上から決議の変更等のための労使委員会の
　　　　開催の申出があった場合は，（１）ハの有効期間の中途であっても決議の変更
　　　　等のための調査審議を行うものとすることを同項の決議において定めることが
　　　　適当であることに留意することが必要である。また，委員は，委員の半数以上
　　　　からの申出があった場合に限らず，制度の実施状況等について定期的に調査審
　　　　議するために必要がある場合には，労使委員会を開催することが必要であるこ
　　　　とに留意することが必要である。

８　その他法第38条の４第１項の決議に関する事項
　　労使委員会が法第38条の４に基づき，同項各号に掲げる事項について決議を行う
　に当たっては，委員が，企画業務型裁量労働制の適用を受ける対象労働者に適用さ
　れる評価制度及びこれに対応する賃金制度の内容を十分理解した上で，行うことが
　重要である。
　　このため，労使委員会が法第38条の４第１項各号に掲げる事項について決議を行
　うに先立ち，使用者は，対象労働者に適用される評価制度及びこれに対応する賃金
　制度の内容について，労使委員会に対し，十分に説明することが必要であることに
　留意することが必要である。

第４　法第38条の４第２項に規定する労使委員会の要件等労使委員会に関する事項
　　労使委員会に関する法第38条の４第２項の規定等に関し対象事業場の使用者並び
　に当該事業場の労働者，労働組合及び労働者の過半数を代表する者並びに委員が留
　意すべき事項等は，次のとおりである。

1 労使委員会に求められる役割

　　労使委員会においては，企画業務型裁量労働制が制度の趣旨に沿って実施されるよう，賃金，労働時間その他の当該事業場における労働条件に関する事項を調査審議し，この指針の内容に適合するように法第38条の４第１項各号に掲げる事項を決議するとともに，決議の有効期間中も，定期的に制度の実施状況に関する情報を把握し，対象労働者の働き方や処遇が制度の趣旨に沿ったものとなっているかを調査審議し，必要に応じて，運用の改善を図ることや決議の内容について見直しを行うことが求められる。委員は，労使委員会がこうした役割を担うことに留意することが必要である。

2 法第38条の４第１項による労使委員会の設置に先立つ話合い

　　対象事業場の使用者及び労働者の過半数を代表する者（以下「過半数代表者」という。）又は労働組合は，法第38条の４第１項により労使委員会が設置されるに先立ち，設置に係る日程，手順，使用者による一定の便宜の供与がなされる場合にあってはその在り方等について十分に話し合い，定めておくことが望ましいことに留意することが必要である。その際，委員の半数について同条第２項第１号に規定する指名（以下「委員指名」という。）の手続を経なければならないことにかんがみ，同号に規定する労働者の過半数で組織する労働組合がない場合も含めて，これらの手続を適切に実施できるようにする観点から話合いがなされることが望ましいことに留意することが必要である。特に，同号に規定する労働者の過半数で組織する労働組合がない場合において，使用者は，過半数代表者が必要な手続を円滑に実施できるよう十分に話し合い，必要な配慮を行うことが適当である。

　　なお，過半数代表者が適正に選出されていない場合や監督又は管理の地位にある者について委員指名が行われている場合は，当該労使委員会による決議は無効であり，過半数代表者は則第６条の２第１項各号に該当するよう適正に選出されている必要がある。また，労使を代表する委員それぞれ１名計２名で構成される委員会は労使委員会として認められない。

3 法第38条の４第２項第１号による委員の指名

　　対象事業場の使用者及び法第38条の４第２項第１号により委員の指名を行う当該事業場の労働組合又は労働者の過半数を代表する者は，法第38条の４第１項の決議のための調査審議等に当たり対象労働者となる労働者及び対象労働者の上司の意見を反映しやすくする観点から，指名する委員にそれらの者を含めることを検討することが望ましいことに留意することが必要である。

4 法第38条の４第２項第４号及び関係省令に基づく労使委員会の運営規程

（1）法第38条の４第２項第４号に基づく労使委員会の要件として，労使委員会の招集，定足数及び議事に関する事項，対象労働者に適用される評価制度及びこれに

対応する賃金制度の内容の使用者からの説明に関する事項，制度の趣旨に沿った適正な運用の確保に関する事項，開催頻度を6箇月以内ごとに1回とすることその他の労使委員会の運営について必要な事項に関する規程（以下「運営規程」という。）が定められていること，使用者は運営規程の作成又は変更について労使委員会の同意を得なければならないことが規定されている（則第24条の2の4第4項及び第5項）。この運営規程を定めるに当たっては，使用者及び委員は，労使委員会の招集に関する事項として法第38条の4第1項の決議の調査審議のための委員会，同項の決議に係る有効期間中における制度の運用状況の調査審議のための委員会等定例として予定されている委員会の開催に関すること及び必要に応じて開催される委員会の開催に関することを，議事に関する事項として議長の選出に関すること及び決議の方法に関することを，それぞれ規定することが適当であることに留意することが必要である。

（2）　運営規程において，定足数に関する事項を規定するに当たっては，労使委員会が法第38条の4第1項及び第5項に規定する決議をする場合の「委員の5分の4以上の多数による議決」とは，労使委員会に出席した委員の5分の4以上の多数による議決で足りるものであることにかんがみ，使用者及び委員は，全委員に係る定足数のほか，労使各側を代表する委員ごとに一定割合又は一定数以上の出席を必要とすることを定めることが適当であることに留意することが必要である。

（3）　運営規程において，対象労働者に適用される評価制度及びこれに対応する賃金制度の内容の使用者からの説明に関する事項を規定するに当たっては，使用者及び委員は，当該説明は，第3の8において労使委員会が法第38条の4第1項各号に掲げる事項について決議を行うに先立ち，使用者は，対象労働者に適用される評価制度及びこれに対応する賃金制度の内容について，労使委員会に対し，十分に説明する必要があるとされていることを踏まえる必要があることに留意することが必要である。

（4）　運営規程において，制度の趣旨に沿った適正な運用の確保に関する事項を規定するに当たっては，労使委員会が企画業務型裁量労働制の実施状況を把握した上で，対象労働者の働き方や処遇が制度の趣旨に沿ったものとなっているかを調査審議し，運用の改善を図ることや決議の内容について必要な見直しを行うことが必要であること，決議や制度の運用状況に係る調査審議のため，労使委員会の開催頻度を6箇月以内ごとに1回とする必要があることを踏まえ，使用者及び委員は，当該実施状況の把握の頻度や方法を運営規程に定めることが必要であることに留意することが必要である。

5　労使委員会に対する使用者による情報の開示

（1）　法第38条の4第1項に規定する決議が適切に行われるため，使用者は，労使委員会に対し，労使委員会が法第38条の4第1項の決議のための調査審議をする場合には，運営規程において定められた，第3の8において使用者が労使委員会に対

し十分に説明する必要があるとされている対象労働者に適用される評価制度及びこれに対応する賃金制度の内容に加え，企画業務型裁量労働制が適用されることとなった場合における対象業務の具体的内容を開示することが適当であることに留意することが必要である。また，使用者は，労使委員会に対し，当該対象事業場の属する企業等における労働者の賃金水準（労働者への賃金・手当の支給状況を含む。）を開示することが望ましいことに留意することが必要である。

（2） 委員が，当該対象事業場における企画業務型裁量労働制の実施状況に関する情報を十分に把握するため，使用者は，労使委員会に対し，法第38条の4第1項第4号に係る決議で定めるところにより把握した対象労働者の勤務状況及びこれに応じて講じた対象労働者の健康・福祉確保措置の実施状況，対象労働者からの苦情の内容及びその処理状況等法第38条の4第1項第5号に係る決議に係る苦情処理措置の実施状況，対象労働者に適用される評価制度及びこれに対応する賃金制度の運用状況（対象労働者への賃金・手当の支給状況や評価結果等をいう。）並びに労使委員会の開催状況を開示することが適当であることに留意することが必要である。

なお，対象労働者からの苦情の内容及びその処理状況並びに対象労働者に適用される評価制度及びこれに対応する賃金制度の運用状況を労使委員会に開示するに当たっては，使用者は対象労働者のプライバシーの保護に十分留意することが必要である。

（3） 使用者及び委員は，使用者が開示すべき情報の範囲，開示手続，開示が行われる労使委員会の開催時期等必要な事項を運営規程で定めておくことが適当であることに留意することが必要である。

6　使用者による労働者側委員への配慮
　使用者は，労働者側委員が法第38条の4第1項各号に掲げる事項についての決議等に関する事務を円滑に遂行することができるよう必要な配慮を行わなければならない（則第24条の2の4第7項）。

7　労使委員会と労働組合等との関係
（1） 労使委員会は，法第38条の4第1項により，「賃金，労働時間その他の当該事業場における労働条件に関する事項を調査審議し，事業主に対し当該事項について意見を述べることを目的とする委員会」とされている。この労働条件に関する事項についての労使委員会による調査審議は，同項の決議に基づく企画業務型裁量労働制の適正な実施を図る観点から行われるものであり，労働組合の有する団体交渉権を制約するものではない。

このため，使用者及び委員は，労使委員会と労働組合又は労働条件に関する事項を調査審議する労使協議機関との関係を明らかにしておくため，それらと協議の上，労使委員会の調査審議事項の範囲を運営規程で定めておくことが適当であることに留意することが必要である。

278　巻末資料

（2）　法第38条の4第5項に基づき，労使委員会において，委員の5分の4以上の多数による議決により法第38条の4第5項に掲げる規定（以下「特定条項」という。）において労使協定にゆだねられている事項について決議した場合には，当該労使委員会の決議をもって特定条項に基づく労使協定に代えることができることとされている。

　このため，使用者及び委員は，労使委員会と特定条項に係る労使協定の締結当事者となり得る労働組合又は過半数代表者との関係を明らかにしておくため，これらと協議の上，労使委員会が特定条項のうち労使協定に代えて決議を行うこととする規定の範囲を運営規程で定めておくことが適当であることに留意することが必要である。

■労働安全衛生法（昭和47年法律第57号）

（面接指導等）
第六十六条の八　事業者は，その労働時間の状況その他の事項が労働者の健康の保持
　　を考慮して厚生労働省令で定める要件に該当する労働者（次条第一項に規定する者
　　及び第六十六条の八の四第一項に規定する者を除く。以下この条において同じ。）
　　に対し，厚生労働省令で定めるところにより，医師による面接指導（問診その他の
　　方法により心身の状況を把握し，これに応じて面接により必要な指導を行うことを
　　いう。以下同じ。）を行わなければならない。
2　労働者は，前項の規定により事業者が行う面接指導を受けなければならない。た
　　だし，事業者の指定した医師が行う面接指導を受けることを希望しない場合におい
　　て，他の医師の行う同項の規定による面接指導に相当する面接指導を受け，その結
　　果を証明する書面を事業者に提出したときは，この限りでない。
3　事業者は，厚生労働省令で定めるところにより，第一項及び前項ただし書の規定
　　による面接指導の結果を記録しておかなければならない。
4　事業者は，第一項又は第二項ただし書の規定による面接指導の結果に基づき，当
　　該労働者の健康を保持するために必要な措置について，厚生労働省令で定めるとこ
　　ろにより，医師の意見を聴かなければならない。
5　事業者は，前項の規定による医師の意見を勘案し，その必要があると認めるとき
　　は，当該労働者の実情を考慮して，就業場所の変更，作業の転換，労働時間の短縮，
　　深夜業の回数の減少等の措置を講ずるほか，当該医師の意見の衛生委員会若しくは
　　安全衛生委員会又は労働時間等設定改善委員会への報告その他の適切な措置を講じ
　　なければならない。

第六十六条の八の三　事業者は，第六十六条の八第一項又は前条第一項の規定による
　　面接指導を実施するため，厚生労働省令で定める方法により，労働者（次条第一項
　　に規定する者を除く。）の労働時間の状況を把握しなければならない。

280 巻末資料

■労働安全衛生規則（昭和47年労働省令第32号）

（面接指導の対象となる労働者の要件等）
第五十二条の二 法第六十六条の八第一項の厚生労働省令で定める要件は，休憩時間を除き一週間当たり四十時間を超えて労働させた場合におけるその超えた時間が一月当たり八十時間を超え，かつ，疲労の蓄積が認められる者であることとする。ただし，次項の期日前一月以内に法第六十六条の八第一項又は第六十六条の八の二第一項に規定する面接指導を受けた労働者その他これに類する労働者であつて法第六十六条の八第一項に規定する面接指導（以下この節において「法第六十六条の八の面接指導」という。）を受ける必要がないと医師が認めたものを除く。
2 前項の超えた時間の算定は，毎月一回以上，一定の期日を定めて行わなければならない。
3 事業者は，第一項の超えた時間の算定を行つたときは，速やかに，同項の超えた時間が一月当たり八十時間を超えた労働者に対し，当該労働者に係る当該超えた時間に関する情報を通知しなければならない。

（面接指導の実施方法等）
第五十二条の三 法第六十六条の八の面接指導は，前条第一項の要件に該当する労働者の申出により行うものとする。
2 前項の申出は，前条第二項の期日後，遅滞なく，行うものとする。
3 事業者は，労働者から第一項の申出があつたときは，遅滞なく，法第六十六条の八の面接指導を行わなければならない。
4 産業医は，前条第一項の要件に該当する労働者に対して，第一項の申出を行うよう勧奨することができる。

（面接指導における確認事項）
第五十二条の四 医師は，法第六十六条の八の面接指導を行うに当たつては，前条第一項の申出を行つた労働者に対し，次に掲げる事項について確認を行うものとする。
　一 当該労働者の勤務の状況
　二 当該労働者の疲労の蓄積の状況
　三 前号に掲げるもののほか，当該労働者の心身の状況

（労働者の希望する医師による面接指導の証明）
第五十二条の五 法第六十六条の八第二項ただし書の書面は，当該労働者の受けた法第六十六条の八の面接指導について，次に掲げる事項を記載したものでなければならない。
　一 実施年月日
　二 当該労働者の氏名

三　法第六十六条の八の面接指導を行つた医師の氏名

四　当該労働者の疲労の蓄積の状況

五　前号に掲げるもののほか，当該労働者の心身の状況

（面接指導結果の記録の作成）

第五十二条の六　事業者は，法第六十六条の八の面接指導（法第六十六条の八第二項ただし書の場合において当該労働者が受けたものを含む。次条において同じ。）の結果に基づき，当該法第六十六条の八の面接指導の結果の記録を作成して，これを五年間保存しなければならない。

2　前項の記録は，前条各号に掲げる事項及び法第六十六条の八第四項の規定による医師の意見を記載したものでなければならない。

（面接指導の結果についての医師からの意見聴取）

第五十二条の七　法第六十六条の八の面接指導の結果に基づく法第六十六条の八第四項の規定による医師からの意見聴取は，当該法第六十六条の八の面接指導が行われた後（同条第二項ただし書の場合にあつては，当該労働者が当該法第六十六条の八の面接指導の結果を証明する書面を事業者に提出した後），遅滞なく行わなければならない。

（法第六十六条の八の三の厚生労働省令で定める方法等）

第五十二条の七の三　法第六十六条の八の三の厚生労働省令で定める方法は，タイムカードによる記録，パーソナルコンピュータ等の電子計算機の使用時間の記録等の客観的な方法その他の適切な方法とする。

2　事業者は，前項に規定する方法により把握した労働時間の状況の記録を作成し，三年間保存するための必要な措置を講じなければならない。

索　引

あ行

安全配慮義務違反 …………………………114
委員要件 ……………………………………120
衣服，室内装飾，工業製品，広告等の新た
　なデザインの考案の業務 …………………79
運営規程 ……………………………………122
運営規程要件 ………………………………122

か行

介護休暇 ……………………………………171
学校教育法に規定する大学における教授研
　究の業務（主として研究に従事するもの
　に限る）……………………………………84
過半数組合 …………………………………59
過半数代表者 ………………………………60
監督指導 ……………………………………180
管理監督者 …………………………………4
企画業務型裁量労働制 …………… 4, 5, 118
企画業務型裁量労働制に係る労使委員会設
　置にあたってのモデル手順 ……………138
企画指針 ……………………………………118
企画，立案，調査及び分析 ………………152
企業による裁量労働制の導入例 …………208
企業ヒアリング … 209, 211, 213, 216, 218
議事録要件 …………………………………122
休憩時間 ……………………………………101
協定代替決議 ………………………………63
業務の遂行の手段及び時間配分の決定等に
　関し具体的な指示をしないこと ………49
業務の遂行の手段及び時間配分の決定等に

関し使用者が具体的な指示をしないこと
　とする業務であること …………………154
業務の遂行の手段及び時間配分の決定に関
　する裁量 …………………………………90
業務の性質上これを適切に遂行するにはそ
　の遂行の方法を大幅に労働者の裁量に委
　ねる必要がある業務であること ……153
記録の作成及び保存 ………………………113
記録の作成・保存 …………………………162
記録の保存 …………………………… 58, 137
銀行又は証券会社における顧客の合併及び
　買収に関する調査又は分析及びこれに基
　づく合併及び買収に関する考案及び助言
　の業務 ……………………………………85
勤務間インターバル ………………… 52, 132
金融工学等の知識を用いて行う金融商品の
　開発の業務 ………………………………84
苦情処理措置 …………… 54, 113, 134, 166
組合ヒアリング ……………………………220
ゲーム用ソフトウェアの創作の業務 ……83
決議事項 ……………………………………126
健康・福祉確保措置 …… 50, 113, 130, 166
建築士の業務 ………………………………87
建築物内における照明器具，家具等の配置
　に関する考案，表現又は助言の業務
　……………………………………………82
広告，宣伝等における商品等の内容，特長
　等に係る文章の案の考案の業務 ………80
高度プロフェッショナル制度 ……………4
公認会計士の業務 …………………………87
固定労働時間制 ……………………………2

子の看護休暇……………………………171
これからの労働時間制度に関する検討会
　………………………………19, 41, 208

さ行

再監督…………………………………188
裁量労働制……………………………… 4
裁量労働制実態調査…………………… 17
裁量労働制実態調査に関する専門家検討会
　………………………………………… 19
時間外労働規制……………………… 97
事業運営において情報処理システムを活用
　するための問題点の把握又はそれを活用
　するための方法に関する考案若しくは助
　言の業務……………………………… 81
事業の運営に関する事項……………149
事業場………………………………58, 137
事業場外みなし労働時間制…………… 3
実労働時間制…………………………… 2
指導票………………………………192, 194
司法警察事務…………………………183
出生時育児休業………………………176
使用者側委員…………………………121
常態として……………………………157
情報処理システムの分析又は設計の業務
　………………………………………… 76
所定外労働の免除……………………175
所定労働時間の短縮措置……………173
申告……………………………………181
申告監督………………………………186
新商品若しくは新技術の研究開発又は人文
　科学若しくは自然科学に関する研究の業
　務……………………………………… 76
新聞若しくは出版の事業における記事の取

材若しくは編集の業務又は放送番組の制
作のための取材若しくは編集の業務
　………………………………………… 78
税理士の業務…………………………… 88
是正（改善）報告書…………………195
是正勧告書……………………………192
専門業務型裁量労働制……………4, 5, 44

た行

対象業務………………46, 75, 126, 149
対象業務と非対象業務の混在………94, 158
対象業務を適切に遂行するために必要とな
　る具体的な知識，経験等を有する労働者
　………………………………………127
対象労働者……………………126, 149, 156
対象労働者の範囲……………………156
中小企業診断士の業務………………… 90
賃金・評価制度の変更前の労使委員会に対
　する変更内容の説明………………136
定期監督………………………………185, 189
定期報告………………………………162
定期報告の内容及び頻度……………162
適用解除…………………52, 108, 132, 160
適用除外………………………………… 4
同意取得時の「明示」及び「説明」……69
同意の取得時期………………………… 72
同意の取得単位・頻度………………73, 148
同意の取得方式………………………… 71
同意の取得方法………………………69, 147
同意の撤回……………………………106, 160
同意の撤回に関する手続…………55, 136
同意の撤回の法的効果………………106
同意の撤回を理由とする不利益取扱いの禁
　止……………………………………106

索　引　285

同意の法的性質 ……………………… 142
同意の有効性（自由な意思に基づく同意）
　………………………………… 72, 148

な行

年次有給休暇 …………………………… 104

は行

派遣労働者 ……………………………… 170
表決数要件 ……………………………… 125
不同意を理由とする不利益取扱い
　………………………… 55, 74, 135, 148
不動産鑑定士の業務 …………………… 88
フレックスタイム制 …………………… 3
変形労働時間制 ………………………… 3
弁護士の業務 …………………………… 87
弁理士の業務 …………………………… 88
放送番組，映画等の制作の事業におけるプ
　ロデューサー又はディレクターの業務
　…………………………………………… 80
法定労働時間 ……………………… 2, 97
本社一括届出 ………………… 67, 141, 164

ま行

みなし労働時間 ……………… 47, 96, 128
みなし労働時間制 ……………………… 3
面接指導 …………………… 52, 132, 168
モニタリング …………………… 112, 160

や行

有価証券市場における相場等の動向又は有

価証券の価値等の分析，評価又はこれに
　基づく投資に関する助言の業務 ……… 83
呼出監督 ………………………………… 189

ら行

臨検監督 ………………………………… 189
労使委員会 ……………………………… 120
労使委員会決議 ………………………… 120
労使委員会決議の届出 ………………… 140
労使委員会決議の有効期間 …………… 136
労使委員会による協定代替決議 ……… 63
労使委員会の要件 ……………………… 120
労使協定 ………………………………… 45
労使協定の届出 ………………………… 66
労使協定の有効期間 …………………… 57
労働基準監督署 ………………………… 180
労働時間等設定改善委員会による協定代替
　決議 …………………………………… 64
労働時間の状況 ………………… 54, 133
労働時間の状況の把握 ………………… 168
労働時間の通算 ………………………… 102
労働者側委員 …………………………… 120
労働者の同意 ………… 55, 69, 135, 142
労働者ヒアリング …… 223, 224, 225, 227
労働条件明示 …………………………… 169

わ行

割増賃金 ………………………………… 98

［編著者紹介］

近藤　圭介（こんどう　けいすけ）

TMI総合法律事務所　弁護士

2007年9月東京弁護士会登録，TMI総合法律事務所入所。2018年1月パートナー弁護士。主に労働関係，M&A，一般企業法務の分野を取り扱う。共著として『同一労働同一賃金対応の手引き（第2版）』（労務行政），『人事担当者のための採用から退職までの実務Q&A100』（労務行政），『新労働事件実務マニュアル（第6版）』（ぎょうせい），『M&Aにおける労働法務DDのポイント（第2版）』（商事法務），『労働時間の法律相談』（青林書院），『業務委託契約書作成のポイント（第2版）』（中央経済社）等多数。労働法プラクティスグループ所属。

益原　大亮（ますはら　だいすけ）

TMI総合法律事務所　弁護士・社会保険労務士

2017年12月東京弁護士会登録，2018年1月TMI総合法律事務所入所。2019年10月〜2021年9月厚生労働省大臣官房総務課法務室に法務指導官として出向（厚生労働省における法務・訟務全般に対応）。2021年10月〜2023年9月厚生労働省労働基準局労働条件政策課に課長補佐・労働関係法専門官として出向（裁量労働制の制度改正，医師の働き方改革，新しい時代の働き方に関する研究会，労働基準法の企画立案・解釈等を担当）。2023年2月東京都社会保険労務士会登録。2023年10月より厚生労働省医政局参与（医師の働き方改革）に就任。人事労務分野におけるリーガルサービス（就業規則や雇用契約等の整備・改定，M&Aにおける労務デュー・ディリジェンス，労働審判や労働関係訴訟，人事労務に関する社内調査，労働基準監督署や労働局への対応，職業紹介事業・労働者派遣事業，フリーランス関係等）を幅広く提供するほか，行政実務に精通する者として，業種に関係なく行政分野におけるリーガルサービスを提供している。編著として『医師の働き方改革　完全解説』（日経BP），共著として『労働時間の法律相談』（青林書院），監修として「偽装フリーランス防止のための手引き」（一般社団法人プロフェッショナル＆パラレルキャリア・フリーランス協会）があるほか，寄稿・セミナー多数。労働法プラクティスグループ所属。

［著者紹介］

近藤　圭介（こんどう　けいすけ）

TMI総合法律事務所　弁護士
編著者紹介参照。

安中　嘉彦（あんなか　よしひこ）

TMI総合法律事務所　弁護士
2015年12月第二東京弁護士会登録，2020年7月TMI総合法律事務所入所。弁護士登録以降，TMI総合法律事務所入所までは，渥美坂井法律事務所・外国法共同事業所属。2021年5月～2023年3月厚生労働省労働基準局監督課に課長補佐・労働関係法専門官として出向（労働基準関係法令の解釈や，行政不服審査・訴訟の対応等を担当）。2024年2月厚生労働省技術審査委員就任。人事労務分野におけるリーガルサービス（労働審判や労働関係訴訟，労働基準監督署や労働局への対応，労働組合対応，就業規則や雇用契約等の整備・改定，人事労務に関する社内調査，M&Aにおける労務デュー・ディリジェンス等）を幅広く提供する。共著として『人事担当者のための採用から退職までの実務Q&A100』（労務行政），『Employment 2023』（Chambers and Partners）及び『Employment 2024』（Chambers and Partners），『医師の働き方改革　完全解説』（日経BP）がある。労働法プラクティスグループ所属。

益原　大亮（ますはら　だいすけ）

TMI総合法律事務所　弁護士・社会保険労務士
編著者紹介参照。

池田　絹助（いけだ　けんすけ）

TMI総合法律事務所　弁護士
2018年12月第二東京弁護士会登録，2019年1月TMI総合法律事務所入所。主に，人事労務関係（就業規則や雇用契約等の整備・改定，M&Aにおける労務デュー・ディリジェンス，労働審判や労働関係訴訟，人事労務に関する社内調査，フリーランス関係等），カルテル，企業結合等の独占禁止法，下請法，景品表示法，M&A法務の分野を取り扱う。共著として『労働時間の法律相談』（青林書院），『医師の働き方改革　完全解説』（日経BP）等がある。労働法プラクティスグループ，独禁法プラクティスグループ所属。

貞松　典希（さだまつ　のりき）

TMI総合法律事務所　弁護士

2022年4月東京弁護士会登録，TMI総合法律事務所入所。元労働基準監督官。首都圏の労基署で6年間勤務。企業に対する監督指導業務に従事したほか，災害防止業務や機械の検査官の業務にも従事した経験を持つ。現在は，主に人事労務，安全衛生の分野を取り扱い，あらゆる業種のクライアントに対して，リーガルサービス（労働基準監督署対応，労働災害対応，労働紛争，労働審判・労働訴訟，ハラスメント対応，労働組合対応等）を提供する。共著として『業務委託におけるハラスメント対応』（ビジネス法務），『医師の働き方改革　完全解説』（日経BP），『新労働事件実務マニュアル（第6版）』（ぎょうせい）がある。労働法プラクティスグループ所属。

櫛田　沙希（くしだ　さき）

TMI総合法律事務所　弁護士

2022年12月東京弁護士会登録，2023年1月TMI総合法律事務所入所。主に企業法務，人事労務関係の分野を取り扱う。労働法プラクティスグループ所属。

伊藤　憲昭（いとう　のりあき）

TMI総合法律事務所　弁護士

2024年2月第二東京弁護士会登録，TMI総合法律事務所入所。司法試験合格後，2010年4月に厚生労働省に入省し，労働安全衛生（労働安全衛生法改正案，東日本大震災への対応），公的年金制度（社会保障・税一体改革の法令の施行，厚生年金基金の新設停止等の厚生年金保険法等改正案），医療提供体制（医療広告等に係る医療法改正案，特定機能病院のガバナンス改革），労働時間制度（医師の働き方改革に関する医療法・労働基準法改正案，副業・兼業のガイドラインにおける労働時間通算方法等，テレワークガイドラインの改定）等に関する法令・政策の企画立案や総合調整業務に従事。2023年12月厚生労働省退職，2024年2月弁護士登録。主に人事労務分野におけるリーガルサービスを提供する。労働法プラクティスグループ，障害福祉プラクティスグループ所属。

［編者紹介］

TMI総合法律事務所

TMI総合法律事務所は，新しい時代が要請する総合的なプロフェッショナルサービスへの需要に応えることを目的として，1990年10月1日に設立。設立以来，「国際化そしてさらにボーダレスな世界に進もうとしている新しい時代への対応」，「専門性の確立」，「専門領域の総合化」といった設立時の基本コンセプトを絶えず念頭に置きつつ，企業法務，知的財産，ファイナンス，倒産・紛争処理を中心に，高度で専門的な法律判断と，総合的な付加価値の高いサービスを提供できる体制を構築している。

労働法プラクティスグループ

TMI総合法律事務所内で人事労務に精通した弁護士等で組織。元東京地方裁判所労働部裁判官，厚生労働省出向経験者，元厚生労働省事務官（法令・政策の企画立案担当），元労働基準監督官等をはじめ，豊富な知識と経験を有する弁護士を擁し，さまざまな人事労務案件（就業規則や雇用契約等の整備・解釈・改定，M&AやIPOにおける労務デュー・ディリジェンス，労働審判・労働関係訴訟，従業員対応・社内調査，人員適正化のサポート，労働組合対応，出入国関連，労働基準監督署や労働局等への対応，労働者派遣事業等のサポート等）について最良のアドバイスを提供している。

詳解 裁量労働制

2024年11月1日　第1版第1刷発行
2024年12月25日　第1版第2刷発行

編　者	TMI総合法律事務所 労働法プラクティスグループ
編著者	近　藤　圭　介 益　原　大　亮
発行者	山　本　　　継
発行所	㈱中　央　経　済　社
発売元	㈱中央経済グループ パ ブ リ ッ シ ン グ

〒101-0051　東京都千代田区神田神保町1-35
電話　03 (3293) 3371 (編集代表)
　　　03 (3293) 3381 (営業代表)
https://www.chuokeizai.co.jp
印刷／三英グラフィック・アーツ㈱
製本／誠　　製　　本　　㈱

© 2024
Printed in Japan

＊頁の「欠落」や「順序違い」などがありましたらお取り替えいた
しますので発売元までご送付ください。(送料小社負担)

ISBN978-4-502-50951-3　C3032

JCOPY〈出版者著作権管理機構委託出版物〉本書を無断で複写複製 (コピー) することは，
著作権法上の例外を除き，禁じられています。本書をコピーされる場合は事前に出版者
著作権管理機構 (JCOPY) の許諾を受けてください。
　JCOPY〈https://www.jcopy.or.jp　e メール：info@jcopy.or.jp〉

おすすめします！

業務委託契約書
作成のポイント
<第2版>

TMI総合法律事務所　近藤　圭介［編著］　Ａ５判／252頁

　業務委託契約の基本となる製造委託に関する契約書と役務提供委託に関する契約書について解説。委託者と受託者における検討・交渉・修正等のプロセスをわかりやすく説明し、条項パターンを豊富に掲載。

本書の内容

- 第１章　業務委託契約の法的性質
- 第２章　業務委託契約における
　　　　　法令の適用
- 第３章　製造委託基本契約の解説
- 第４章　役務提供型の業務委託契約の
　　　　　解説
- 巻末資料１　製造委託基本契約書
- 巻末資料２　業務委託契約書

中央経済社